Arnold Bacmeister
Der lange Weg nach Buchenwald

Arnold Bacmeister

Der lange Weg nach Buchenwald

Autobiographie

FRIELING

Im Verlag Frieling & Partner ist von **Arnold Bacmeister** 1989 erschienen:

Der Winsel. Ein humorvolles Sammelsurium spritziger Verse

Die Deutsche Bibliothek – CIP-Einheitsaufnahme
Bacmeister, Arnold:
Der lange Weg nach Buchenwald : Autobiographie /
Arnold Bacmeister. – Orig.-Ausg., 1. Aufl. –
Berlin : Frieling, 1992
(Frieling – Erinnerungen)
ISBN 3-89009-355-8

ISBN 3-89009-355-8
1. Auflage 1992

WIR LACHEN WOHL –

Wir lachen wohl im Deutschland dieser Tage:
den halben Ländern, dem zerrißnen Land –
doch gibt es etwas andres, das heißt: Klage,
und Klage heißt: wir sind im Mark verbrannt.

Verbrannt im Mark im Deutschland dieser Tage,
und lachen wir, so ist ein Ton dabei,
ein hoher Wehlaut, wenn ich 'lachen' sage
und lache selbst und träum von einem Schrei,

den keiner schreit, auch ich nicht, denn ich lache:
Zerrissener in dem zerrißnen Land.
Lach wie ein Narr um eine liebe Sache,
die mir zerbrach – und klaub sie aus dem Sand.

Und heb sie hoch und denke: ach, vorzeiten,
wie war's denn da? Und frage: wie wird's sein?
Und frag nicht weiter, laß die Sache gleiten –
und lach so leise wie ein mürber Stein.

Und roll wie er und reiß mich wund an Drähten,
frag zögernd wieder – und hör wieder nichts.
Und wo ich hinkomm, muß ich mich verspäten –
und steh doch immer vor den Schranken des Gerichts.

Man herrscht mich an? Ach, Alptraum aller Sünder:
ich herrsch mich an, weil ich mich blutig fand –
und geh durchs Land und kraule seine Kinder,
die Unschuld, und bleib doch im Mark verbrannt.

Und darf ich endlich weg von diesen Schranken
und dürfte klagen – ach, dann darf ich's nicht!
Spricht man mich frei, so kommen die Gedanken,
und ich bin Töter, Toter und Gericht.

KARL ALFRED WOLKEN

Inhalt

I. DER ABGRUND

II. DAS LAGER DER ILLUSIONEN

I.

DER ABGRUND

Ein Buch wie dieses, das ich jetzt zu schreiben beginne, ist ein fragwürdiges Unterfangen – ich bin mir dessen wohl bewußt. Für die Leidensgefährten, die den gleichen oder einen ähnlichen Weg gingen wie ich, brauche ich es nicht zu schreiben. Sie haben das große Grauen überstanden; manche in dumpfem Vegetieren, einige, weil sie stärker waren als das Schicksal, indem sie es bewußt und unerschüttert trugen, andere, weil ihnen göttliche Gnade den Halt gab, ohne den auch sie zerbrochen wären.

Doch die anderen, für die ich es schreiben will – werden sie es spüren, daß dieser Bericht nicht irgendeine „literarische" Arbeit ist, die sorgsam durchdacht am Schreibtisch entsteht, daß diese Zeilen vielmehr drängend und fiebernd aus meiner Feder quellen, ein Stöhnen, ein Schrei, ein funkelnder Blitz in der aufziehenden Nacht einer in ihren Grundfesten erschütterten Welt? Es wird Leute geben, die sagen: „Ach, was ist schon an diesen Berichten über Gefangenschaft, Hunger und Tod? Geschichten aus Konzentrationslagern und Zuchthauszellen haben wir schon so oft gehört! Wir wollen leben und uns vergnügen, denn morgen sind wir tot!"

Für solche Leser schreibe ich freilich nicht. Wenn die grausame Tragik, die über so unendlich viele in der Vergangenheit hereinbrach, Menschen nicht mehr zu erschüttern vermag, wenn das unermeßliche Leid, der Strom von Tränen sie nicht mehr zum Nachdenken über sich selber zwingt, dann mögen sie in Teufels Namen ihr üppiges und doch so armes Dasein weiterleben.

Aber für alle, die in stillen Stunden ein Bangen überkommt, welchen Weg Gott uns nun eigentlich in dieser uns fremd gewordenen Welt führen will, welche Ziele wir uns stecken müssen, damit uns, wenn auch noch in weiter Ferne, wieder ein Stern der Hoffnung leuchtet; für alle, die sich nicht mit den billigen Schlagwörtern des Tages begnügen, weil ihnen das Leben noch immer als eine Aufgabe erscheint, die es bewußt zu gestalten und zu erfüllen gilt; für alle, die noch nicht im Jagen nach Geld und Macht Schaden an ihrer Seele nahmen, denen das Leid ihrer Mitmenschen noch ein Grund zum Mit-Leiden ist –

für diese Menschen schreibe ich dieses Buch. Es enthält die Wahrheit, die reine Wahrheit, wenn auch nicht die ganze; denn es gibt Dinge, wie Lawrence in seinen „Sieben Säulen der Weisheit“ einmal sagt, die kühlen Blutes niederzuschreiben die Scham verbietet.

Der Abend

Ich habe nie zu den Helden gehört, zu den Männern, die angeblich lachend dem Tod ins Auge blicken. Der Tod war mir fast bis zum Kriegsende nur selten begegnet. Ich sah ein paarmal alte Menschen, die der große Schlaf verklärt umfangen hielt. Das war kein Bild des Schreckens, sondern des Friedens und der Erfüllung.

Als dann die Häuserblöcke Berlins unter den Bombenteppichen der alliierten Geschwader zerbrachen, trat mir der Tod in anderer Gestalt entgegen. Aber ich wandte mich ab, wenn irgendwo stöhnende und zuckende Leiber aus den Luftschutzkellern getragen wurden. Ich war zu feige, diese entsetzliche Wirklichkeit in mich aufzunehmen. Ich gab mich der unbestimmten Hoffnung hin, daß dies alles einmal ein Ende nehmen müsse, daß die Wunden, die der Krieg uns schlug, wieder heilen würden. Ich ahnte nicht, daß der knöcherne Sensenmann noch oft zum tödlichen Schlag ausholen würde, daß dies nur der zögernde Anfang seiner blutigen Ernte war.

Als sich mir im Inferno der letzten Tage Berlins der beißende Qualm aus Trümmern und Kadavern beklemmend auf die Brust legte, als sich in den mitleidlosen Nächten dieses Weltuntergangs der rötliche Widerschein schwelender Brände gespenstisch am düster verhangenen Himmel malte, da dämmerte endlich auch mir die Erkenntnis, daß ich aus den gesicherten Bezirken meines bürgerlichen Daseins unwiderruflich hinausgestoßen sei in ein furchtbares Abenteuer. Ein Abenteuer, dessen Eindrücke mich länger als ein Jahrzehnt gleich den Schreckensbildern einer Danteschen Höllenphantasie umfangen sollten ...

Es begann damit, daß ich als einer der Überlebenden einer Volkssturmeinheit am Nachmittag des 1. Mai 1945 aus einem Keller der Berliner Innenstadt kroch, um zu versuchen, nach Hause zu kommen – vorausgesetzt, daß es dieses Zuhause noch gab. Der Kampf war zu Ende, wenn man das zehntägige, sinnlose Sichducken in Bunkern und unterirdischen Gängen, das Warten und Lauern hinter Sandsäcken und Panzersperren unter dem pausenlosen Trommeln russischer Granatwerfer und Stalinorgeln „Kampf" nennen konnte.

Der Feind blieb unsichtbar. Nach den verworrenen Gerüchten konnte er am Potsdamer Platz sein – das wären immerhin noch rund 1000 Meter Luftlinie gewesen –, er konnte aber auch schon hinter den nächsten Häuserruinen kauern. Der Feind – waren das die blutgierigen Steppenwölfe, von denen die deutsche Propaganda Schauriges erzählte, oder waren es gutmütige Muschiks, die sich wie ihre deutschen Kameraden darüber freuten, daß der Krieg zu Ende war? Oder waren es gar die Sendboten einer besseren Welt, die als großmütige und kluge Sieger dem deutschen Volke brachten, wonach es allein noch verlangte: Frieden und Brot?

So klar erwog ich freilich damals, als ich aus dem Keller hinauskletterte, die Möglichkeiten meiner eigenen Zukunft und der unseres Volkes nicht. Die unheimliche Stille, die mich umgab und die nach dem tagelangen Tosen und Hämmern fast unerträglich war, stieß mich in eine dumpfe Betäubung, aus der ich erst nach vielen Tagen langsam in eine Welt zurückfand, die mir dann allerdings noch viel unwirklicher erschien. Als ich die trümmerübersäte Straße betrat, stieß mein Fuß an etwas Weiches. Im fahlen Zwielicht des rauchumwölkten Abendhimmels erkannte ich die Leichen zweier Kinder, die sich umschlungen hielten ...

Irgendwo in der Ferne wummerten noch die Abschüsse schwerer Geschütze, ein MG jagte zwei kurze Feuerstöße in die rasch hereinbrechende Nacht. Dann wieder diese entsetzliche Stille, aus der sich dunkel und drohend Verhängnis zusammenzuballen schien.

Wie aus der Erde gewachsen, steht plötzlich in tadelloser Maßuniform ein Amtsleiter vor mir, ein wahrhaft gespenstischer Anblick. „Wohin wollen Sie?“ herrscht er mich an. Die Mündung seiner Pistole ist unmißverständlich auf meine Herzgegend gerichtet.

„Nach Hause“, sage ich ruhig, während meine Hand nach der belgischen Armeepistole tastet, die vorsorglich noch in meiner Hosentasche steckt. „Meine Einheit ist aufgelöst, ich bin entlassen.“

„Es wird weitergekämpft bis zum letzten Atemzug!“ kommt es aus dem Mund des braunen Gespenstes.

Ob mir der Schuß aus der Tasche gelingt? Blitzschnell durchzuckt mich die Erinnerung an irgendeine Kriminalgeschichte und zugleich die Erkenntnis des Wahnsinns der Situation – da rauscht es orgelnd über unsere Köpfe hinweg. Wir hauen uns rechts und links in die Trümmer hinein.

Der Feuerüberfall hat mich glücklich von dem Verrückten befreit. Ich sehe und höre nichts mehr von ihm.

Es ist inzwischen fast völlig dunkel geworden. Ich werfe meine Pistole weg und stolpere weiter über unsichtbare Hindernisse. Kein menschliches Wesen ist zu erblicken, und doch weiß ich, daß sich in diesem gewaltigen Trümmerhaufen, der einmal die Hauptstadt des Reiches war, ungezählte Menschen angstvoll verkrochen haben, ohne Hoffnung, gepackt von Entsetzen, mit fahlen Gesichtern einer trostlosen Zukunft entgegenstarrend. Weiterkämpfen? Für wen? Gegen wen? Noch habe ich keinen einzigen der Sieger gesehen, die sich aus den endlosen Weiten des russischen Landes in immer neuen Wellen erhoben.

Wie ein vorweltliches Ungeheuer schiebt sich mahlend und schütternd ein Panzer aus der Dunkelheit auf mich zu. Ich erkenne Männer der Waffen-SS. Einer gibt mir durch Zeichen zu verstehen, ich solle aufspringen.

Ich lasse den Koloß vorüberfahren.

Steil erhebt sich vor mir die Front eines großen, offenbar nur wenig zerstörten Gebäudes. Das muß das Hotel Kontinental sein. Hotel – wie fremd, wie unwirklich ist dieses Wort, dieser Begriff schon geworden! Warme, lichtdurchflutete Räume, fröhlich plaudernde Menschen, elegante Frauen, die stilvoll eingerichtete Bar – Vorstellungen einer versunkenen Welt, die schemenhaft wie aus fernster Vergangenheit aufsteigen.

Feindselig abweisend vertritt mir der mächtige Bau den Weg. Der Haupteingang ist, natürlich, geschlossen. Aber dort, an der durch Luftdruck zerstörten, mit Brettern behelfsmäßig geflickten Mauer klafft eine Lücke, durch die ich mich zwänge. Ich durchquere die düster schweigende Empfangshalle und habe einen Augenblick das Empfinden, durch ein am Meeresgrund liegendes Wrack zu gehen. Instinktiv suche ich den Zugang zum Keller – alles Leben hat sich ja seit Wochen unter der Erde verkrochen – und stehe plötzlich in einem großen Raum, einem bombensicheren Gewölbe, wie ich mit fachmännischem Blick feststelle, das vom flackernden Licht einiger Kerzen schwach erhellt ist. Und hier sind Menschen, Männer, Frauen und, wahrhaftig, auch Kinder! Eng aneinandergedrängt sitzen sie schweigend in langen Reihen auf Bänken – wie lange schon?

Ein Herr in feinem „Stresemann“ steht plötzlich vor mir. Ein richtiger Zivilist, gepflegt und rasiert, der stellvertretende Geschäftsführer, wie sich herausstellt.

„Sind Sie SS-Führer, oder haben Sie Waffen?“ lautet seine eigenartige Begrüßung. Auf meine verneinende Antwort sagt er liebenswürdig: „Dann möchte ich Sie bitten, sich in das Gästebuch des Hauses einzutragen.“

Einen Augenblick durchzuckt mich der Gedanke, mich nach den Zimmerpreisen zu erkundigen. Hätte ich es getan, so wäre ich wohl der einzige gewesen, der in dieser Stunde in dieser verlorenen Stadt einen Witz gemacht hätte.

Zum letztenmal schreibe ich als freier Mensch meinen Namen ...

Die Nacht

Endlos die Nacht, die ich, zusammengekrümmt auf einer Holzbank liegend, schlaflos verbringe. Wie Fetzen eines wüsten Traums steigen Bilder vor mir auf, Eindrücke und Erlebnisse der letzten Tage und Stunden.

Am Nachmittag hatte uns der „Kompanieführer" mitgeteilt, daß Hitler im Kampf gefallen sei. War er wirklich der kalte Verbrecher, der gewissenlose Glücksritter, der sein Volk brutal in den Abgrund stieß, als er keinen Ausweg mehr sah – oder war er vielleicht doch ein Genie, das, verraten und belogen von allen, einsam und unverstanden seinen tragischen Weg zu Ende ging? Wo waren die Wunderwaffen geblieben? Hatte man uns nicht immer wieder die nahe bevorstehende Wende des Kriegsglücks versprochen? War denn alles Gemeinheit, Verrat, Heuchelei der um ihr Leben bangenden „Führer"? Konnten Menschen, die einer begeistert entflammten Jugend die großen Ideale einer leuchtend heraufsteigenden Zukunft verkündeten, gerissene Schauspieler, erbärmliche Lügner sein? Dumpf gärende Fragen im betäubten Gehirn, Fragen ohne Antwort, von neuen, quälenden Erinnerungsbildern verdrängt.

Ich sehe das jungenhaft unbekümmerte Gesicht Hellmuts, des Filmvorführers, der mir noch vor wenigen Tagen, als wir gemeinsam irgendeine blödsinnige Wache schoben, von seiner Braut, seinen Zukunftsplänen erzählte. Er glaubte, für ihn sei der Krieg zu Ende, als er, nach schwerer Verwundung u.k. gestellt, in die Heimat zurückgekehrt war. Ja, der Krieg war für ihn wirklich zu Ende – für immer, wie sein ganzes junges Leben. An seiner Schläfe sickerte aus einem winzigen Loch ein wenig Blut, als ich ihn heute morgen fand. Wie schlafend lag er auf den Fliesen des Portals eines öffentlichen Gebäudes, das er „bewachen" sollte. Werde ich jemals den Ausdruck des starren Gesichtes vergessen, auf dem ein verwundertes Fragen, ein stummer Vorwurf zu liegen schien?

Ja, der Tod griff wahllos und gierig in unsere Reihen hinein. Der eine wurde auf der Latrine von einem Volltreffer zerfetzt, der andere kehrte von einem Spähtrupp nicht wieder, der zur Erkundung der „Lage“ befohlen war. Langsam enthüllte sich mir das bleiche Antlitz des Unerbittlichen in immer wechselnder Gestalt. Ich sehe den Personalchef einer großen Behörde zusammengesackt in dem Clubsessel seiner Amtsstube hocken. (Wie viele Untergebene mochten in diesem Raum voller Ehrfurcht und Bangen vor dem Allgewaltigen gestanden sein!) Nun waren alle Entscheidungen dieser klug berechnenden Stirne, Mahnung und Tadel, Lob und Ermunterung, Aktenvermerke und Empfehlungen hinfällig geworden. Ein leichter Druck auf den Abzug der Pistole, die neben dem Schlummernden auf dem Teppich lag, hatte das alles im Bruchteil einer Sekunde weggewischt ... Eine neue Szene steigt spukhaft und doch irgendwie tröstend empor: Auf der Suche nach Zivilsachen – mein eigener Mantel hatte einen unbekannten Liebhaber gefunden – betrete ich irgendein Dienstzimmer eines Ministeriums – und bleibe wie angewurzelt unter der Tür stehen. Einer der maßgeblichen Männer des untergehenden Reiches, der federführende Theatermann, sitzt hinter seinem peinlich geordneten Schreibtisch und sieht mich fragend an. (Also wenigstens *der* ist nicht getürmt!) Ist er wahnsinnig geworden? Arbeitet er tatsächlich an seinen Akten? Der Mann erhebt sich, ein Blatt Papier in der Hand, und sagt mit einem Lächeln, in dem sich Stolz und Bescheidenheit streiten: „Wollen Sie mein letztes Gedicht hören?“

Der aus der Ferne grollende Gefechtslärm scheint für einen Augenblick zu verstummen. Ich nicke, unfähig einer Antwort, mit dem Kopf. Da beginnt er mit ruhiger und fester Stimme sein Gedicht vorzutragen. Es ist ein formvollendetes Sonett, ein Bekenntnis zum Leben, wenn auch überschattet von Abschiedsstimmung und Verzicht. In den klangvoll ziselierten Versen schwingt das Wissen um die Vergänglichkeit der Schönheit, die Flüchtigkeit der Freude, die Fragwürdigkeit des irdischen Glücks. Es tönt aus ihnen die leise blutende Schwermut eines Hermann Hesse, und doch ist da zugleich ein unüberhörbarer kräftiger Unterton, ein heiter-gelöstes, männlich-freies Etwas, ein in dieser Stunde tief erschütterndes Trotzdem!

Einen Herzschlag lang ergreift mich wie nie zuvor in meinem Leben die holde, herrlich bezwingende Gewalt der Kunst, überflutet mich die Ahnung einer schöneren Welt, jenseits von Leid und Tod ...

Der Morgen

Das trübe Grau des Tages sickert durch die Ritzen der schlecht verblendeten Kellerfenster in unser Gewölbe. Der unheilschwangere Morgen des 2. Mai bricht an. Draußen ist alles still. In die übernächtigten Menschen kommt etwas Leben, als der „Stresemann" zur allgemeinen Überraschung verkündet, es werde jetzt Essen ausgegeben. Ist er im Nebenberuf Zauberkünstler, der Wasser und Strom aus dem Ärmel schüttelt?

Es gibt gemischtes Gemüse und Salzkartoffeln mit einer künstlichen Bratentunke. Dazu ein Glas echten, edlen Tokaiers! Schweigend wird das seltsame Henkersmahl eingenommen. Ich sehe die Kinder andächtig essen. Niemals habe ich Kinder mit solch alten Gesichtern gesehen; sie ähneln erschreckend ihren verhärmten Müttern.

Ich sage dem Geschäftsführer, ich könne nun nicht länger untätig herumsitzen, sondern wolle versuchen, einen Blick in die Welt da draußen zu werfen. Ich fühle die erstaunten, vielleicht sogar etwas ärgerlichen Blicke der Menschen auf mich gerichtet, als wollten sie sagen: Kann denn der es gar nicht erwarten, daß wir aus unserem vorläufig doch recht erträglichen Versteck herausgeholt werden?

Ehe ich zu meinem Erkundungsgang aufbreche, bitte ich nun doch den Hotelmann, mir zu sagen, was ich ihm schuldig sei. Er wehrt mit einer unnachahmlich müden Handbewegung ab und erwidert: „Seien Sie wieder unser Gast, wenn bessere Zeiten kommen." Das halb wehmütige, halb ermunternde Lächeln auf dem Gesicht des bis zum letzten Augenblick vollendeten Geschäftsmannes bleibt mir ebenso unvergeßlich wie der aus der langen Übung seines Berufs gewonnene unerschütterlich-verbindliche Tonfall seiner Stimme.

Mein leichtes Gepäck, einen Rucksack mit Dingen, die mir damals noch unentbehrlich erschienen, lasse ich zurück. Ich will ja nur schnell einmal prüfen, ob man es wagen kann, den Heimweg anzutreten.

Ich stehe auf der Straße. Kaum nehmen meine Augen das Bild in sich auf, das mich grauenvoll-unwirklich umgibt. Als hätte ein von der Tollwut gepackter Riese in rasendem Zorn die Bestände eines Warenhauses auf die Straße geschleudert und zertrampelt, liegen hier in sinnlosem Durcheinander zerfetzte Kinderwagen und Fahrräder, Koffer und Möbel, Uniformstücke und Bücher; zwischen verkohlten Balken und zerbrochenen Ziegelsteinen Waffen jeder Art, Granatsplitter, Blindgänger, Pferdekadaver; ein ausgebrannter Panzer starrt mich wie ein verwesendes Höllentier an; Gestank zieht in widerlich-süßlichen Schwaden durch diese entsetzliche Landschaft des vollkommenen Chaos.

Nirgends ist ein menschliches Wesen zu erblicken, seltsamerweise auch kein einziger Toter. Ich gehe durch das geisterhafte Schweigen dieses Morgens, der mir noch heute in der Erinnerung wie die Ausgeburt eines wüsten Traums erscheint, zögernd, in der angstvollen Hoffnung, es müsse sich doch nun irgend etwas ereignen. Aber kein Feuerüberfall zwingt mich zur Selbstbehauptung, zu tätigem Handeln; es tritt keine Katastrophe ein, kein Abgrund öffnet sich, der mich verschlingt und damit befreit von dem unerträglichen Anblick dieser starrenden Öde.

Als ich mich den „Linden“ nähere, erblicke ich endlich von weitem eine Gruppe Soldaten, die auf einem Berg von Trümmern herumklettern. Ist da wirklich noch eine Einheit des Volkssturms beisammen? frage ich mich zweifelnd. Was haben diese Männer für komische Uniformen an? Diese olivgrünen, ins Gelbliche hinüberspielenden Röcke – können die vielleicht vom Arbeitsdienst sein?

Meine kindlich-ahnungslosen Überlegungen brechen blitzschnell ab, als mich einer der „Kameraden“ mit fremdartig-gutturalem Laut anruft und zu sich herwinkt. Russen!

Einen Augenblick erwäge ich die Möglichkeiten der Flucht. Da sehe ich, wie ein hochgewachsener Mann, offenbar der Anführer, mit der Pistole herumfuchtelt. Notgedrungen und auf alles gefaßt, trete ich an die Gruppe heran.

Aber keine Hand erhebt sich zum Schlag, niemand stürzt sich brüllend auf mich – im Gegenteil, man wendet sich gleichgültig von mir ab und beginnt erneut, in den Trümmern herumzusuchen. Nur der Soldat, der mich anrief, betrachtet mich mit wohlwollend-prüfendem Blick, als sei ich sein persönliches Beutestück, packt mich dann freundschaftlich am linken Handgelenk und sagt: „Uri, Uri!“

'Wenn du weiter nichts willst‘, denke ich. Eine leise Schadenfreude mischt sich in diesen Gedanken: Meine Uhr hat die Erschütterungen der letzten Tage übelgenommen und geht nicht mehr. Ich nehme sie ab und überreiche sie dem strahlenden Sieger. Der holt aus seiner Hosentasche eine nicht ganz saubere, halb gefüllte Tüte und hält sie mir freundlich grinsend hin. Sprachlos nehme ich die Gegengabe in Empfang. Es sind Wasserkekse – die schlechtesten, die ich jemals aß (und ich *habe* sie gegessen!), aber in dieser Sekunde beherrscht mich nur der Gedanke: Das also sind die Steppenwölfe, die angeblich mordend und plündernd in unser Land einfielen!

Und als wollte er diesen Eindruck einer zwar primitiven, aber doch spürbaren Menschlichkeit unterstreichen, sagt „mein“ Russe nun nachdrücklich, ermunternd: „Domoj!“ Seine Hand weist in eine unbestimmte Richtung, irgendwohin in das große Trümmerfeld, aber der Sinn der Geste ist klar: Ich bin frei, ich kann gehen, wohin ich will!

Ich kehre auf demselben Weg, auf dem ich gekommen bin, ins Hotel zurück, um meinen Rucksack zu holen und möglichst schnell den Heimweg anzutreten. Aber vorher werde ich noch von den Insassen des Kellers mit Fragen bestürmt. Sie wollen wissen, wie es draußen aussieht und wie ich die Lage beurteile. „Ernst, aber nicht hoffnungslos“, verkünde ich und schildere mein beinahe komisches Erlebnis mit dem Russen. Das hellt die Mienen der ängstlich Lauschenden auf. „Ich habe es ja immer gesagt", erklärt ein älterer Herr mit goldener Brille, „die Russen sind gar nicht so schlimm."

„Stoj!"

„Gar nicht so schlimm" – hätte dieser Herr, der aussah wie ein Geschichtsprofessor, gewußt, was sich in den letzten Tagen in den Außenbezirken der Stadt abgespielt hatte, hätte er vollends geahnt, was für unnennbare Greuel sich in den kommenden Tagen unter dem entfesselten Rasen der „zweiten Welle" noch abspielen würden, dann wäre ihm diese leichthin gesprochene Bemerkung im Halse steckengeblieben. Und auch ich hätte, weiß Gott, mein Erlebnis nicht wie eine heitere Episode zum besten gegeben, sondern hätte geschwiegen. Oder ich hätte, zum Reden gedrängt, vielleicht gesagt: „Betet zum Herrgott, daß er uns ein gnädiges Ende gibt!"

Ja, hätte ich die Qual des endlosen Weges geahnt, den ich selbst geführt werden sollte, ich hätte mich wie ein weidwundes Tier in einen Winkel des Kellers verkrochen und wäre dort, ohne Hand an mich zu legen, nur unter der zermalmenden Wucht dieser gräßlichen Vision klaglos zugrunde gegangen …

So aber schultere ich nun meinen Rucksack, nicht gerade beschwingt, aber doch mit einem leise erwachenden Gefühl des Lebensmutes, steige die Stufen des Kellers empor und betrete die Empfangshalle, in der sich andere Hotelgäste, noch unschlüssig wartend, um den Geschäftsführer versammelt haben.

In diesem Augenblick erscheint in der Eingangstüre ein russischer Offizier in Begleitung eines recht zweifelhaften Zivilisten. Zwei mit „Mandolinen" bewaffnete Soldaten beziehen Posten vor dem Hotel.

Ich habe das Gefühl, in einer zugeschnappten Falle zu sitzen. Aber der Offizier lächelt väterlich, macht einige beruhigende Handbewegungen und stellt sich in die Mitte der Halle. Während sich nun auch die übrigen Gäste aus dem Keller nach oben drängen, hält er eine Ansprache, die von dem Zivilisten, offenbar einem Polen, in schauderhaftes Deutsch übertragen wird.

Er sagt, die siegreiche Rote Armee sei nicht gekommen, um sich für begangene Verbrechen zu rächen, sondern um das deutsche Volk aus der Sklaverei des Faschismus zu befreien. Aber die dem Sowjetstaat geschlagenen Wunden seien tief und die materiellen Schäden, die er erlitten habe, seien schwer, und deshalb fordere er die Anwesenden auf, durch freiwillige Spenden diese Verluste zu mildern.

Die Wirkung der Rede ist einfach verblüffend. Man hätte annehmen sollen, daß die Angesprochenen, den höchst privaten Charakter dieser „Sammlung" erkennend, gerade so viel „spenden" würden, um nicht den Zorn des Siegers zu erregen, daß sie im übrigen aber dem Herrn die kalte Schulter zeigen würden. Doch die guten Deutschen umdrängen jetzt, ich kann es nicht anders ausdrücken, mit geradezu hündischer Ergebenheit ihren „Befreier". Sie beweisen nun mit der Tat, daß ihr moralischer Zusammenbruch vollkommen ist und daß sie wirklich zu Sklaven geworden sind, noch ehe das rote Banner über dem Brandenburger Tor emporgestiegen ist.

Wertgegenstände jeder Art, Uhren, Ringe, Drehbleistifte, Armbänder, Geldscheine, ein goldenes Zigarettenetui, sehe ich in dem schmutzigen Beutel verschwinden, den der Pole grinsend den Deutschen hinhält. Ein gut gekleideter Herr erkundigt sich, ob auch Trauringe abgegeben werden dürfen. (Er sagt tatsächlich „dürfen"!) Mit gnädigem Kopfnicken bejaht der Offizier die kaum glaubliche Frage, und nun – aber ich kann nicht länger bei einer Szene verweilen, die mir noch heute die Schamröte ins Gesicht treibt.

Ich drücke mich um eine Säule herum und entgehe so mit Leichtigkeit einer Schröpfung.

Nach ihrer Opfertat fühlen sich die Menschen sichtlich nicht nur materiell erleichtert, sondern auch seelisch befreit. Sie schwirren froh erregt durcheinander, als sei nun schon das Schlimmste überstanden. Aber noch wagt sich niemand ins Freie. Da stehen ja noch immer die beiden Kerls mit ihren Maschinenpistolen. Der Offizier sieht die ängstlichen Blicke und verkündet gut gelaunt, daß selbstverständlich jedermann ungehindert das Hotel verlassen könne.

Zum zweitenmal wage ich den Start in die Trümmerwelt. Noch weiß ich nicht, was mich da draußen erwartet – außer den Bildern der Vernichtung, die mir im erbarmungslosen Licht des strahlend heraufziehenden Maitags noch greller erscheinen als eine Stunde zuvor. Wohl bin ich erfüllt von Trauer und Zorn, regt sich nach dem Vorausgegangenen eine mißtrauische Stimme in mir, aber mein Lebenswille ist neu erwacht. Der scheußliche Krieg ist nun wirklich zu Ende. Langsam würden wieder Vernunft und Menschlichkeit in die geschändete Welt zurückkehren, würde das Leben neu beginnen, schwer wohl und karg und noch lange umdüstert von den Schatten der Vergangenheit, aber doch frei von neuer Schuld, mit allen Möglichkeiten der Entsühnung und Läuterung, des Aufstiegs zu menschlicher Würde und Freiheit.

Unwahrscheinlich die Erinnerung, daß mein Weg in dieses neue Leben nach fünfzig Metern zu Ende war! Unwahrscheinlich, daß ein einziges Wort mich in einen Abgrund schleuderte, aus dem es nach menschlichem Ermessen keine Rettung, keine Wiederkehr gab!

Dieses Wort, gesprochen von einem russischen Soldaten, der auf der Neustädtischen Kirchstraße stand, lautete: „Stoj!" Dabei war es keineswegs haßerfüllt mir entgegengeschleudert, vielmehr wurde es ruhig, beinahe sachlich gesagt mit jener Gleichgültigkeit gegenüber menschlichen Schicksalen, dir mir noch oft als ein wesentlicher Ausdruck sowjetischer Geisteshaltung begegnen sollte.

Noch kam mir die folgenschwere Bedeutung dieses Wortes nicht zum Bewußtsein. Der Mann hatte offenbar den Auftrag, aus irgendeinem, wahrscheinlich verkehrstechnischen Grunde die Straße zu sperren. Warten wir also ab, bis der Durchgang wieder freigegeben würde. Das konnte ja nicht ewig dauern. Hinter mir stauten sich im Laufe der nächsten Viertelstunde weitere Passanten, Männer und Frauen, die zum größten Teil gleich mir die Nacht im Keller des Hotels verbracht hatten. Als schließlich eine Gruppe von etwa 25 Personen beisammen war, schob der Soldat seine Maschinenpistole, die er lässig in Anschlag gebracht hatte, auf die Seite, sagte mit derselben Sachlichkeit, mit der er sein „Stoj!“ von sich gegeben hatte, „dawaj!“ und setzte sich an der Spitze des ihm folgenden Geleitzuges langsam in Bewegung.

Ich erinnere mich nicht, daß er während des ganzen Marsches ein einziges Mal zurückgeblickt hätte. Wußte er, daß ihm die Deutschen sowieso wie geduldige Lämmer folgen würden, oder war es ihm gleichgültig, wenn der eine oder andere seiner Führung nicht folgte?

Was hat das alles zu bedeuten? Fieberhaft überlege ich alle Möglichkeiten. Sollen wir zu einem Sammelplatz gebracht werden, um dort einer Überprüfung unterzogen zu werden? Will man uns zu irgendwelchen Arbeiten heranholen? Aber was sollen dann die Frauen in unserer Gruppe?

Noch ist es möglich, in den Ruinen zu verschwinden. Aber was dann? Wie lange kann ich ohne nennenswerte Lebensmittel in der von russischen Truppen überfluteten Stadt aushalten, in der jedes bürgerliche Leben erstorben ist? Aber wozu überhaupt sich verstecken? Bin ich denn ein Verbrecher? Habe ich diesen wahnsinnigen Krieg angezettelt, oder war es nicht vielmehr diese winzige Clique, die keinen, aber auch nicht einen einzigen Deutschen gefragt hat, ob er dieses Vabanquespiel billige?

Fruchtloses Grübeln und Fragen! In der Ausweglosigkeit dieser, wie ich dumpf spüre, entscheidenden Minuten überkommt mich zum erstenmal eine Ahnung des mitleidlos waltenden Schicksals, das über die Menschen hinweggeht wie ein Unwetter über blühende Fluren. Lidlos starrt mich die ewige Sphinx an, das bohrende Warum, das rätselvolle Wozu ...

Der Marsch

Von allen Seiten stoßen neue Gruppen zu unserem Häuflein, bewacht wie wir, geduldig wie wir, Männer und Frauen, die meisten schwer bepackt. Die Koffer und Bündel, die Taschen und Rucksäcke sind der einzig erkennbare Lebenswille dieser Menschen, die sich schweigend zu einem geisterhaften Zug vereinigen. Innerhalb kürzester Zeit bildet sich ein riesiger und – wie könnte es unter Deutschen anders sein? – wohlgeordneter Block. Zweitausend mögen es sein, die willenlos einem unbekannten Ziel entgegenmarschieren. Wie fremd sind mir diese Mühseligen und Beladenen, die doch das gleiche erdulden wie ich, deutsche Brüder und Schwestern, unschuldig-schuldig wie ich!

Da sehe ich plötzlich einige Reihen vor mir einen Bekannten! Es ist Gerhard, der Buchhändler, der zu meiner Volkssturmeinheit gehörte – ein Kamerad, ein Mensch, mit dem ich mich aussprechen kann!

Beim nächsten Halt, der durch das Hinzukommen neuer Abteilungen entsteht, schlängle ich mich zu ihm durch, nicht ohne lebhafte Beanstandungen wegen der durch mich gestörten Marschordnung, wohlgemerkt durch die Deutschen! Den begleitenden Posten ist es völlig gleichgültig, in welcher Haltung ihre Schäflein einhertrotten.

Gerhard, der Realist, zerstört zunächst ziemlich brutal meine letzten Wunschträume. Er ist fest überzeugt, daß wir uns auf dem Weg in ein Gefangenenlager befinden. Freilich glaubt auch er, daß das für die meisten eine Angelegenheit von kurzer Dauer, vielleicht nur von wenigen Tagen sein wird, denn schließlich können die Russen, so meint er, ja nicht die ganze Bevölkerung Berlins, die immer noch nach Millionen zählt, einsperren. Eine sehr einfache, aber einleuchtende Begründung, die meine Hoffnungen sogleich wieder belebt.

Eine „Parole" geht durch unsere Reihen, die erste von vielen tausenden, die ich noch hören sollte. Das Gerücht will wissen, daß wir nach Plötzensee marschieren, also in das berüchtigte

Gefängnis, das für viele Deutsche eine Stätte des Grauens war! Noch wehren wir uns gegen diese Vorstellung. Was will man denn mit diesem wahllos aufgelesenen Haufen von Männern und Frauen ausgerechnet in Plötzensee, wo, wie nun andere behaupten, noch in den letzten Tagen scheußliche Hinrichtungen stattfanden?

Tausendfach haben die Parolen getrogen, vor allem die freundlichen, aber diese erste war – richtig! Der Gedanke, daß der Russe unterschiedslos jeden Deutschen als Verbrecher betrachten würde, erschien uns so abwegig, daß er ernsthaft gar nicht in unsere Betrachtungen einbezogen wurde.

Vorerst heißt es wieder einmal „Halt!". Russische Offiziere tauchen auf. Sie beraten mit fast südländisch anmutender Lebhaftigkeit. Die Meinungen scheinen heftig aufeinanderzuprallen. Endlich einigt man sich. „Frauen raustreten!" lautet der Befehl. Zum erstenmal sehe ich in den Augen russischer Soldaten ein Aufflackern asiatischer Grausamkeit, klingt aus dem erbarmungslosen „Dawaj!" die Ungeduld der Menschenverächter. Zeit zum Abschiednehmen wird nicht gegeben. Menschen werden in wenigen Augenblicken auseinandergerissen, die Leid und Not der letzten Jahre treulich miteinander trugen, Ehegatten, die vielleicht ihr Leben lang niemals getrennt waren oder die ein glücklicher Zufall wieder zusammengeführt hatte, Flüchtlinge, die den großen Treck gemeinsam überstanden hatten. Ich wende mich erschüttert ab. Die Illusion von der Menschlichkeit der Sieger ist für immer dahin.

Als wir unser Gepäck wieder aufnehmen, sehe ich ein Kind, ein Mädchen von etwa sieben Jahren, aufgelöst weinend in dem Niemandsland zwischen Männer und Frauen stehen …

Wir marschieren wieder, oder, besser gesagt, wir gehen in dem langsamen, stumpfsinnigen Trott, aus dem alle Hoffnungslosigkeit des Menschen spricht, der seinen eigenen Willen verloren hat. Unbewußt geben wir damit zu erkennen, daß wir uns innerlich bereits eingereiht haben in die verlorenen Haufen, die in dieser Stunde auf vielen Straßen den bittersten Weg gehen, den Menschen geführt werden.

Ehe wir unser vorläufiges Ziel erreichen, gibt es einen kleinen, bemerkenswerten Zwischenfall. Bei einer erneuten Stokkung – es ist ein Vorwärtsschleichen in vielen Etappen – tritt ein Tollkühner aus dem Glied und wendet sich an einen russischen Offizier, der offenbar die Oberaufsicht über uns hat. Da ich zufällig ganz in der Nähe stehe, kann ich die in deutscher Sprache geführte Unterhaltung mit anhören. Der Deutsche, ein älterer Zivilist, fragt, ob er denn nicht nach Hause gehen könne; er sei der Inhaber eines Hotels und der Betrieb erfordere dringend seine Anwesenheit. Mißtrauisch lauernd mustert der Offizier den Bittsteller. Es ist klar, daß er ihm gleich eine höhnisch abweisende Antwort geben wird. Aber beim Russen ist gar nichts klar – diese Erfahrung werde ich noch oftmals machen! Nach kurzem Zögern fragt der Angesprochene, wie denn das Hotel heiße. „Russischer Hof", lautet die Antwort. Die Züge des Offiziers erhellen sich schlagartig. Als habe man ihm einen guten Witz erzählt, bricht er in schallendes Gelächter aus. (Irgendwie empfinde ich selbst die seltsame Ironie der Episode.) Es ist ein offenes, herzliches Lachen. Und doch steht es in einem solch krassen Gegensatz zu dem eben erlebten, von demselben Offzier zu vertretenden Akt der Unmenschlichkeit, daß es mich anwidert.

Als er sich endlich beruhigt hat, kommt aus dem Mund des Erheiterten – höre ich recht? – das Zauberwort „domoj!". Ja, ich habe richtig verstanden: Der Inhaber des „Russischen Hofs" ist frei, er kann nach Hause gehen! Er kann, wie ich heute morgen, wieder so eine kleine, rührende Geschichte von der Großmut unserer Befreier erzählen – vorausgesetzt, daß er wirklich nach Hause kommt.

Wir blicken dem rasch sich Entfernenden nicht ohne neidvolles Staunen nach. Ich habe es nie erfahren, ob ihn ein erneutes „Stoj!" vielleicht schon an der nächsten Straßenecke wieder in das alte Elend zurückstieß.

Im Vorhof der Hölle

Wie lange wir an diesem Morgen marschierten, vermag ich nicht zu sagen. Schnell verliert der Gefangene das Gefühl für die Zeit – eine erste, unbewußte Anpassung an das so völlig anders geartete Lebensgefühl des östlichen Menschen, der sein Dasein mit der gelassenen Unbekümmertheit des Tieres verbringt, unempfindlich gegenüber der Flüchtigkeit der Stunde.

Auch die ersten Eindrücke von der Strafanstalt, vor der wir wohl am frühen Nachmittag lange standen, sind in der Erinnerung in ein verschwimmendes Zwielicht gehüllt. Vor meinen Augen steht nur noch das Bild hoher, schmutziger, nackter Backsteinmauern – Symbole der Unbarmherzigkeit, die uns trotz ihrer furchtbaren Stummheit die Worte entgegenschleudern: „Laßt alle, die ihr hier eintretet, die Hoffnung fahren!“

Ehe uns das Grauen der starrenden Wände aufnimmt, werden erstmals die Personalausweise geprüft – planlos, lässig, wie alles, was bisher mit uns geschah. Ich halte dem Posten, der aussieht, als könne er weder lesen noch schreiben, meinen Reisepaß hin. Sein Blick bleibt an dem Hoheitsadler hängen, der auf dem Einband des grünen Büchleins eingestempelt ist. Das Gesicht des jungen Burschen verzieht sich zur Grimasse. Er schleudert den Paß voller Verachtung zur Erde, trampelt mit dem Stiefelabsatz auf ihm herum und stößt die bedeutenden Worte hervor: „Nix Dokument – ’itler kapuht!“

„Diskussion zwecklos“, sage ich mir in einem Anflug von Galgenhumor, zumal ja der zweite Teil seiner Äußerung kaum zu widerlegen sein dürfte. Das Soldbuch meiner Volkssturmeinheit ist nun das einzige „Dokument“, das ich noch besitze, und das ist fraglos, nicht nur in russischen Augen, von zweifelhaftem Wert. Der so schnöd mißhandelte Paß liegt vor mir als ein unübersehbares Zeichen meines zertrümmerten bürgerlichen Daseins. Ich bin einen Augenblick versucht, mich auch des Soldbuchs zu entäußern; aber ich verwerfe den Gedanken, mich in die fragwürdige Sicherheit eines falschen Namens zu flüchten, sofort wieder. Das machen Verbrecher oder Verrückte.

Eine solche Rolle zu spieln, habe ich keine Veranlassung. Sie erfordert zudem Phantasie und schnelle Gedankenverbindung – Fähigkeiten, die aus meinem betäubten Gehirn völlig verschwunden sind. – Endlich öffnen sich langsam die großen Tore. In Trupps zu hundert Mann schleppen wir uns durch die von hohen Mauern umsäumten Straßen des riesigen Geländes, das uns mit feindseligem Schweigen empfängt.

Die letzten Zweifel an der Haltung der Sieger sind beseitigt, als ich mich kurz darauf mit etwa dreißig Leidensgefährten in einer Ein-Mann-Zelle wiederfinde, deren Türe hinter dem letzten dröhnend ins Schloß fällt. (Es ist ein Wunder, daß er dabei nicht zerquetscht wird!)

Die drangvoll fürchterliche Enge gestattet zunächst nur aufrechtes Stehen. Aber die meisten sind so erschöpft, das Bedürfnis nach Ruhe und Entspannung ist so gebieterisch, daß schließlich doch der letzte Quadratzentimeter des Fußbodens von einem Knäuel Hockender, qualvoll in sich Zusammengekrümmter belegt ist.

Der einzige Lichtblick für mich: Gerhard ist mit mir in der Zelle. Wenn es auch unmöglich ist, sich irgendwie zu helfen, ja wenn es sogar schwerfällt, auch nur ein ermunterndes Wort zu sprechen, so ist doch das Bewußtsein tröstlich, einen vertrauten Menschen in der Nähe zu wissen. Seitdem wir mit dem Eintritt in dieses Dasein aus dem mütterlichen Urgrund des Seins in die Einsamkeit des Einzelwesens geschleudert sind, ist doch immer dieses leise Sehnen nach dem brüderlichen Du des Mitmenschen in uns lebendig – draußen in der Freiheit und erst recht in einer über uns gemeinsam hereinbrechenden Not. „Kamerad", dieses so oft verleugnete, ja manchmal verächtlich abgelehnte Wort erhält in den Augenblicken tödlicher Bedrohung eine Bedeutung, die der im umfriedeten Raum der Freiheit Lebende nicht ermessen kann.

Stunden mögen vergangen sein. In dem Halbdämmer der Zelle, deren winziges Fenster sich weder öffnen noch zertrümmern läßt, herrscht eine qualvoll-brütende Stimmung, die sich nur wenig unterscheiden mag von der todesbangen Atmosphäre eines verloren auf dem Meeresgrund liegenden U-Bootes. Will man uns langsam ersticken lassen? Oder hat man uns „nur“ vergessen? Die Unmöglichkeit, die Notdurft zu verrichten, ist schon furchtbar genug, aber schlimmer noch ist das lastende, tödliche Schweigen, das die schwer atmende Brust wie mit stählernem Ring umklammert.

Das Rasseln eines Schlüssels, der unerwartet ins Schloß gestoßen wird, klingt in unseren Ohren wie ein heller Fanfarenruf des Lebens! Der winzige Funke, der noch in uns glühte, wird im Nu zur hellen Flamme entfacht, als die Tür sich öffnet und eine Welle frischer Luft eisig-balsamisch in unseren Brutofen hereinflutet. Dieser blitzschnelle Wandel von tiefster Teilnahmslosigkeit zu neuem Lebensmut ist unerhört. Ohne Befehl quellen wir unwiderstehlich hinaus, sinken dann freilich zum größten Teil wieder kraftlos auf den Steinfliesen des Zellengangs zusammen.

Der Posten, ein russischer Sergeant, wartet geduldig, bis wir uns etwas erholt haben – schlägt ihm das Gewissen, oder ist er gerade gut gelaunt? Dann führt er uns hinaus auf den Hof, wo wir uns endlich richtig ausstrecken können.

Wir liegen auf der blanken Erde. Nie lag ich so gut unter freiem Himmel, nicht im hohen Gras auf sommerlich-üppiger Wiese, nicht auf den weichen Polstern des Mooses im Wald! Mütterliche Erde, die du kalt und bloß noch Segen spendest dem Erschöpften, der sich vertrauend in deinem Schoße birgt!

Die Nacht bricht herein. Niemand kümmert sich mehr um uns. Vielleicht gilt es, neue Gefangene in die Zellen zu pferchen, vielleicht nimmt eine der nicht endenden Siegesfeiern unsere Bewacher in Anspruch.

Die ungewöhnliche Wärme des wolkenlosen Frühlingstages weicht allmählich einer empfindlichen Kühle. Wir müssen uns bewegen, um nicht zu erstarren.

Ich gehe mit Gerhard auf und ab. Der Hof ist so groß, daß man sich in der Dunkelheit fast verirren könnte. Trotz aller Erschütterungen macht sich der Hunger jetzt deutlich bemerkbar oder, besser gesagt, das Gefühl, das wir damals mit Hunger bezeichnen zu können glaubten. Denn eine noch so deutliche Mahnung des Magens ist ja noch kein Hunger in des Wortes eigentlicher, schrecklicher Bedeutung. Von Hunger, lieber Freund im Wirtschaftswunderland – hast du es nie erfahren oder wieder vergessen? –, von Hunger kannst du erst sprechen, wenn dir ein altes, vertrocknetes, verschimmeltes Stückchen Brot als köstliche Speise erscheint oder wenn dir beim Anblick einer frisch gekochten Kartoffel vor Gier und Schwäche die Knie zittern! – Das „Abendbrot", das ich mit Gerhard teile, besteht aus den Wasserkeksen, die ich für meine Uhr bekam, und zwei Löffeln Traubenzucker, den ich als eiserne Ration schon vor Wochen in meinem Rucksack verstaute. Noch besitze ich als sorgsam gehüteten Schatz eine Dose Ölsardinen und – nicht zu vergessen – einige Schachteln Zigaretten. Wir stecken uns zwei der weißen Stäbchen an, von denen Oscar Wilde behauptet, sie seien der vollkommenste Genuß, weil sie ein augenblickliches Bedürfnis befriedigen, ohne es ganz zu stillen.

Nach geistvollen Gedankensplittern ist uns freilich wenig zumute. Wir sehen mit Bangen dem kommenden Tag entgegen. Auch diese Nacht werden wir schlaflos verbringen. Die geringe Freiheit, die uns gewährt ist, gestattet uns zwar, uns durch ruheloses Umherwandern gegen die Kälte zu wehren, aber die Beine sind schwer wie Blei, und es ist fraglich, ob wir bis zum Morgen durchhalten.

Da flammt in einer Ecke des Hofes plötzlich ein Feuer auf. Rätselhaft, wo und wie die Kameraden das Brennmaterial „beschafften", noch viel erstaunlicher, daß kein Russe erscheint und das Feuer zertritt! Wir drängen uns so nahe an die Flammen heran, daß uns die Hitze fast versengt, doch welch eine Wohltat ist das prickelnd-schmerzhafte Gefühl auf der Haut!

Einem ahnungslosen Beobachter wären unsere um die allmählich zerfallende Glut hockenden Gestalten, ihre grotesken Stellungen und Bewegungen vielleicht wie die seltsamen Riten von Feueranbetern erschienen – wir aber waren jeder übersinnlichen Romantik so fern wie nie; wir empfanden nur noch rein animalisch die Wohltat des Elementes.

Als der Morgen seine fahlen Lider öffnet, kauern wir noch immer mit schmerzenden Gliedern um die fast erkaltete Asche. Da schrecken uns Kommandorufe auf! Ein Rudel Russen stürmt schreiend und wild mit den Armen fuchtelnd, in unseren Hof. Aus dem wirren Durcheinander der Stimmen löst sich schließlich ein verständlicher Befehl: „Antreten in Zehnerreihen!“

Da stehen wir nun wieder, wohlgeordnet, tadellos ausgerichtet, und warten wie in den „seligen“ Zeiten des Barras! Nur mit dem kleinen Unterschied, daß wir noch weniger wissen, worauf, und daß dieses Warten sich ins Unerträglich-Endlose dehnt und daß wir zum Umfallen müde sind. Doch schließlich setzen uns neue Befehle in Bewegung.

Wenig später sind wir der winzige Teil eines riesigen Heerlagers, das sich summend auf freiem Gelände breitet, als sei eine Wolke Heuschrecken ermattet dort eingefallen. So groß ist die Masse der Menschen, daß es den Posten einfach nicht möglich ist, die militärische Ordnung aufrechtzuerhalten. Sie begnügen sich damit, uns in ungefähr gleich großen Abteilungen zusammenzuhalten, geben es aber auf, die sich Lagernden durch Schimpfen und Fußtritte wieder auf die Beine zu bringen.

Die zaghafte Frage eines Gefangenen, ob es nun bald Verpflegung gebe, löst bei den meisten seiner nächsten Umgebung ein mitleidiges Lächeln aus. Einer meint immerhin, wenn es auch nicht sehr überzeugend klingt: „Der Russe kann uns doch nicht einfach tagelang hungern lassen.“

„Was der Russe kann, das wirst du bald genug genau erfahren“, entgegnet ihm ein anderer. Die düstere Prophezeiung läßt alle verstummen.

Stumpfsinnig verdösen wir die Stunden. Alles ist trostlos und ungewiß. Die Sieger, die über unser Schicksal entscheiden, sind unsichtbar; soweit sie in Erscheinung treten, sind sie uns so fremd, als seien sie von einem anderen Stern gekommen.

Einmal schreckt uns eine Szene auf, die mir trotz ihrer Flüchtigkeit noch heute in allen Einzelheiten vor Augen steht. Einer der Steppenwölfe, ein junger, kraftstrotzender Hüne, geht langsam mitten durch unsere Reihen. In der Hand hält er eine riesige Bratpfanne, und in dieser Pfanne liegt, frisch gebraten, ein riesiges, lecker gebräuntes Speckstück, umgeben von einer verführerisch duftenden, aus zahllosen gerührten Eiern locker sich türmenden Masse ...

Kein gewiegter Psychologe, kein sadistischer Menschenfeind hätte etwas ersinnen können, was uns in ähnlich erschreckender Weise die ganze Armut und Ohnmacht unseres elenden Daseins zum Bewußtsein gebracht hätte.

Ein weiteres Ereignis unterbricht die Einförmigkeit der endlosen Stunden. Eine Gruppe von Offizieren durchschreitet in Begleitung eines gut gekleideten Zivilisten die breite, menschenfreie Gasse, die durch die Mitte des Heerlagers führt. Zufällig liegen wir ganz in der Nähe, fast am Rande dieser Gasse.

Auf Gerhard wirkt das Erscheinen der Gruppe unerwartet erregend. Er packt mich am Arm. „Hast du den Zivilisten gesehen, der eben vorüberging?"

„Ja", sage ich gleichgültig. „Kennst du ihn vielleicht?"

„Aber natürlich, das war doch S., der bekannte Berliner Verleger!"

Diese Eröffnung belebt nun auch meine müden Lebensgeister etwas. Ein Bekannter Gerhards, der offensichtlich nicht unser Schicksal teilt! Daraus könnte sich für uns die Möglichkeit ergeben, vernommen zu werden, an maßgeblicher Stelle Gehör zu finden, aus der namenlosen Masse herauszukommen! Aber wie kommt es, daß der Mann, der doch Deutscher ist, sich mit russischen Offizieren frei im Lager bewegt? Gerhard glaubt sich zu erinnern, daß S. Schwierigkeiten mit den Machthabern des Dritten Reiches hatte, daß er möglicherweise sogar in Rußland war. Dann könnte er jetzt die Rolle eines Dolmetschers spielen. Vorsicht scheint uns geboten. Wir beschließen trotzdem, bei der nächsten sich bietenden Gelegenheit uns bemerkbar zu machen. Überraschend schnell ist diese Gelegenheit da. Schon nach wenigen Minuten taucht S. wieder auf. Diesmal allein.

Wir lösen uns aus dem Haufen der Leidensgefährten, die uns verwundert nachstarren. Niemand hindert uns daran, die

„Lagerstraße“ zu betreten. Der Verleger erkennt Gerhard sofort. Nach kurzem Zögern reicht er ihm freundlich die Hand. Ich werde vorgestellt. Dann berichtet Gerhard mit wenigen Worten unsere bisherigen Erlebnisse.

„Der Russe sucht nur wirkliche Verbrecher“, sagt der Verleger beruhigend. „Seien Sie doch froh, hier im Lager verhältnismäßig sicher untergebracht zu sein. Draußen in der Stadt ist das Leben jetzt auch nicht gerade angenehm.“

Dieser überraschenden Betrachtungsweise können wir uns nicht ganz anschließen. Ich erlaube mir zu bemerken, daß wir immerhin seit sechsunddreißig Stunden nichts Vernünftiges mehr gegessen haben.

„Das ist allerdings schlimm“, sagt S. bedauernd und, wie es scheint, nicht ohne echtes Mitgefühl. „Ich will sehen, was ich für Sie tun kann.“ Mit diesen Worten verläßt er uns eilig wieder.

Wir sind uns darüber im klaren, daß das Ergebnis der Unterredung nicht sehr ermutigend ist. Außer ein paar unverbindlichen Redensarten hat der freundliche Herr eigentlich nichts gesagt, woran sich unser Lebensmut wieder aufrichten könnte. Aber es geschehen noch Zeichen und Wunder! Keine halbe Stunde ist vergangen, da steht er schon wieder vor uns, und diesmal erscheint uns das, was er uns mitzuteilen hat, recht bedeutungsvoll: „Ich habe Ihre Namen bei dem zuständigen Offizier gemeldet“, versichert er mit der Unrast des Vielbeschäftigten. „Sie werden in Kürze zu einer Vernehmung geholt!“

Rasch drückt er noch jedem ein Päckchen in die Hand und ist gleich darauf wieder verschwunden.

Neugierig entfernen wir die Umhüllung – altes Zeitungspapier – und starren auf ein märchenhaftes Geschenk! Da hat uns doch dieser rührende Mensch wirklich und wahrhaftig vier wundervolle, appetitliche Brote gebracht, mit echter Butter bestrichen und mit köstlichem Schweizer Käse belegt! Ist das nicht ein überzeugendes Zeichen, daß sich unser Schicksal nun wenden wird, daß wir vielleicht schon bald wieder frei sein werden?! O ewig uns umgaukelnde Fata Morgana der Hoffnung! O ewig törichtes Herz, das noch im Versinken die verlodernde Fackel der Sonne für die Morgenröte eines neuen Tages hält!

Es hat den Anschein, als müßten wir auch die zweite Nacht unter freiem Himmel verbringen. Schon rücken wir unter dem Hauch der Abendkühle näher zusammen. Da kommt Bewegung in die Massen.

Wieder geht es nicht ohne Geschrei und Flüche. Dieses ewige, nicht wiederzugebende zotige Fluchen, das noch lange Jahre unsere Ohren beleidigen sollte und das vom Offizier und vom gewöhnlichen Mann in gleich häßlicher Weise geübt wird – spricht aus ihm nur die Verwilderung des rauhen Kriegers, oder spiegelt sich in ihm die seelische Verfassung eines ganzen Volkes, dem man die Religion genommen hat?

Nach kurzem Marsch steht unsere Abteilung vor einem Backsteingebäude, dessen abstoßende Häßlichkeit noch gesteigert wird durch die Spuren zahlloser Kugeleinschläge, die sich wie ein fressendes Geschwür an den Wänden abzeichnen. Und dort – diese dunklen Flecken und Spritzer – sind das nicht Spuren vergossenen Blutes? Vor unseren erschrockenen Augen stehen die Bilder entsetzlicher Szenen, die sich hier abgespielt haben mochten. Welche Unglücklichen blickten hier in die Gewehrmündungen eines Exekutionskommandos? Mit welchen Empfindungen – unsere ahnungsschweren Betrachtungen werden jäh unterbrochen. Von einem reißenden Sog erfaßt, fallen wir die Stufen eines Kellers hinunter, aus dem uns die dumpfe Schwüle menschlichen Brodems entgegenschlägt. Aus dem Halbdunkel starren uns fahle Gesichter an. Unheimlich der Ausdruck dieser weit geöffneten Augen, die ein unbekanntes Ziel in der Ferne zu suchen scheinen!

Unter den lebendig Begrabenen sinken wir irgendwo nieder. Schauernd spüren wir die Kälte des feuchten Steinbodens. Dann umhüllt uns finster drohend das Schweigen des Abgrunds …

Diese Nacht hat sich unauslöschlich in meine Erinnerung eingegraben. Ihre gräßlichen Bilder werden bis an mein Lebensende wie ein Alpdruck auf meiner Seele lasten, werden mich immer wieder in friedlicher Nacht jäh aus dem Schlummer schrecken. Denn in diesem Vorhof der Hölle erscheint in furchtbar regelmäßiger Wiederkehr ein Abgesandter des Teufels, ein junger Sowjetsoldat, geht langsam, mit kritisch abwägendem Blick durch die Reihen der noch tiefer sich Duckenden, zögert, scheint nochmals zu prüfen – bis er schließlich vor dem erwählten Opferlamm stehenbleibt. „Du komm!" lautet das Donnerwort des Schicksals, gesprochen von einem jungen Menschen, einem atmenden, von einer Mutter geborenen Wesen, das Gott nach seinem Ebenbild schuf …

Aber ehe der Todgeweihte die Stufen des Kellers hinauftaumelt, muß er die Schuhe ausziehen. Lautlos geht er dann, als sei schon alle Erdenschwere von ihm abgefallen, seinen letzten Gang …

Man wird mich vielleicht verdächtigen, das seien Bilder einer krankhaft erhitzten Phantasie, Halluzinationen des Hungers, aus der Verzweiflung geborene Fieberträume. Wir alle, die wir diese gnadenlose Nacht erlebten, wissen mit furchtbarer Klarheit, daß es *kein* Fiebertraum war! Das Peitschen der Schüsse da draußen gellt es uns in die Ohren, die stumme Anklage der herrenlosen Schuhe, deren Zahl sich von Stunde zu Stunde vergrößert, hämmert es uns in die bebenden Herzen!

Und doch – je länger das satanische Spiel währt, je mehr sich unser Häuflein lichtet, um so mehr überkommen mich Ruhe und Stille. Nicht die alles überwindende Kraft des Glaubens – jener Hort, den ich schon so lange verlor –, noch weniger der Mut des Helden, der dem Tod unerschrocken entgegentritt, geben mir dieses innere Gefaßtsein. Es ist die der menschlichen Natur gnädig geschenkte Eigenschaft, daß ihrer Leidensfähigkeit Grenzen gezogen sind. Sind diese Grenzen einmal überschritten, dann beginnen alle Bilder des Schreckens zu verblassen, und selbst die Drohung des Todes versinkt unwirklich fern. Ja, ist es nicht verlockend, zu wissen, daß die ewige Stille dich bald umfangen wird, das große Geborgensein, in dem du ruhen wirst, warm und schwerelos schwebend, wie im Schoß der Mutter? Wie leicht ist es, Abschied zu nehmen von einem Leben ohne Hoffnung und Zukunft, von einer Welt, in der

Liebe und Schönheit und alle zarten Regungen des Herzens unter den Stiefeln von Bestien zertrampelt zu sein scheinen ...!

Doch als der Morgen dämmert, finde ich mich mit einem leichten, fast unwilligen Staunen noch immer in diesem Jammertal! Ist nun ein Ende der Qual gekommen, oder ist uns nur ein Aufschub gewährt, ehe die Schrecken von neuem beginnen?

Man führt uns hinaus in das blendende Licht des Tages. Wir schauen einander an, ungläubig zweifelnd: Sind wir wirklich auferstanden aus der Nacht des Grabes? Gilt die segnende Wärme der Sonne, die groß und lächelnd in strahlender Reinheit am Himmel steht, auch uns, den Elenden und Zertretenen?

Gerhard – auch er gehört zu den Überlebenden – sucht meine Hand. Es ist eine leise, unbeschreibliche Geste, die zugleich Hilfe heischt und Trost gewährt. Unser Händedruck sagt mehr, als Worte auszudrücken vermögen. Er ist Gelöbnis und Verpflichtung. Dieses uns noch einmal geschenkte Leben müssen wir nun erfüllen, mag kommen, was will. Der unüberhörbare Auftrag einer inneren Stimme gibt uns ein neues Ziel. Wohl liegt es noch in weiter Ferne vor uns, aber der Weg zu ihm ist klar.

Der Eroberer von Berlin

Der Russe scheint nun endlich planvoller die Probleme lösen zu wollen, die ihm Haß und Rachsucht aufgebürdet haben. Vielleicht kommt er allmählich auch zu der Einsicht, daß er eine Katastrophe größten Ausmaßes heraufbeschwört, wenn er nicht bald Verpflegung heranschafft.

Es beginnt die erste grobe Sichtung der Gefangenen. Die Ausländer werden herausgezogen und nach Nationalitäten getrennt. Es ist erstaunlich, wie viele Polen, Tschechen, Italiener unter uns sind. Dann bilden Wehrmacht und Volkssturm eine verhältnismäßig kleine Gruppe, zu der auch Gerhard und ich gehören. Einige meinen zwar, es sei besser, im größeren Haufen zu sein; ich aber empfinde die Tatsache, wenigstens einmal einer bestimmten Auswahl anzugehören, als Fortschritt.

Wir kommen wieder auf unsere Unterhaltung mit Herrn S. zurück. Doch unsere Hoffnung, daß sich seine Versprechungen erfüllen, ist ebenso schnell, wie sie aufkeimte, wieder zunichte gemacht. Es dauert nicht lange – nach russischen Begriffen –, und wir trotten erneut hinter einem mißmutig-gleichgültigen Steppenwolf auf staubiger Straße dahin. Daß wir, nach *dieser* Nacht und nun schon ernsthaft von Hunger und Durst gepeinigt, alle das Ziel erreichen, ist ein Wunder. Das Ziel? Nur eine der vielen, verwirrend planlos erscheinenden Haltestellen, zu denen uns die in Wahrheit wohlüberlegte Verschleppungs- und Verdunklungstaktik der NKWD noch führen wird! Eine Wohnsiedlung am Rande von Siemensstadt nimmt uns auf. Die freundlichen, unzerstörten Häuser sind von ihren Bewohnern geräumt. In den größeren Villen haben sich russische Stäbe einquartiert. Da und dort stehen Posten. Ein Trupp Gefangener schleicht an uns vorbei. Kein Gruß, kein Blick kommt von ihnen zu uns herüber. Plötzlich Geschrei und Flüche. Der Leithammel hat seine Schäfchen gezählt und festgestellt, daß einer fehlt! Aber er weiß sich schnell zu helfen. Ein alter Mann, man kann ruhig sagen ein Greis, kommt gerade mit einem kleinen Leiterwagen mühsam des Weges daher. (Es ist übrigens der erste Zivilist, den ich in „Freiheit“ sehe.) Unversehens wird er von seinem Wagen weggerissen und ebenso schnell in den Zug der Gefangenen hineingestoßen; ungehört verhallen seine Klagen und Beschwörungen. Mit aufreizender Teilnahmslosigkeit setzen die Gefangenen, nun wieder vollzählig, ihren Marsch fort … Wie sagte doch der Verleger? „Die Russen suchen nur wirkliche Verbrecher!“

Wir dürfen eine Weile auf gepflegtem Rasen in der Sonne sitzen. Wie gut das tut, sich zu wärmen, die Augen zu schließen und nichts zu denken! Doch lange ist uns die kleine Freude der Rast nicht vergönnt. Wir „beziehen“ eines der leerstehenden Einfamilienhäuser. Unberührt stehen noch Möbel und Hausrat.

Die Bewohner müssen ihr Heim erst vor kurzem verlassen haben; ich kann nicht einmal Staub auf den Möbeln entdecken.

Kaum haben wir zwanzig Mann uns in der Wohnstube, so gut oder so schlecht es geht, ein wenig eingerichtet, da heißt es schon wieder „Raus!“. Noch ahnen wir nicht, daß uns einer der „abwechslungsreichsten“ Nachmittage der kommenden Jahre bevorsteht!

Wir treten im Vorgarten an. Ich stehe in der letzten Reihe – wie danke ich dem Schicksal noch heute dafür, daß ich meinem seit den Tagen der Rekrutenzeit pedantisch geübten Grundsatz treu geblieben bin, mich niemals nach vorne zu drängen! Die ersten zehn Mann setzt ein Wink des russischen Postens in Bewegung, wir übrigen zehn bleiben wartend als stumme Beobachter zurück.

Die Kameraden verschwinden in einem der gegenüberliegenden Häuser. Nach wenigen Minuten kehren sie zurück. Je zwei Mann tragen eine Leiche. Sie legen ihre traurige Last in kaum fünfzig Meter Entfernung auf einem freien Rasenstück nieder. Wir können deutlich drei Mädchen unterscheiden in hübschen, blauen Nachthemden, offenbar Geschwister, etwa im Alter zwischen acht und zwölf Jahren, dann eine schlanke, blonde Frau, wahrscheinlich die Mutter, und schließlich eine kleine, männliche Gestalt, die durch die Einwirkung von Feuer abstoßend entstellt ist. Die linke Seite des Gesichtes ist stark verkohlt. Noch stehen wir erschrocken vor diesem erschütternden Bild vernichteten Lebens, da kommen die Kameraden zurück. Einer flüstert uns zu: „Das ist die Familie Goebbels!“

Noch zweifle ich an der Richtigkeit dieser Behauptung, obgleich ich sie, nach den äußeren Umständen zu schließen, auch nicht für unmöglich halte, da entsteht in einer der Seitenstraßen Unruhe, Bewegung. Lärmend nähert sich rasch ein Schwall von Menschen, russische Offiziere und Zivilisten, die sich aufgeregt unterhalten.

Wie Schmeißfliegen umschwärmen sie jetzt die Toten, die unberührt von dem Treiben weiterschlafen. Wir hören einen Offizier eine längere Erklärung abgeben, sehen einzelne Zivilisten eifrig schreiben; andere zücken ihre Kameras – kein Zweifel: Hier führt man der Presse die Leichen der Familie Goebbels vor! Das ist doch endlich einmal wieder eine richtige Sensation, den „Eroberer von Berlin“ ausgelöscht im Zustande halber Verwesung im Bilde vorzuführen! Und es ist nicht nur eine Sensation, sondern auch ein Geschäft! Solche Dokumente werden von den Pressehyänen in New York, London, Moskau, Paris glänzend bezahlt! Ich sehe die Rotationsmaschinen in millionenfacher Wiederholung dieses Bild ausspeien, bei dessen Betrachtung den Menschen ein wohliges Gruseln über den Rücken läuft. Gewiß, auch ich kann mich beim Anblick der gräßlich entstellten Leiche des großen Verführers nicht ganz der bösen Vorstellung erwehren: Sieht es nicht fast so aus, als habe der Tote schon ein wenig an dem Ort geschmort, den ihm der Glaube in Aussicht stellt, auf den er getauft wurde? Und doch – wie widerlich ist der Rummel angesichts der friedlich schlummernden, lieblichen Kindergestalten, angesichts auch der Frau, deren Gesicht noch immer Spuren einstiger Schönheit zeigt, dieser Frau, die die entsetzlichsten Stunden durchlitten hat, die einer Mutter beschieden sein können!

Und heute, bei der Niederschrift dieses Berichtes, füge ich noch den Gedanken hinzu: In unseren Schulen liest man noch immer griechische Trauerspiele. Aber daß sich in den Tagen des größten Zusammenbruchs aller Zeiten Tragödien von wahrhaft antiker Wucht tausend-, ja zehntausendfach abgespielt haben – wer will daran noch erinnert sein?

In der Reichskanzlei

Die Erschütterungen dieses Tages sind damit noch lange nicht zu Ende, jedenfalls nicht für Gerhard und mich. Denn, so unwahrscheinlich es uns auch zunächst erscheinen will, wir werden gesucht, kaum sind wir in unseren Wohnzimmer-Kerker zurückgekehrt! Wir hören unsere Namen rufen, etwas entstellt zwar, aber es ist unzweifelhaft, daß wir beide gemeint sind. Also hat der freundliche Spender der Käsebrote doch Wort gehalten: Unsere Namen sind festgehalten, wir werden trotz der inzwischen vollzogenen Ortsveränderung zur Vernehmung geholt!

Wir machen uns durch Klopfen an der Türe bemerkbar. Ein aufgeregter Posten läßt uns heraus. Wir kommen uns irgendwie bevorzugt vor. Wahrscheinlich halten uns auch die Kameraden für sehr bedeutende Persönlichkeiten. Wie bei unserer Begegnung mit dem Verleger starren sie uns verwundert-mißtrauisch nach, als wollten sie sagen: Was die nur immer für Extrawürste gebraten bekommen! Aber diese Würste hatten, wie sich bald herausstellten sollte, einen ziemlich häßlichen Nebengeschmack.

Wir werden nämlich zu unserer Überraschung nicht in ein Dienstzimmer geführt, sondern in einen offenen, jeepähnlichen Wagen geschoben. Zwei mit Maschinenpistolen bewaffnete Soldaten steigen zu, dann geht es in rasanter Fahrt nach Berlin!

Gerhard sitzt zusammengekauert vor mir. Sicher erscheint ihm die ganze Sache genauso rätselhaft wie mir. Was haben diese verfluchten Steppenwölfe nun wieder mit uns vor?!

Noch einmal enthüllt sich mir auf dieser Fahrt das ganze furchtbare Bild der zerschlagenen Stadt. Unvorstellbar, daß aus den Ruinen, die in trostloser Gleichförmigkeit an uns vorüberjagen, jemals wieder neues Leben blühen wird! Ein einziger Häuserblock auf der langen Wegstrecke ist weniger von der Vernichtung betroffen. Aus jedem zweiten Fenster hängt eine rote Fahne, erschütternde Zeichen, daß hier noch Menschen am Leben sind, die hoffen, mit dieser Bekundung ihres guten Willens den Sieger gnädig zu stimmen. Fatal ist nur, daß sich auf dem gebleichten Rot vieler Fahnen in dunklen Schatten die Runen abzeichnen, die noch vor kurzem das Tuch „zierten".

Wir biegen in den Tiergarten ein. War das wirklich einmal ein friedlich atmender Park mit schattigen Wegen an stillen Gewässern, auf denen weiße Schwäne hoheitsvoll schwebten, mit Bänken, auf denen in Sommernächten die Liebespaare saßen? Jetzt hat sich die grüne Oase in eine Kraterlandschaft verwandelt, gespenstisch belebt von schmutzigen Lachen und ungezählten verkohlten Baumstümpfen …

Zum erstenmal sehen wir nun auch Tote. Zu Hunderten liegen sie da, einzeln und in Gruppen verkrampft, unwillig hinweggeschleudert vom Tod, der keine Zeit hatte, bei seiner raschen Beute zu verweilen. Staunend erkennen wir, daß die Toten alle die olivgrünen Uniformen der Roten Armee tragen. Unter den Gefallenen ist nicht ein einziger Deutscher! Hat ein wahnsinnig gewordener Kommissar die Männer in das eigene Trommelfeuer gejagt? Scheußlich starrt uns die sinnlose Fratze des Krieges entgegen …

Wir halten vor dem riesigen Block der Reichskanzlei. Sie steht noch, die protzige Behausung des Gefreiten, die zur Zwingburg eines ahnungslosen Volkes wurde. Zwar haben die Granaten aus den mächtigen Mauern große Brocken herausgebissen, aber im Ganzen ist es unerschüttert, das Wahrzeichen des Größenwahns. Nur die erloschenen Augen der Fenster lassen erkennen, daß auch hier das Schweigen des Todes herrscht.

Jetzt, in seinem Bannkreis, darf ich den streng behüteten Bezirk betreten, der gewöhnlichen Sterblichen verschlossen war. Man führt uns in den großen Garten. Hier stehen noch alte Bäume, an deren Zweigen sich erste Knospen zeigen – ein schüchterner Versuch des Lebens, unberührt von dem Wahnsinn der Menschen einen neuen Anfang zu wagen. Doch auch hier die finsteren Zeichen der Vernichtung, des Unterganges: Wir machen halt vor einer riesigen, wohl durch den Zusammenbruch unterirdischer Gewölbe entstandenen Grube, in der nebeneinandergereiht etwa fünfzehn Leichen liegen. Hohe Offiziere, eine Krankenschwester, Amtsleiter in Uniform. Einer der Toten streckt den weißen Verband seines eingegipsten Armes in die Höhe, als flehe er um Hilfe …

Man setzt uns auf eine umgestürzte Kiste und drückt jedem einen Spaten in die Hand. Der fragend-erschrockene Blick Gerhards spiegelt denselben Gedanken wider, der auch mich durchzuckt: Sollen wir hier als Totengräber Verwendung finden? Doch ist die Vorstellung zu unsinnig, daß man ausgerechnet uns beide zu diesem Zweck aus der Masse der Gefangenen herausgeholt und den weiten Weg hierhergebracht hat. Aber was in drei Teufels Namen will man denn dann von uns?!

Ein kleiner Zwischenfall reißt uns aus unserem Grübeln. Ein elf- bis zwölfjähriger Junge pflanzt sich plötzlich vor uns auf, ein hübsches Bürschchen, das sich in der Uniform eines russischen Sergeanten sichtlich gefällt. Tadellose Maßarbeit, lange Hose mit Bügelfalte, Spiegel und Rangabzeichen – nichts ist vergessen. Er hat ein bißchen Mitleid mit den beiden trübsinnig auf der Kiste hockenden Deutschen.

Um uns zu erheitern, beginnt er einen Krakowiak zu tanzen. Wie ein alter, gewiegter Tänzer bewegt er im schnellen Rhythmus des Tanzes die Arme, schleudert er temperamentvoll aus dem Hocksitz die Beine von sich und sieht uns dabei lachend an.

Enttäuscht darüber, daß es ihm nicht gelingt, uns aufzumuntern, bricht er unvermittelt seine Darbietung ab und verschwindet. Doch nach wenigen Augenblicken ist er wieder da. Er tritt ganz nahe an mich heran und sieht mich erwartungsvoll an. Jetzt *muß* sich doch das traurige Gesicht des Deutschen erhellen, scheinen seine wasserblauen Augen sagen zu wollen. Fast erschrecke ich ein wenig, als er mir nun eine – Flasche Schnaps entgegenstreckt, die er hinter seinem Rücken versteckt hatte! Ehe ich mich entschließen kann zuzugreifen, fährt ein Posten schimpfend dazwischen und entreißt ihm die Flasche. Wieselflink enteilt der Kleine, sieht aber noch einmal mit pfiffigem Lächeln zurück, als wolle er sagen: Wartet nur, ich habe noch andere Überraschungen für euch!

Ob ich will oder nicht – das Steppenwölfchen hat sich ein wenig in mein Herz eingeschlichen. (Ach, wenn die Menschen doch immer Kinder blieben!)

Zum drittenmal taucht der kleine Menschenfreund auf, der noch nicht weiß, daß wir „faschistische Verbrecher“ sind. Und diesmal bringt er uns das Beste, was er uns überhaupt bringen konnte: ein Kommißbrot und eine geöffnete Büchse mit herrlichem, fettem Schweinefleisch!

Der Posten läßt ihn gewähren. Aus der Grube kommt in leisen Wellen der süßliche Geruch der Verwesung, wir aber – verhüllt euer Haupt, ihr Ästheten! –, wir stellen die Spaten beiseite und verzehren im Angesicht der Toten mit jäh erwachtem Heißhunger Brot und Fleisch bis auf den letzten Krümel! So mag der Mensch der Vorzeit seinen Hunger gestillt haben, umgeben von toten Gefährten, die im Kampf mit dem urigen Wild fielen ...

Wie anders sieht die Welt aus, wenn der Magen gefüllt ist! Hätte ich sonst die weiteren Ereignisse, die auf uns einstürmten, mit einem Gleichmut hingenommen, der mir noch heute in der Erinnerung erstaunlich dünkt?

Ein Schwarm Offiziere erscheint auf der Bildfläche, an ihrer Spitze ein ganz hohes Tier, wahrscheinlich ein General. Ich empfinde das Ganze so unwahrscheinlich wie eine verlogene Filmszene. Der hohe Herr tritt jetzt nämlich mit leise klimpernden Orden auf uns zu – tatsächlich auf uns, niemand anderes kann sonst gemeint sein! – und läßt sich herab, einige Fragen an uns zu richten!

Die erste, von einem Dolmetscher tadellos verdeutschte Frage lautet: „Wann haben Sie Hitler zum letztenmal gesehen?" Völlig verblüfft antworte ich wahrheitsgemäß nach kurzem Nachdenken: „Bei seinem Einzug in Berlin nach Beendigung des Frankreich-Feldzuges."

Kopfschüttelnd und unwillig wird meine Antwort entgegengenommen. Die nächste Frage: „Auf welche Entfernung haben Sie Hitler gesehen?"

„Auf ungefähr zweihundert Meter", erwiderte ich, „eingekeilt in eine riesige Menschenmenge." Diese Antwort scheint den Fragenden noch weniger zu befriedigen.

Als nun Gerhard treuherzig bemerkt, er habe Hitler, außer in der Wochenschau, noch niemals gesehen, erfolgt ein geradezu hemmungsloser, minutenlanger Wutausbruch, der sich jedoch weniger gegen uns richtet. Unter seinen Hammerschlägen werden vielmehr einige der Gefolgsmänner des Allgewaltigen sichtbar klein und häßlich. (Wie schön, sich wieder einmal ein bißchen freuen zu können!)

Der Sinn der wilden Verwünschungen und Vorwürfe ist unschwer zu erraten: Verdammte Sauwirtschaft, die noch den Zusammenbruch der Roten Armee herbeiführen wird! Da hat man doch wieder einmal zwei ganz Verkehrte herangeholt! Was soll ich mit diesen beiden, völlig ahnungslosen Würstchen?!

Noch immer habe ich das Gefühl, einer Szene beizuwohnen, bei deren Gestaltung ein unfähiger Spielleiter zwei bis drei Register zuviel gezogen hat. Doch die Art und Weise, wie der Tobende nun seinen Zorn abreagiert, erinnert mich an die treffliche Parodie eines Kitschfilms.

Völlig unerwartet, aber genau im richtigen Augenblick, nähert sich ein mehrfach dekorierter russischer Krieger und taumelt, mit einer Riesenflasche roten Sektes bewaffnet, fast in die Arme seines Generals! Der Aberwitzige ist voll wie eine Strandhaubitze! Er starrt mit glasigen Augen auf den hohen Vorgesetzten und scheint etwas verwundert, daß er ihm mit blitzschnell zupackenden Griffen Schulterstücke und Orden herunterreißt. Aber ganz unverständlich ist es ihm, daß er auch die schöne Flasche nicht behalten darf, und geradezu empörend findet er es, daß sie gleich darauf an einer Mauer zerschellt.

„Das war gekonnt!“ hätte ich als Kritiker zu dieser Szene bemerkt. Später war freilich die Erinnerung an den einzigen komischen Vorgang dieser grausigen Tage stets mit dem traurigen Stoßseufzer verbunden: Ach, wäre doch neben jedem besoffenen Steppenwolf solch ein energiegeladener General gestanden! Der Übeltäter ist abgeführt, der Zorn verraucht. Was nun? Der wieder ganz besänftigte und gutgelaunte hohe Herr fordert uns durch eine Handbewegung auf, ihm zu folgen. Wenn uns die Kameraden so gesehen hätten, wie wir, den General links und rechts einrahmend, unseren Einzug in die Reichskanzlei hielten, hätten sie uns sicher mindestens für ehemalige Gauleiter gehalten!

Wir betreten einen unzerstörten, ausgeräumten Saal im Erdgeschoß. (Nach den späteren Schilderungen eines ortskundigen Leidensgefährten war es wohl der Speisesaal.) In der Mitte des großen Raumes liegt auf dem blanken Parkettfußboden ein länglicher, mit einem Teppich bedeckter Gegenstand. Vor diesem Gegenstand, der eine merkwürdige Anziehungskraft ausübt, machen wir halt. Unversehens wird der Teppich zurückgeschlagen. Vor mir liegt – die Leiche Hitlers. Das ist jedenfalls mein erster Gedanke, als mein Blick auf die wachsgelben Züge des Toten fällt, der stumm und doch irgendwie friedlos auf dem Rücken liegt und mit gläsernen, grauen, weit geöffneten Augen zur Decke emporstarrt ...

„Nun“, fragt der General neugierig-drängend, „ist das die Leiche des Führers?“ Ich zögere mit der Antwort, denn es kommt mir sofort zum Bewußtsein, daß meine Antwort für mich persönlich und vielleicht sogar für die Weltöffentlichkeit von folgenschwerer Bedeutung sein kann – wenn es mir auch unerfindlich bleibt, weshalb nun ausgerechnet *mir* diese Frage gestellt wird!

Ich betrachte den Toten genau. Eine Strähne rötlichbraunen, graumelierten Haars fällt in die niedrige Stirn, die verunstaltet ist durch ein tiefes, häßlich ausgezacktes Loch unmittelbar über der Haarwurzel, offenbar hervorgerufen durch einen aus nächster Nähe abgefeuerten Kugelschuß. Blut- oder Pulverspuren sind nicht zu sehen. Ich habe den Eindruck, daß die Leiche irgendwie „zurechtgemacht“ ist, und dieser Eindruck verstärkt sich, als ich nun die Bekleidung des Toten betrachte. Höchst eigenartig, ja geradezu befremdend ist der altmodisch geschnittene Anzug aus starkem, dunkelblauem Tuch, mit silbernen Knöpfen besetzt! Man könnte dieses seltsame Gewand als die Livree eines Dieners bezeichnen. Das Ganze sieht überhaupt aus, als sei es einem Fundus von Theaterkostümen entnommen. Geradezu widerlich aber sind der hohe Gummikragen und die geschmacklose, knallrote Krawatte in der Form eines Plastrons! Und die Füße des Toten sind nur mit groben, dunkelblauen Socken bekleidet!

Diesen abstoßend kostümierten Leichnam soll ich nun als

den „Führer des Großdeutschen Reiches“ erkennen? Ist das ein „Double“? Oder hat man hier den Versuch einer grotesken Tarnung gemacht? Ich weiß es nicht.

Unter den erwartungsvoll auf mich gerichteten Blicken sage ich schließlich: „Da ich Hitler nie aus der Nähe gesehen habe, kann ich Ihre Frage nicht mit Sicherheit beantworten. Doch halte ich es nicht für wahrscheinlich, daß das seine Leiche ist.“ Große Enttäuschung! Sind diese Menschen wirklich so kindlich-primitiv, daß sie meiner Antwort irgendwelche Bedeutung beimessen? Kommen sie nicht auf den naheliegenden Gedanken, daß es sinnlos ist, einen x-beliebigen deutschen Gefangenen zu befragen, anstatt zu versuchen, einen Mann, der Hitler wirklich kannte, ausfindig zu machen, den Leibarzt, den Friseur, einen Adjutanten oder Diener?

Aber nun wird auch Gerhard aufgefordert, sich zu äußern. Und er, der Hitler nur in der Wochenschau gesehen hat, meint mit entwaffnender Sicherheit, er zweifle nicht daran, daß das die Leiche Hitlers sei! Die Verwirrung ist vollkommen. Fast sieht es so aus, als ob sich ein neues Gewitter, diesmal über unseren Häuptern, entladen würde, da erscheint zu unserem Glück ein reitender Bote des Königs, Verzeihung, Stalins, und erstattet eine Meldung. Wir sind in Ungnaden entlassen. Natürlich nicht in die Freiheit, sondern in die Obhut unserer Bewacher, die im Park auf uns warten. Sie sitzen vergnügt auf unserer Kiste und haben inzwischen dem Schnaps, den wir beinahe bekommen hätten, eifrig zugesprochen. Der eine findet diese Beschäftigung ungleich reizvoller, als mit den dummen Gefangenen weiterzufahren. Er bleibt kurz entschlossen zurück, während der andere unwillig brummend neben dem Fahrer des wartenden Jeeps Platz nimmt.

Wir sitzen diesmal nebeneinander und können uns ungestört unterhalten. Da wir die Unerforschlichkeit der Ratschlüsse der NKWD noch so wenig kennen, beschäftigen wir uns wieder einmal mit unseren Zukunftsaussichten. Der Fehlschlag unseres Ausflugs ist uns ziemlich gleichgültig – wichtig erscheint uns, daß wir uns einigermaßen aus der Affäre gezogen haben, wichtiger noch, daß unsere Namen tatsächlich irgendwo vermerkt sind; man wird uns also wohl endlich am kommenden Tag zu der erbetenen Vernehmung holen.

Gerhard erläutert mir den taktischen Plan, den er sich für diesen Fall zurechtgelegt hat, aber meine Aufmerksamkeit wird abgelenkt durch eine Entdeckung oder, besser gesagt, durch einen Fund, den ich gemacht habe: Da steht doch gerade vor mir unter dem Sitz ein großes Glas Marmelade; wie sich gleich herausstellt, ist es herrliche, von der Hand einer sorgenden Hausfrau bereitete Erdbeermarmelade!

Ich stoße Gerhard an und lenke seinen Blick auf dieses neue Geschenk des Himmels. Wir verständigen uns mit der Schnelligkeit von Gaunern, die eine unerwartete Beute in Sicherheit bringen. Nach wenigen Minuten steht das Glas, fein säuberlich geleert, wieder an seinem alten Platz!

Später habe ich diesen Vorgang immer als mein „Gesellenstück" empfunden, als eine erste Erprobung meiner Fähigkeit, mich den Bedingungen eines gänzlich veränderten Daseins anzupassen. Wer diese Fähigkeit nicht besaß, mußte unweigerlich zugrunde gehen. Selbstverständlich standen auch diese Bedingungen unter eigenen Moralgesetzen, deren wichtigstes lautete: Diebstahl ist nicht zu verwerfen, ja durchaus lobenswert, wenn es sich um Dinge handelt, die dem Russen gehören. Geradezu als sittliche Tat zu bewerten ist aber der Diebstahl von Gegenständen, die der Russe selber gestohlen hat!

Nach drei schlaflos verbrachten Nächten, nach all den Erschütterungen der letzten Tage fallen wir nun rasch in einen Zustand der Empfindungslosigkeit gegenüber äußeren Eindrükken. Ich erinnere mich nicht mehr an Einzelheiten der Fahrt, kaum mehr an unsere Rückkehr zu den Kameraden.

Nach dem traumlosen Schlaf der Erschöpfung erwache ich am nächsten Morgen in der Wohnstube des sauberen Bürgerhauses, aus der man uns am Nachmittag herausgeholt hatte. Es dauert geraume Zeit, bis ich mich in der Wirklichkeit zurechtfinde. Ich sehe die Menschen, die ein blinder Zufall hier zusammengeballt hat, in den unmöglichsten Stellungen auf den kahlen Brettern liegen, sehe ihre bleichen Gesichter, auf denen Entbehrung und Leid schon ihre deutlichen Spuren einzuzeichnen beginnen, und empfinde mich plötzlich selbst als ein winziges Teilchen des großen Unrechts, das auf der Welt zu jeder Stunde an fühlenden Wesen geschieht, angefangen von der „Krone der Schöpfung" bis zur stumm leidenden Kreatur – jenes Unrechts, an dem ich bisher so achtlos vorüberging! Wird das namenlose Elend, wird die tausendfache Anklage Gehör finden, oder wird das Unbekannte, Unausdenkbare, das wir „Gott" nennen, schweigen? Ist es wirklich nur blinder Zufall, der mich in den Abgrund stieß, oder vielleicht doch eine Prüfung, die mir auferlegt ist, und damit eine Möglichkeit zu neuem, besserem Beginn?

Das Öffnen der Türe bringt Leben in die verkrampften Gestalten. Der Tag beginnt mit einer großen Überraschung: Es gibt die erste „Verpflegung"! Unbeschreiblich ist die Aufregung, die hastige Entwirrung der menschlichen Knäuel, die anfängliche Ratlosigkeit, wie die unerwartete Gabe zu empfangen sei. Den meisten fehlt ja noch das wichtigste Gerät des Gefangenen, die Eßschüssel.

Not kennt kein Gebot. Im Nu ist der feine Glasschrank, vor Tagen noch der Stolz der hier waltenden Hausfrau, seiner Tassen und Kännchen, seiner Vasen und Schalen beraubt. Ich erwische eine hübsche Tasse mit schönem Goldrand, die mir allerdings lächerlich klein erscheint. Doch meine Sorge, ich könne dadurch zu kurz kommen, ist unbegründet. Die ausgegebene Portion ist so winzig, daß sie nicht einmal die Tasse bis zum Rande füllt. Es gibt Sago, natürlich nur mit Wasser gekocht, ohne Salz und Schmalz, aber das Essen ist wenigstens heiß und wird von allen mit Andacht und Behagen geschlürft. Unangenehm ist nur, daß der Magen das Süppchen als Vorgericht empfindet und gebieterisch nach mehr verlangt. Wir greifen nach dem Mittel, das den Aufbegehrenden beschwichtigt: Wir rauchen. Zwar verwandelt sich die kleine Stube rasch in eine Opiumhöhle, deren Luft kaum mehr zu atmen ist, aber die leicht betäubende Wirkung der blauen Wolken versetzt uns in einen dämmernden Zustand, der fast einer gewissen Behaglichkeit gleichkommt.

Sonst geschieht an diesem Tag nichts mehr ... Kannst du ermessen, lieber Leser, was dieses „Nichts“ bedeutet? Du, dessen Tag ausgefüllt ist mit sinnvollem Tätigsein, mit ungezählten Eindrücken und Anregungen, starken und flüchtigen Reizen, die deine Augen und Ohren empfangen, der du umgeben bist von Dingen der Schönheit und Zweckmäßigkeit, von der Atmosphäre gepflegter Sauberkeit und stilvoller Ordnung? Und kannst du erst ermessen, was es bedeutet, wenn dieses „Nichts“ nicht einen Tag, nicht zehn oder hundert, sondern ungezählte, ungewiß endlose Tage lang zum unerträglich bohrenden Inhalt deines Lebens wird, wenn sich dieses Nichts wie mit Zentnerlasten täglich neu dir auf die Seele legt?

Gewiß, in diesen ersten Tagen der Gefangenschaft entzündet sich immer wieder die Hoffnung, daß die heiteren und die schwarzen Lose für uns noch nicht gezogen seien, daß es für diesen und jenen (und vielleicht auch für mich?) ein Entrinnen geben könne vor dem, was da unheimlich drohend wie eine dunkle Wolkenwand aus dem Schoß der Zukunft heraufzieht – aber in den Augenblicken kühler Selbstbesinnung fühle ich erschreckend klar, was mir zugemessen ist ...

Ein Dichter sagt einmal, daß es Naturen gibt, die eine Ahnung ihres künftigen Schicksals in sich tragen. Dieses Wort steigt wie eine unheilvolle Prophetie in mir auf. Ich denke an die rätselvolle Trauer, die mich manchmal in glücklichster Stunde überfiel, nicht etwa in dem kurzen Lebensabschnitt, in dem wir in jugendlich-verworrenem Weltschmerz die Wehmut als Wonne empfinden; nein, auch in den späteren Jahren eines reifen und erfüllten Lebens war da immer wieder dieses leise Erschrecken, das mich unversehens aus unbeschwerter Lebensfreude stieß. Nun ist es also da, das Schwere, das Tödlich-Bange, das mich unentrinnbar umklammert, keine dunkle Ahnung mehr, sondern grelle, grausame Wirklichkeit. Werde ich die Kraft haben, es zu bestehen?

Der Tag vergeht in brütendem Stumpfsinn. Doch die Nacht

fällt mit lärmender Unruhe, mit hektischer Geschäftigkeit in unseren Kerker. Türen werden aufgeschlossen und zugeschlagen, Namen werden gerufen – ja, gibt es denn hier noch andere, die „vorgemerkt" sind? Wir erfahren erst jetzt, daß in unserer Abwesenheit die Gefangenen namentlich erfaßt wurden. Auf den angelegten Listen stehen nun wir „Bevorzugten" nicht!

Gerhard meint, wir müßten uns melden, aber ich widerspreche ihm. Ich habe überhaupt niemals mehr den Versuch unternommen, in die Speichen des Schicksalsrades zu greifen. Also warst du schon nach wenigen Tagen einem dumpfen Fatalismus verfallen? wird man mich fragen. Nun, es war wohl doch, auch damals schon, etwas anderes, mit Worten kaum zu Deutendes; etwas, was mich nach der Schreckensnacht im Keller wie ein stilles Leuchten, wie eine ferne Verheißung umfing ...

Daß Vernehmungen grundsätzlich nur in der Nacht stattfinden, verrät uns ein „Sachverständiger". Es überrascht uns nicht, im Gegenteil, wir finden, daß diese Übung sehr wohl zu dem lichtscheuen Tun der NKWD paßt.

Als der letzte unserer Gruppe sitze ich morgens gegen vier Uhr einem jüngeren, schwarzhaarigen Zivilisten gegenüber, der mich mit hintergründig-lauernden, flackernd-unruhigen Augen mustert. Nie vergesse ich den eiskalten Blick eines Menschen, der seine Seele verlor.

Die scheinbar gleichgültig gestellten Fragen drehen sich zunächst um meine berufliche Tätigkeit; sie streifen flüchtig meine Zugehörigkeit zur Partei und meinen Einsatz als Soldat, konzentrieren sich dann aber auf Umstände, die mir ganz unwesentlich erscheinen: auf meine Schul- und Universitätsbildung, auf den Beruf des Vaters und die sozialen Verhältnisse des Elternhauses. Ich habe das Empfinden, daß der Vernehmende Stichworte wie „Gymnasium" und „Hochschule" sehr negativ bewertet und daß ihn meine Angabe, die Mutter übe keinen Beruf aus, sondern sei eben Hausfrau, geradezu befremdet.

Erst viel später dämmerte mir die Erkenntnis, daß der Mann gar nicht so sehr um die Aufdeckung irgendwelcher Verbrechen bemüht war, sondern lediglich wissen wollte, ob ihm ein

„Klassenfeind“ gegenübersaß. Der Russe wußte wohl damals schon genau, daß sich ihm die wirklich Verantwortlichen durch Selbstmord oder Flucht fast vollzählig entzogen hatten. Die Verbrechen hat er dann nachher, um irgendein „Soll“ zu erfüllen, erdichtet.

„Hast du unterschrieben?“ fragt mich Gerhard, als ich nach einer Stunde zu ihm zurückkehre.

„Nein“, erwidere ich verwundert, „ich wurde gar nicht dazu aufgefordert.“

„Seltsam“, meint er, „mir hat man das Protokoll gleich zur Unterschrift vorgelegt.“

Der „Sachverständige“, der uns über die Arbeitsmethoden der NKWD aufgeklärt hatte, will wissen, daß Gerhard dann entweder seinen Haftbefehl oder seine Freilassung unterschrieben hat.

„Das Protokoll enthielt aber eigentlich nur meinen Lebenslauf“, sagt Gerhard.

„Das ist Nebensache“, erwidert der andere wichtigtuerisch. „Entscheidend ist der Zusatz, der dem Protokoll angefügt wird.“

Wir wissen nicht, ob diese Behauptungen auf wirklicher Sachkenntnis beruhen oder ob das Ganze leeres Gerede ist. Aber die Tatsache, daß der Inquisitor in unseren beiden Fällen verschieden verfuhr, gibt uns doch zu denken und versetzt vor allem Gerhard in Erregung.

Die „Flucht“

Am Morgen heißt es wieder „Raustreten!“. Auch die anderen Stuben unseres Hauses entleeren sich. Kurz darauf sind etwa hundert Gefangene im Vorgarten angetreten. Ein Offizier erscheint mit einer Liste und verliest etwa zwanzig Namen. Auch Gerhard wird aufgerufen. Mit einem hastigen Händedruck und einem Blick, in dem sich Furcht und Hoffnung spiegeln, nimmt er Abschied von mir. Gleich darauf ist er mit seiner

Gruppe für immer verschwunden. In die Freiheit? Zu neuen Verhören? Nach Rußland? Wir wissen es nicht.

Die Erklärung des Wichtigtuers, es sei ganz selbstverständlich, daß die Kameraden entlassen würden, findet allgemeinen Widerspruch. Vielleicht weisen wir aber diese Meinung nur deshalb so entschieden zurück, um uns nicht eingestehen zu müssen, daß wir im „falschen Omnibus" sitzen?

Für mich jedenfalls ist Gerhards Verschwinden ein harter Schlag. Die übrigen Leidensgefährten sind mir gleichgültig und fremd. Aus ihren gehässigen Reden sprechen zu meinem Erstaunen deutlich klassenkämpferische Gefühle. Sie stoßen mich ebenso ab wie die Sucht fast aller, den kleinsten Vorteil wahrzunehmen, sich gegenüber dem Schwächeren rücksichtslos zu behaupten. Kameraden? Unglückliche, die schon jetzt ihre menschliche Würde zu verlieren beginnen!

Sicher erscheine ich den anderen als hochmütiger Eigenbrötler. In Wirklichkeit fühle ich mich nur unvorstellbar verlassen, des letzten menschlichen Rückhalts beraubt, und es erscheint mir heute noch wie ein Wunder, daß ich die kommenden Tage und Wochen überstanden habe, ohne der Versuchung zu erliegen, ein Dasein wegzuwerfen, dessen Einsamkeit kaum mehr erträglich war. Es ist schwer, einen Weg zu gehen, der in der Dunkelheit über schwindelnde Grate führt, von Gefahren umlauert, von teuflischen Fratzen umgaukelt, aber diesen Weg allein gehen zu müssen, das übersteigt fast die Kraft eines Menschen, der noch nicht in sich selber den Halt gefunden hat, der ihn sicher über jeden Abgrund führt ...

Wieder einmal sind wir unterwegs. Während wir uns mühsam vorwärtsschleppen, kommt mir das blödsinnige Lied in den Sinn, das wir als Landser sangen: „Wir werden weitermarschieren, bis alles in Trümmer fällt ..."

Nun ist die Welt, unsere Welt, längst in Trümmer gesunken, wir aber marschieren noch immer ... Wie lange noch? Bis uns Deutschen endlich die Lust an diesem ewigen Marschieren vergangen sein wird, wenn der letzte kraftlos am Wege zusammengebrochen ist? „Ein Lied!" ruft einer mit beißendem Galgenhumor. Ihm sind wohl ähnliche Gedanken durch den Kopf gegangen.

In Reinickendorf finden wir in der Siedlung Berliner Straßenbahner Unterschlupf. Das gleiche Bild wie in Siemensstadt: Die freundlichen Häuser, erst vor kurzem von ihren Bewohnern verlassen, atmen noch Sauberkeit und Kultur. Alles steht wohlgeordnet an seinem Platz; tapfere Frauenhände haben bis zum traurigen Ende ihr kleines Reich gegen das hereinbrechende Chaos verteidigt – und nun stopft man in diese sorgsam gehüteten Bezirke der Ordnung und Liebe unseren schon bedenklich verwilderten Haufen!

Wieder sind wir in einem Wohnzimmer des zweiten Stockwerks gleich Tieren zusammengepfercht. „Eigentum" scheint den meisten ein fremder Begriff geworden zu sein. Sie nehmen, was sie glauben brauchen zu können, mit der dürftigen Begründung, daß es ja ohnehin über kurz oder lang vom Russen gestohlen wird. Sie verstauen die sinnlosesten Dinge in ihrem Gepäck, ohne zu bedenken, daß sie sich wohl kaum allzulange ihres fragwürdigen Besitzes erfreuen werden!

Mit diesen Menschen werde ich also das Los der Gefangenschaft teilen müssen! Wenige Tage des Elends – und schon sind alle Grundsätze von Anstand und Sitte vergessen, haben sie sich in hemmungslose Egoisten verwandelt! Eine bittere Frage steigt in mir auf: Würden wohl Angehörige anderer Völker in ähnlicher Lage sich ebenso schamlos verhalten?! Oder trifft das Wort Homers, daß der Mann in der Knechtschaft die Hälfte seiner Tugend verliert, unterschiedslos auf alle Völker zu? Oder werden die Anständigen, die ja zugleich die Bescheidenen und Stillen sind, nur einfach von den anderen übertönt, so daß ihre Stimme ungehört verhallen muß?

Es gibt kein Wasser. Unwahrscheinlich schnell breiten sich Unordnung, Schmutz und Gestank aus. Unbeschreiblich ist der Zustand des Badezimmers schon nach wenigen Stunden. Schließlich wird es gesperrt, und der Balkon wird zur Verrichtung der Notdurft benützt.

Einer hat beobachtet, daß Kameraden an einem Ziehbrunnen

im Hof Wasser holen. Wir verhandeln mit einem älteren Rotarmisten. Er begreift unsere durch Zeichensprache vorgebrachte Bitte und sagt gutmütig: „Dawaj!"

Ich schließe mich dem rasch hinausdrängenden Trupp der Wasserholer an. Es sind fünf, sechs Mann; der Posten hat sie gar nicht richtig gezählt. Er scheint überhaupt etwas hilflos zu sein. Während wir auf eigene Faust die Treppe hinuntergehen, verhandelt er noch oben mit anderen Gefangenen.

Im Hausflur biegen die Kameraden nach rechts ab in den Hinterhof. Ich bin einen Augenblick ganz allein in dem fremden Haus und kann der Versuchung nicht widerstehen, unter die geöffnete Haustür zu treten und einen Blick auf die Straße zu werfen. Wie ausgestorben liegt die Welt da draußen im Sonnenschein. Nirgends sind Menschen zu sehen. Doch – da drüben vor einem hochgetürmten Kistenberg steht ein wenig vertrauenerweckender Zivilist mit einer roten Armbinde. Er beachtet mich nicht. Wie einem inneren Zwange folgend, betrete ich den Bürgersteig und wende mich nach kurzem Besinnen nach rechts der Müllerstraße zu. Ich gebe mir den Anschein eines harmlos bummelnden Spaziergängers. Es ist alles so verblüffend einfach, daß mir die Bedeutung meines Unternehmens gar nicht richtig zum Bewußtsein kommt.

An der Ecke der nächsten Querstraße steht wieder so ein komischer Zivilist. Ob ich an dem wohl vorbeikomme? Er mustert mich mißtrauisch. Kein Zweifel: Der wird meinen Ausweis sehen wollen! Da es offensichtlich ein Deutscher ist, wird das unangenehm werden. Ich kehre um und bummle die Müllerstraße zurück. Ich passiere wieder die Seitenstraße, aus der ich gekommen bin – da ist mein Spaziergang in die Freiheit auch schon zu Ende!

Unser Posten, der biedere Rotarmist, steht gestikulierend und schimpfend vor dem Haus, das ich vor fünf Minuten verließ. Hat er selbst mein Fehlen bemerkt? Haben ihn Kameraden auf mich aufmerksam gemacht?

Unwahrscheinlich ist jedenfalls mein Glück, daß er sich darauf beschränkt, mir eine Strafpredigt zu halten! 'Hast ja recht,

Alter', denke ich, ohne ein Wort zu verstehen, 'wohin kommen wir denn, wenn die Deutschen anfangen, solche Scherze zu machen! Aber ich bin ja nun wieder da, und du brauchst dir keinen anderen einzufangen, damit die Zahl wieder stimmt!'

Etwas benommen sitze ich gleich darauf wieder auf meinem Plätzchen in der Ecke der Wohnstube und lasse die Vorwürfe der empörten Kameraden über mich ergehen. Lange noch grüble ich: War das nun die verpaßte Sternstunde meines Schicksals? Hat das Zurückweichen vor dem Posten an der Querstraße, das zweifellos ein Zeichen mangelnden Selbstvertrauens und Mutes war, mir nun für immer das Tor zur Freiheit versperrt, das schon ein wenig geöffnet war …?

Zwei Tage und zwei Nächte verbringen wir in der Stube, die sich mehr und mehr in einen stinkenden Stall verwandelt. Zweimal gibt es ein Stück Brot, dazu Wasser aus dem Ziehbrunnen. Ein Kamerad sucht und findet die ersten Läuse. Das sind die „Ereignisse" dieser 48 Stunden … Dann treibt uns der Befehl einer unsichtbaren Kommandostelle wieder nach Siemensstadt zurück.

Schon finden wir es fast selbstverständlich, daß wir Tag und Nacht auf den blanken Dielen liegen, schon gibt es kaum mehr ein Fragen, was nun aus uns werden wird. Wer keine Zukunft hat, begehrt nicht zu wissen, was die Zukunft in ihrem dunklen Schoße verbirgt …

Am Nachmittag des 8. Mai – mit Mühe und Scharfsinn haben wir das Datum errechnet – schreckt uns plötzlich der Abschuß eines Geschützes aus unserem Dösen. Das scharfe, kurz nachhallende Schmettern klingt uns wohlvertraut in den Ohren: Das muß ein deutsches Flakgeschütz sein! Ein zweites antwortet, ein drittes und viertes. Jetzt mischt sich das dunkle Dröhnen schwerer Kaliber in das häßliche Bellen; Granatwerfer fallen mit helleren Schlägen ein. Schon sind die einzelnen Abschüsse nicht mehr zu unterscheiden. Von Minute zu Minute steigert sich das Feuer und schwillt schließlich zum schütternden Rollen des Trommelfeuers an.

Fassungslos lauschen wir dem Tosen. Ist eine neue Schlacht

entbrannt? Zerfleischen sich die Sieger in jäh ausgebrochener Wut? Hat Stalin den Befehl erteilt, Berlin vollends dem Erdboden gleichzumachen?

Erst Wochen später erfahren wir, daß an diesem 8. Mai Deutschland bedingungslos kapitulierte, daß das Ganze ein hemmungsloser Ausbruch der Freude war ...

Unterwegs

Es scheint unser Schicksal zu sein, die ewigen Marschierer zu bleiben. Am Morgen des 9. Mai bewegen wir uns unter wolkenlosem Himmel auf endloser Straße nach Osten. Daß es ein weiter Weg werden würde, können wir schon daraus ersehen, daß man unserem Trupp von hundert Mann sechs schwerbewaffnete Posten mitgegeben hat und daß uns ein kleiner Panjewagen mit Verpflegung folgt. Das vorgespannte Pferdchen blickt ebenso stumpf und trübsinnig in die Welt wie wir.

Gesprengte Brücken, weggeworfene Stahlhelme und Gasmasken, in den Straßengräben sich türmendes Gerät aller Art – ich nehme die Bilder der Zerstörung, die Zeichen des Zusammenbruchs kaum mehr wahr. Unter den sengenden Strahlen der Sonne, den Wolken von Staub, den unsere schleppenden Schritte aufwirbeln und der mich wie ein grauer Nebel umgibt, beherrscht mich nur noch ein einziger, dumpfer Gedanke: Nach Osten!

Während wir an einsamen Schrebergärten vorüberschleichen, steht vor mir das Bild der unendlichen Weite des russischen Landes, die bedrückende Vision der leeren Steppe, die sich dem deutschen Landser schon in den ersten Wochen des Vormarschs lähmend auf die Seele legte. Mochte ihn auch der Schwung des Angriffs, der unerbittliche Befehl wieder und wieder vorwärts treiben – schon damals zögerte sein Fuß, überkam ihn die Ahnung, daß es unmöglich sei, dieses Land zu unterwerfen und zu besitzen. – Und nun treibt ein neuer, ein anderer Befehl wiederum ungezählte Deutsche in das Land, das sich ihnen feindselig drohend verschloß, und wir wissen, zu welchem Ende …

Stalin braucht billige Arbeitskräfte. Er macht diese Deutschen, die er haßt, zu Sklaven, er wird die „faschistischen Landräuber und Mordbrenner“ in den Sümpfen, in den Urwäldern, in den Bleibergwerken des Urals verrecken lassen; aber vorher wird er den letzten Blutstropfen aus ihren ausgemergelten Leibern pressen. Erbarmungslos – so lautete Lenins Lieblingswort – wird er die blonden Germanen, die sein Land überfielen, dem Moloch des sozialistischen Aufbaus opfern, wie er schon vorher Millionen seines eigenen Volkes geopfert hat. Wer fragt in dieser Stunde danach, daß Stalin selbst ein kleines, friedliebendes Volk überfiel, was kümmert es die Mächtigen dieser Welt, daß unter den „faschistischen Räubern“ genauso viele Anständige, Unschuldige sind wie in der Masse jedes anderen Volkes? Wer fragt überhaupt noch im Rausch des „Sieges“ nach Recht oder Unrecht?!

Wir aber, die wir unter den Flüchen, Fußtritten und Kolbenstößen der Sklavenhalter dahintrotten, wir sollen diese aus den Fugen geratene Welt mit unserem Schweiß, mit der letzten Kraft unserer zu Tode erschöpften Körper wieder in Ordnung bringen?

Lastwagen jagen an uns vorüber. Jeder einzelne Wagen drückt uns mit einer ungeheuren Staubwolke in den Straßengraben, verwandelt unsere Gesichter mehr und mehr in die Masken häßlicher Clowns. Gnadenlos brennt die Sonne vom Himmel. Verschwenderisch gespendeter Segen wird für uns Verschmachtende zum Fluch. Lockende Bilder umgaukeln mich: ein murmelnder Bach im kühlen Grund eines Schwarzwaldtals. Schäumend braust kristallklares Wasser über das alte, moosüberwachsene Mühlrad. Ein Eisvogel huscht über glitzernde Wellen. Aus grüner Wildnis umschmeichelt mich wundersam erfrischender Anhauch … Rast vor dem alten Wirtshaus in Wimpfen im Schatten der riesigen Kastanienbäume. Ein Glas goldgelben, kellerkühlen Mostes …

Das Stocken des Zuges reißt mich in die Wirklichkeit zurück. Geschrei und Flüche der Steppenwölfe. Da wagt es doch tatsächlich so ein verdammter Deutscher, diese Sklaven mit einem Trunk zu erfrischen! Er hat sich mit einer großen Wanne, gefüllt mit herrlichem, klarem Wasser, am Straßenrand aufgebaut und reicht in Konservenbüchsen den Dürstenden die köstliche Labung. Ein Eichenknüppel fährt unter die gierig Trinkenden, saust auf den Rücken des Verwegenen, der des törichten Glaubens war, daß die Begriffe „Kommunismus" und „Menschlichkeit" sich miteinander vertragen.

Weiter! Unendliche Qual, Staub, Flüche, Ermatten, flirrendes Licht ... Im Schweiße deines Angesichtes sollst du kein Brot mehr essen, sollen dich die Gaben der Erde nie mehr erquicken. Die Gedanken verwirren sich ... Vor mir tauchen die großen Räder der schweren, endlos vorüberbrausenden Lastwagen auf. „Ermanne dich, hab einen einzigen, winzigen Augenblick Mut", flüstert eine lockende Stimme in mir, „ein Sprung – noch hast du die Kraft dazu – ein einziger Sprung vor diese mahlenden, schütternden Räder, und du bist frei!"

Doch da mahnt eine andere, unüberhörbare Stimme in mir: „Darfst du dich feige – denn Feigheit ist es, nicht Mut – aus diesem Dasein wegstehlen, darfst du in einem Augenblick der Verzweiflung von dir werfen, was dir als einmalige Gabe geschenkt ist von der Natur, vom Leben, von – Gott?"

„Mutter", stammelt mein Mund, und ich taumle weiter, an den rollenden Rädern vorbei ...

Endlich versinkt die Sonne. Blutrot malt sich ihr letzter Widerschein auf blaugrauer Wolkenwand, die zögernd im Westen heraufsteigt. Kaum noch empfinde ich den kühleren Atem der Nacht, den ich so sehr herbeigesehnt. Ein einziger Gedanke brütet im leeren Gehirn: Rasten dürfen, die Glieder ausstrecken, die bleischweren Beine nicht mehr bewegen müssen! Aber noch ist die Qual nicht zu Ende, noch treiben uns die rauhen Rufe unserer Peiniger vorwärts.

Seit zwölf Stunden sind wir nun unterwegs. Ich bin der letzte des verlorenen Haufens, der wie ein Wurm im Staube kriecht, länger und länger sich dehnend. Etwas Feuchtes berührt leise schnaubend mein Genick, stößt mich aus dumpfer Betäubung. Das Pferdchen! Ich lege meinen Kopf an den Hals des Tieres und finde ein wenig Trost in der warmen Berührung. Brüderliches Geschöpf, das du stumm leidest wie ich – wie nahe bist du mir in diesem Augenblick!

Da ist wieder die Straße, die kein Ende nimmt, an der meine Füße wie an zähem Kautschuk haften. In der rasch hereinbrechenden Dunkelheit verschwimmt ihr graues Band; es verliert sich in der Unergründlichkeit der Nacht – wie unser verschleiertes Schicksal ...

Wer mag wohl in dieser Stunde meiner gedenken? Wo aber sollen mich die Gedanken der Liebe suchen, mich, der ich mitten in Deutschland verloren und verschollen bin gleich dem Schiffbrüchigen auf weiter Wasserwüste? Schrecklich umkrallt mich das Gefühl grenzenloser Einsamkeit.

Eine der vor mir wankenden Gestalten sinkt plötzlich lautlos in sich zusammen. Der Gestürzte versperrt mir den Weg. Ich beuge mich zu ihm hinab. Unheimlich starrt das junge Gesicht an mir vorbei in wesenlose Fernen. Ist es die graue Kruste des Staubes oder schon die fahle Blässe des Todes, die sich auf den erschlafften Zügen abzeichnet?

Ein russischer Soldat eilt fluchend herbei. Zwei-, dreimal trifft sein Stiefel mit voller Wucht den regungslosen Körper. Der aber empfindet die Mißhandlung nicht mehr ...

Das Ganze halt! Man treibt uns, wo wir gerade stehen, von der Straße weg auf eine Wiese. Daß sie feucht, fast sumpfig ist, spüre ich kaum. Ich falle auf den schwammigen Grund wie in einen weichen Pfühl.

Ruhe! Nichts mehr denken, versinken ... Sterne über mir, flackernde Lichter, tanzende Funken ... Ein ungeheurer Sternschnuppenschwarm stürzt vom nachtblauen Himmel herab, mitten hinein in mein sumpfiges Bett.

Beißender Rauch bringt mir zum Bewußtsein: Das sind ja die Funken eines mächtigen Feuers, das die Russen entfachten. Jemand drückt mir ein Stück Brot in die Hand. Wäre die Zunge nicht wie trockenes Leder, könnte man es vielleicht sogar essen ... Da gähnt wieder der Abgrund vor mir. Aber diesmal falle ich leicht, wie schwebend, in seine bodenlose Tiefe. – Als ich nach Stunden in der schauernden Kühle des Morgens erwache, halte ich noch immer das Stück Brot fest in der Hand. Und nun gelingt es mir, es langsam hinunterzuwürgen.

Man flüstert mir zu, daß der Kamerad, der gestern zusammenbrach, nicht mehr erwacht ist. Man hat ihn irgendwo in den Straßengraben gelegt. Wie viele werden ihm folgen?

Wir marschieren weiter nach Osten. Schimmernde Wolken ziehen friedlich dahin. Ein Lerchenlied fällt aus der blauen Kuppel des Himmels. In weichen Wellen dehnen sich junge Saaten im ersten Grün. Aber die Bilder des erwachenden Lebens erquicken die Seele des Friedlosen nicht. „Die Welt ist vollkommen überall, wo der Mensch nicht hinkommt mit seiner Qual.“

Ein polnisches Regiment zieht an uns vorüber. Offiziere hoch zu Pferd, die Mannschaften im Stroh auf primitiven Wagen, von kleinen, struppigen Pferden gezogen – ein Bild wie aus den Tagen des ersten Weltkriegs.

Mitleidige Blicke treffen unsere Elendsgestalten. Einer der Soldaten wirft uns ein Brot zu, ein Stück Wurst fliegt hinterher, Zigaretten ... Blitzschnell ist die Beute verteilt. Die Posten sind wütend, aber unter den Augen der „Verbündeten“ wagen sie nicht, uns zu schlagen.

Ein wenig hat uns die Geste menschlichen Mitgefühls aufgemuntert. Lange noch fühle ich den fragend-traurigen Blick eines polnischen Offiziers auf mich gerichtet, der mir deutlicher, als Worte es auszudrücken vermögen, die innere Haltung des Mannes verriet: Wir Polen sind genauso geschlagen und verraten wie ihr! Glaubt um Gottes willen nicht, daß die Steppenwölfe unsere Freunde sind!

Neue Aufregung an der Spitze des Zuges, der gerade eine kleine Brücke passiert. Ein Kamerad schwingt sich unversehens über das Geländer, läßt sich fallen in die dunkel ziehende Flut eines tiefen Baches. Doch seltsam: Die Oberfläche des Wassers scheint den Verzweifelten federnd aufzufangen, als sei er nicht in das weiche Element, sondern in eine zähe Masse aus Gummi gestürzt. Wie eine Puppe hängt er bewegungslos an einem unsichtbaren Hindernis.

Ein Russe schnellt sich ohne Besinnen im Hechtsprung in voller Uniform über die Brücke, packt den Lebensmüden und löst ihn mit Mühe aus dem Gewirr von Telefondrähten, die sich eine Handbreit unter dem Wasserspiegel spannen.

Eine Weile stehen die Begleitmannschaften unschlüssig um den Geretteten, der bewußtlos im Staub der Straße liegt. Der Vorfall scheint ihnen irgendwie peinlich zu sein. Regt sich ihr Gewissen? Oder müssen sie Meldung erstatten, wenn Gefangene sich auf diese Weise ihrer Obhut zu entziehen versuchen? Ich habe die Scheu des Russen vor dem Selbstmord nie zu ergründen vermocht. Dieselben Menschen, die das langsame Sterben Tausender ungerührt, ja oft mit kaum verhehlter Befriedigung mit ansehen konnten, waren unwillig-betroffen, wenn einer Hand an sich selber legte.

Ein Eimer Wasser, in das Gesicht des Ohnmächtigen geschüttet, und einige Fußtritte bringen den Kameraden wieder auf die Beine. Wie es in seinem Inneren aussieht, darum kümmert sich niemand. Nach wenigen Minuten ist der Zwischenfall vergessen, schleppt sich die todesmatte Schar auf der Straße weiter. – Am späten Nachmittag tritt das Unwahrscheinliche, nicht mehr Erhoffte ein: Wir sind am Ziel! Großschönebeck heißt das stattliche Dorf, das uns menschenleer und schweigend empfängt. Im Hof eines großen bäuerlichen Anwesens sinken wir nieder. Vierundzwanzig Stunden waren wir unterwegs. Fast sechzig Kilometer haben wir, wie wir später errechneten, in diesen zwei Tagen zurückgelegt, mit einem Stück Brot als Verpflegung, aber ohne einen Tropfen Wasser.

Schreie in der Nacht

Der weiträumige Hof ist von soldatischem Leben erfüllt. Zwischen müßig herumlungernden Muschiks stehen andere, die ihre Waffen reinigen – übrigens das einzige Mal, daß ich Russen bei dieser vom deutschen Landser bis zum Überdruß geübten Tätigkeit beobachte! Melder eilen hin und her. Wahrscheinlich hat sich eine Dienststelle der NKWD hier einquartiert.

Am Ziehbrunnen dürfen wir endlich unseren brennenden Durst löschen. Die meisten trinken das eiskalte Wasser in unsinnigen Mengen. Vor einem über offenem Feuer hängenden riesigen Kessel steht ein etwa sechzehnjähriger Junge und rührt mit einem großen Holzlöffel in dick brodelnder Suppe. Horst – so heißt der Junge, dem bald unsere ganze Zuneigung gehört – verkündet mit Gönnermiene, daß er für uns ein fabelhaftes Essen bereitet: Graupen mit Pferdefleisch. Verführerisch aus dem Kessel steigende Düfte erwecken in uns das rasende Verlangen nach Sättigung.

Ich habe das Glück, eine weggeworfene Konservendose zu finden. Sie ist innen mit einer Schicht schmutzigbraunen Öls überzogen. Ich mache mich sofort an die Säuberung, die mir freilich nur unvollkommen gelingt. Das kalte Wasser nimmt die uralte Fettschicht nicht weg. Mit Grasbüscheln und Sand geht es schon besser; doch verliert sich der widerliche Ölgeschmack erst nach Tagen.

Ungestört kann ich mich mit Horst unterhalten. Er hat seine Eltern auf dem Treck verloren. Die Russen haben ihn irgendwo aufgelesen, und nun zieht er mit ihnen seit Wochen durch deutsches Land. Es geht ihm gut, wie er meint. Er verwaltet die Lebensmittel und kocht für die Soldaten, die ihn auf ihre Art verwöhnen; gelegentlich treiben sie auch derbe Scherze mit ihm. Auf meine Frage, wie er sich seine Zukunft vorstelle, sieht er mich verwundert an. Das ist ein Problem, mit dem er sich noch gar nicht beschäftigt hat. Ist es nicht genug, satt zu essen zu haben, der furchtbaren Not des Augenblicks entronnen zu sein? Auch so kann man das Leben betrachten!

Zur Essenausgabe rappeln sich die Kameraden mit erstaunlicher Schnelligkeit hoch. In den unmöglichsten Gefäßen empfangen sie die dampfende Suppe.

Da sitze ich nun und schlürfe in tierischem Behagen das kochendheiße Mahl aus der Büchse, die für viele Monate mein wertvollster Besitz sein sollte. Mag sich auch der Geruch ranzigen Öls mit dem scharfen Geschmack der angebrannten Graupen zu einem einmaligen kulinarischen Gaumenkitzel vereinigen – für mich ist es das köstlichste Gericht, das ich jemals im Leben genossen habe!

Horst schaut uns wohlwollend beim Essen zu. Immer wieder füllt er unsere Gefäße, bis der Kessel leer ist. Er weiß, was es heißt, hungrig zu sein!

Die Wohnstube des Bauernhauses ist unser Quartier für die Nacht. In dem kleinen Raum herrscht wieder fürchterliche Enge, aber ich spüre weder das Knie des Nachbarn, das sich mir in die Seite bohrt, noch die Härte des Fußbodens. Freund Hypnos mit dem Mohnstengel berührt mich leise und führt mich rasch in das dunkle Land des Vergessens …

Und doch erwache ich mitten in der Nacht so jäh, als hätte mich jemand ins Gesicht geschlagen. Ich lausche in das schweigende Dunkel hinaus, das schwer und drohend über dem Land liegt, das einmal Deutschland hieß.

Ein Schrei zerreißt die Stille, ein schriller, entsetzlicher Schrei, der mich wie ein Peitschenhieb trifft. All das namenlose Leid des gequälten Landes quillt aus diesem todesbangen Aufschrei einer gemarterten Kreatur. Nun weiß ich, was mich aus dem Schlafe riß! Und noch einmal und wieder und wieder und dann langsam ersterbend das Weh und die Not eines menschlichen Wesens, der Schrei eines Mädchens …

Ferne, unbekannte, rätselvolle Allmacht, die du irgendwo in der Unendlichkeit des Raumes schwebst – wo bleibt der zerschmetternde Blitz deines Zornes?! Wenn dich *diese* Klage nicht rührt, wenn deine Antwort ein gräßliches Schweigen ist – was muß dann noch alles geschehen, ehe du dich wieder erbarmend zu deinen Geschöpfen neigst?!

Wie soll ich Ruhe finden in meinem aufgewühlten Sinn? Das Wissen, daß alle menschlichen Maßstäbe vor der unnahbaren Größe Gottes sinnlos sind, kann dem Hadernden kein Trost sein. Gibt es überhaupt noch einen Trost in der Finsternis der Welt, einen Weg zum Licht? Willst du, schweigender Gott, unsere Klage hören, unsere Reue, das stammelnde Bekenntnis: „Pater peccavi!"? Sollen wir niedersinken vor dir in Demut und Scham, oder sollen wir klaglos erdulden, was du uns in deiner Unerforschlichkeit bestimmt hast?

Die Nacht ist für mich zu Ende. Ich liege regungslos in der dumpfen Schwüle der Stube und starre mit brennenden Lidern in die Dunkelheit. Die stöhnenden Laute der schwer atmenden Schläfer erinnern mich an die letzten Seufzer Sterbender ... Da durchzuckt mich jäh ein rasender Schmerz. Es ist, als würden mir glühende Messer durch den Leib gestoßen. Krankheit – eine neue Prüfung, vielleicht die letzte?

Ich beobachte mich mit fast neugieriger Sachlichkeit. Die Schmerzen kommen in regelmäßigen Abständen, steigern sich zu bohrender, betäubender Heftigkeit, ebben dann langsam wieder ab. Der Puls ist schwach, aber jagend schnell.

Ich erinnere mich, im Hof eine russische Ärztin gesehen zu haben. Doch der Gedanke an Medikamente, an ärztliche Hilfe ist absurd. Nein, mit dieser neuen Prüfung muß ich wie mit allem, was das Schicksal mir auferlegt, ganz allein fertig werden! Es gelingt mir, ohne einen der Kameraden zu wecken, über die Schlafenden hinwegzusteigen und die Tür zu erreichen. Sie ist unverschlossen.

Meine Absicht, an einem im Flur befindlichen Wasserbekken die qualvoll-drängende Not meines Leibes zu erleichtern, wird durch einen schlitzäugigen Soldaten vereitelt, der mich wütend anknurrt. Meine hilflos-bittende Geste beantwortet er mit einem Faustschlag, der mich in die Stube zurückschleudert.

Ich liege in dem aufgeschreckten Schwarm der Kameraden, zerschmettert, in tödlicher Schwäche, elend, beschmutzt, nur noch die Pein meines glühenden Körpers empfindend ...

Die Stunden bis zum Morgen verbringe ich in halber Bewußtlosigkeit, aus der ich erst erwache, als die Tür sich öffnet und eine Frau in Uniform vor mir steht. Es ist die russische Ärztin, die irgend jemand herangeholt hat. Sie erkundigt sich sachlich nach meinen Beschwerden, fühlt sogar einen Augenblick lang meinen Puls. „Ruhr", lautet ihre Diagnose. Sie erteilt dem Posten Anweisungen, die wir nicht verstehen, und ist gleich darauf wieder verschwunden.

Nach einer halben Stunde werde ich herausgeholt. Ein gutmütig aussehender Soldat fordert mich auf, mein Gepäck aufzunehmen und ihm zu folgen. Sollte es hier tatsächlich ein „Revier" geben?

Nun, die „Krankenstube", in die er mich führt, ist ein feuchter, muffiger Kellerraum, dessen einzige Ausstattung ein alter verrosteter Blecheimer ist! Durch das winzige, blinde Fenster fällt ein wenig Licht in das düstere Gemach.

Die starke Holztür schließt sich, ein Schlüssel dreht sich im Schloß – ich bin allein, zum erstenmal seit zehn Tagen allein, mir selbst überlassen.

Trotz der quälenden Schmerzen überkommt mich ein Gefühl der Erleichterung. So seltsam es klingt: Die Einsamkeit ist leichter zu ertragen, wenn man wirklich allein ist. Und vor allem kann ich nun endlich meinem Rucksack die zweite und letzte Garnitur frischer Wäsche entnehmen, mich befreien von dem unwürdig-ekelhaften Zustand, in den mich der Faustschlag versetzte.

Kaum habe ich mich unter Aufbietung aller Kräfte umgezogen, da geht die Tür auf. Es ist wahrhaftig die Ärztin! Sie reicht mir ein Kochgeschirr mit heißem Tee, streut aus gefaltetem Zeitungspapier ein paar dunkelblaue Kristallkörnchen hinein (Kaliumpermanganat, vom Volksmund „Pferdejod" genannt, wie ich später erfuhr) und sagt nicht ohne Freundlichkeit: „Nicht essen, nur trinken, karascho."

Damit ist die ärztliche Betreuung beendet. So primitiv das alles auch ist – ein wenig beschämt es mich doch, daß sich die Vertreterin eines Volkes, dem wir so viel Unheil gebracht haben, meiner annimmt. Gibt es denn auch unter russischen Ärzten so etwas wie eine Berufsehre, die stärker als alle Haßgefühle ist, oder empfindet die Ärztin eben einfach als Frau menschlich? Der Posten, der sich vor meiner Tür aufgepflanzt hat, singt und pfeift ohne Unterlaß. Sonst stört mich nichts mehr in meinem Verlies. Ich spüle den ausgetrockneten Mund mit dem schwarzen Tee, der einen unangenehmen Nebengeschmack hat. Dann strecke ich mich auf dem lehmigen Fußboden aus, den Rucksack unter dem Kopf. Noch wühlt und bohrt es in meinem Leib, aber die Schmerzen sind nicht mehr so unerträglich stechend wie in der Nacht.

Während ich zum schmutzigen Grau der Decke emporblicke, überfällt mich mit unbarmherziger Klarheit die Erkenntnis, daß das Lichtlein meines Lebens nur noch mühsam flackert, daß es wahrscheinlich in den nächsten zwei, drei Tagen in diesem elenden Loch verlöschen wird.

Den Tod fürchte ich nicht; er hat alle Schrecken für mich verloren. Aber schwer und bang steigt die Frage in mir auf: Was hast du nun mit deinen 37 Jahren in diesem dir geschenkten Leben erreicht? Hast du deine Tage genützt, hast du dich strebend bemüht, ihnen Sinn und Inhalt zu geben? Oder bist du Phantomen nachgejagt, hast du deine Zeit mit Nichtigkeiten vertan, anstatt eine Aufgabe zu erfüllen? Aber wie heißt denn die Aufgabe, die das Leben uns stellt? Ist es die Hingabe an eine große Sache? Die große Sache, der ich mich verschrieb, hat sich als eitel Trug und Blendwerk erwiesen, hat mein Volk, das ich so leidenschaftlich liebte, in tiefstes Elend gestürzt. Oder ist es der „heilige Egoismus", wie Christian Morgenstern es ausdrückt, „unablässig an der Verfeinerung seiner seelischen Instinkte zu arbeiten"? Dort das Kernstück des Sozialismus, das altpreußische Ideal des freiwilligen Sichunterordnens und Dienens – schmählich vertan und verraten –, hier der Gedanke des Individualismus, unendlich verfeinert zwar, aber eben doch schrankenlos – egoistisch!

Ich fühle, daß in diesen Tagen des Grauens nicht nur das Reich in Trümmer fiel, daß unter dem höllischen Bersten der Bombenteppiche, den grellen Blitzen der Brand- und Phosphorbomben, den gellenden Schreien vergewaltigter Frauen, dem leisen Röcheln sterbender Kinder *alles* zerbrochen ist, was uns als Sinn und Erfüllung des Daseins erschien. Von den leeren Wänden des Kellers starrt mir in des Wortes furchtbar doppelter Bedeutung das Nichts entgegen …

Mein Bewacher hat aufgehört zu singen und zu pfeifen. Statt dessen gibt er höchst eigenartige Laute von sich, ein seltsames Ächzen und Stöhnen. Das klingt so beängstigend, daß ich mich schließlich trotz meiner Schwäche zum Eingang schleppe. Ich blicke durch das kleine Schiebefenster, das in der Mitte der Holztüre angebracht ist, und sehe – ach, wäre ich doch liegengeblieben! –, daß der Menschheitsbeglücker sich jener ekelerregenden Tätigkeit hingibt, die seit dem Alten Testament nach dem Namen des unseligen Onan bezeichnet wird! Angewidert wende ich mich ab, ein unwiderstehlicher Brechreiz stülpt meinen leeren Magen um; dann stürze ich in die bodenlose Tiefe einer gnädigen Ohnmacht.

Als ich wieder erwache, fällt das erste graue Licht des neuen Tages durch das Fenster. Es dauert lange, bis die feucht mich durchschauernde Kühle des nackten Lehmbodens mir zum Bewußtsein bringt, wo ich mich befinde. Wie gerne würde ich wieder zurücksinken in die traumlose Dunkelheit, die mich wohl länger als zwölf Stunden umfing. Aber die Schmerzen, die wieder heftig meinen Leib durchwühlen, stoßen mich in das Elend zurück, das ich eine Zeitlang vergessen durfte.

'Erdulde, was dir zugemessen ist, klaglos bis zum bitteren Ende', pocht es in den hämmernden Schläfen. 'Sieh diesem Ende gefaßt entgegen, und mag es auch unsagbar traurig sein. Zeige deinen Peinigern, daß auch Deutsche zu sterben verstehen, daß sie nicht kläglich winselnd ihr Mitleid erflehen, sondern mit stummer Verachtung sich von ihnen wenden, von ihrer Welt, die nach ihren tönenden Worten ein Paradies für alle sein soll, aber in Wirklichkeit eine Hölle ist und immer bleiben wird, solange sie ihr Wahnsinnszepter schwingen!'

Einer der Steppenwölfe hat eine neue Qual für mich ersonnen – ungewollt sicher, aber genauso wirkungsvoll, als hätte er sie, sadistisch berechnend, als zusätzliche Strafe erdacht. Irgendwo mag er wohl in einer Rumpelkammer ein vorsintflutliches Grammophon entdeckt haben, dazu eine Schallplatte, vielleicht auch mehrere, ich weiß es nicht. Jedenfalls spielt er nur diese einzige Platte, pausenlos mit aufreizender Ausdauer, mit zermürbender Hartnäckigkeit. Wieder und wieder grölt ein gräßlicher Schlagersänger näselnd, heiser, gequetscht die sinnlos alberne Frage: „Was kann der Sigismund dafür, daß er so schön ist?" Man hat gefesselte Gefangene durch ständig fallende Tropfen, durch ewig wiederholte Geräusche zum Wahnsinn gebracht. Ich bin zwar nicht gefesselt, aber ich kann mich genausowenig wie jene Unglücklichen der Marter entziehen, die fast einen Tag lang meine Ohren peinigt.

Entfesselte Phantasie

Am späten Nachmittag hat der Musikbegeisterte endlich die Lust an seinem Spielzeug verloren. Vielleicht hat auch einer seiner Kameraden die Platte zertrümmert.

Stille umfängt mich wunderbar wohltuend. Freundliche Bilder steigen in mir auf, Erinnerungen an frühe Kindheitstage ... Lockender Traum des Lebens! Märchenhaft vergoldetes Gewölk am abendlich glänzenden Himmel ... Geliebter Neckar, an dem ich viele Stunden angelnd verträumte! Lautlos umschmeicheln die Fluten die grün umsponnenen Ufer der Insel, das Paradies meiner glücklichen Jugend. Ein Fisch rührt mit trägem Schlag das Geheimnis der Tiefe auf. Steil ragen die schwarzen Silhouetten der alten Pappeln in den verlöschenden Silberschein des Horizonts. Der verlorene Ruf eines Wasservogels grüßt die Nacht, die mütterlich mit samtenen Flügeln die Welt bedeckt. Sterne schimmern im nachtdunklen Wasser wie glühende Funken auf, zittern in kreisenden Wirbeln, entschwinden, versinken in flüchtiger Welle ... Bilder des Friedens, des entrückten

Einsseins mit der großen Trösterin Natur. Wie habe ich die lauen Sommernächte am Wasser geliebt!

Und Menschen grüßen mich aus versunkener Ferne ... Der Freund, etwas karg und verschlossen, aber treu, zuverlässig, selbstlos, wie ein echter Freund eben sein muß; Mädchen, die mir ihr zärtliches Herz entgegenbrachten; Frauen, von denen die leisen, unnennbaren Dinge der Liebe kamen ... Voller Wunder ist diese Welt, voll heiliger Schönheit und Harmonie – bis der Mensch ihre Tempel entweiht, ihre Gärten zertrampelt, ihre Quellen vergiftet!

Warum, o Gott, läßt du dies zu?! Warum duldest du den Haß und die Zwietracht, den Neid und die Gier, die Verfolgung der Unschuld, den Mißbrauch der Macht?! Weshalb muß ich hier in diesem Rattenloch wie ein Tier verenden?!

Wieder stößt mich mein Rechten und Hadern aus den schönen Träumen der Einnerung. Und die innere Stimme spricht: 'Du sollst mit den Ketten nicht rasseln, die dich an dieses elende, verpfuschte, verfluchte Dasein binden! – Aber noch weniger sollst du in der kurzen Zeitspanne, die dir vielleicht noch gewährt ist, anklagen und fluchen! – Du sollst dich endlich selbst erkennen, dich prüfen bis auf den tiefsten Grund. Deine Kleinheit und Schwäche, deine Selbstsucht und Gedankenlosigkeit, deine Eitelkeit und Feigheit – schonungslos sollst du all deine geheimen, sorgsam gehätschelten Fehler und Laster vor dir ausbreiten, bis du das Bild eines Menschen erkennst, der endlich einmal gezüchtigt werden mußte, um wieder ein Kerl zu werden! – Aber sind nicht die Fehler, die du bei solcher Prüfung entdeckst, allgemein menschliche Unzulänglichkeiten – warum mußt dann gerade du, müssen die wahllos aus der Masse herausgegriffenen Schicksalsgefährten so entsetzlich leiden?! Büßen sie für die anderen mit, an denen der Kelch vorüberging?‘

Einen Augenblick lang steht das Bild des Gekreuzigten vor mir, des Menschensohns, der die Schuld und die Not der Welt auf sich nahm – da schaudre ich zurück vor meiner Vermessenheit, mich mit *ihm* zu vergleichen.

Die Löcher und Risse an den Wänden meines Kerkers beginnen sich spukhaft zu beleben. Fratzen grinsen mich an, groteske Köpfe seltsamer Fabelwesen treten aus dem schmutzigfahlen Weiß zerbröckelnden Kalks hervor, Micky-Maus-Gestalten huschen über die Decke – die Phantasie beginnt ein entfesseltes Spiel, zaubert immer neue Formen und Figuren aus dem Nichts, hemmungslos schweifend und zeugend mit fieberischbesessener Schöpferkraft. Ich erschrecke vor den mich bedrängenden, jagend-wechselnden Bildern und schließe krampfhaft die Augen. Aber meine gärende Einbildungskraft bedarf keiner äußeren Anregungen – aus dem Innersten quellen traumhaft neue Visionen und verdichten sich zu Bildern von märchenhaft-unwirklicher Schönheit ...

Ich wandere durch ein fernes, liebliches Tal. Blumen blühen am Rande des Weges. Die zarten Kelche drängen sich dem Kuß der Sonne entgegen. Durch die Zweige metallisch schimmernder Büsche schwingen sich bunte, seltsame Vögel. Nie habe ich solch süßes Singen gehört. Aus unzähligen Kehlen steigen die silberhellen Töne und vereinen sich zu einem jubilierenden Lied, das wie ein Dankgebet zum Himmel emporsteigt. Ich möchte mit einstimmen in den Lobgesang, aber ich vermag nur stumm der zauberhaften Melodie zu lauschen.

Ich wandere weiter, vorbei an lichten Birken, deren Zweige sich leise im Winde wiegen. Über edel geschwungene Brücken, unter denen lautlos brunnenklare Wasser ziehen, führt mich der Weg einem lockenden Glanz entgegen, der hinter den Hügeln in der Ferne aufschimmert. Dort, so fühle ich bebend, entschleiert sich das große Geheimnis, das die Seele mit ewiger Sehnsucht umkreist, dort öffnet sich das goldene Tor zu den Gefilden der Seligen.

Mein Schreiten wird zum Schweben, die Bilder gleiten schneller vorüber; ich sehe nicht mehr die Blumen am Wege, höre nicht mehr den lieblichen Gesang der Vögel, denn stärker und stärker anschwellend quillt aus der gleißenden Pforte des Himmels ein Brausen, eine gewaltige Fuge, ein mächtiger, jubelnder Choral. Ich stehe am Ende der Welt, im Angesicht der

Ewigkeit. Selig breite ich die Arme aus – da fallen von den Hügeln die weißen, dichten Schleier der Wolken und verhüllen das Land der Verheißung.

Für einen Augenblick finde ich zurück in das lastende Dunkel meines Kerkers, dann versinke ich von neuem in die Fiebergesichte einer anderen Welt.

Ein blasser Mond hängt geisterhaft über den Wipfeln der Bäume, deren Äste sich gespenstisch zum Himmel emporrekken. Schwarze Schatten huschen durch den schweigenden Wald, fassen mit gierigen Fingern nach mir, der ich verloren, gehetzt durch das starrende Dunkel taumle. Tückische Wurzeln greifen nach meinen Füßen. Faulendes Holz glimmt fahl unter wirrem Gebüsch. Ein dumpfer Hauch von Moder, Verwesung schlägt mir entgegen, legt sich mir bang auf die keuchende Brust. Schwer atmend bleibe ich stehen: kein Ausweg, kein Entrinnen! Stimmen werden laut, raunen und seufzen schaurig aus nachtschwarzen Gründen, in denen das Grauen wohnt.

Aber in den dumpfen Chor mischt sich eine hellere, lokkende Stimme, flüstert mit süßem Ton: „Dort hinter den Bäumen liegt der heilige See des Vergessens. Geh weiter, geh weiter – mitten hinein in die silberne Flut. In ihren weichen, wohligen Armen findest du Frieden, bist du erlöst."

Und ich folge dem betörenden Klang. Ich achte nicht der Schattengeister der Nacht, die mich umtanzen, nicht des schwankenden Bodens, auf dem ich mit traumwandlerischer Sicherheit schreite. Ich bin erfüllt von dem brennenden Verlangen, den See des Vergessens zu schauen, fühle mich magisch gezogen zu dem Ziel, das mir die Stimme wies.

Und da blitzt es schon hell durch die Stämme. Das Dunkel des Waldes versinkt. Wie eine geöffnete, blinkende Muschel liegt der See im bläulichen Licht des Mondes. Ich gehe weiter, mitten hinein in die Flut. Die Wellen sind lau und schmeichelnd wie Sommerwind, und das Wasser atmet sich leicht wie köstliche, balsamische Luft. Wunderbare Gärten mit leise schwankenden Blumen tun sich mir auf. Auf mattgrünen, moosigen Polstern stehen lange, silberne Gräser; durch wehende

Tanggirlanden spielen Fische mit roten Flossen und bernsteinfarbigen Augen.

Da – ein finsterer Hauch schattet kalt aus gähnender Grotte: ein langes, glitschiges Ungeheuer, halb Fisch, halb Schlange, blinzelt träge und tückisch aus eisigen Augen. Ich spüre, wie das Entsetzen lähmend herankriecht; meine Füße sind angesaugt von qualligem Grund, ich kann nicht vorwärts, nicht rückwärts. In das Untier kommt langsam Bewegung, es schiebt sich näher und näher, richtet sich auf – da erwache ich mit unterdrücktem Schrei.

Die Qual des Fiebertraums verdämmert. Wie gut, daß niemand sich um mich kümmert! Daß mir der Anblick der Menschenverächter erspart bleibt! Wenn ich schon sterben muß, dann laßt mich wenigstens allein das dunkle Tor durchschreiten! Stört meine Gesichte nicht, ihr Henkersknechte, die ihr nichts ahnen könnt von dem herrlichen Flug der Gedanken, die frei und erhaben über der Finsternis schweben!

Oh, könnte ich niederschreiben, was mein Herz wie ein schimmernder Traum erfüllt, die quellende Fülle, die funkelnde Schönheit, die kristallene Klarheit, die ich mein Leben lang suchend ersehnte und die mir nun endlich schmerzlich, erlösend geschenkt wird! Könnte ich in Worte fassen, was mich in diesen Stunden zwischen Leben und Tod durchflutet – es wäre ein strahlendes Bekenntnis, ein jubelndes Ja zum Leben! Würdet ihr das Evangelium der Liebe hören, das ich euch predigte, euch, die ihr im Staube kriecht, anstatt eure Herzen emporzuheben zum Licht, der Heimat der Seele? Würdet ihr den Ruf des Ewigen vernehmen, die große Verheißung, die mich erfüllt, die Not und Leid übertönt, wenn ihr nur wieder lauschen lerntet auf die Stimme in eurem Innern? O Traum des Dichters, den ich vergebens träumte – wie fühle ich erschüttert den leisen Flügelschlag der Ewigkeit, nun, da es zu spät ist!

In einem letzten, klaren Aufdämmern des Bewußtseins gehen mir die Verse Christian Morgensterns durch den Sinn, die von der tiefsten Sehnsucht des menschlichen Geistes künden, in dem der göttliche Funke glüht:

„O tiefe Sehnsucht, die ich habe,
erfülltest du dich einst einmal,
daß ich nach dieses Lebens Grabe
mich wiederfänd in Lust und Qual
in einem neuen Künstlerwerden,
in einem Gott des Tons, des Steins …
daß ich in ewigen Gebärden
so webte am Gewand des Scheins.

Ob Not und Leid des Schöpfers Lose,
nur Schöpfer sein bedünkt mich wert,
aus bittren Dornen flammt die Rose,
nach der mein ganzes Blut begehrt.
O immer neu mit vollen Händen,
der Schönheit Meister, aufzustehn,
von Welt zu Welt, mit hehren Bränden,
ein unbekannter Gott, zu gehn!"

Dann ist nichts mehr um mich als Nacht und Vergessen …

Zwischen Leben und Tod

Als der Morgen des dritten Tages in meinem Keller zu dämmern beginnt, schreckt mich das Klirren der Schlüssel aus schwerem Schlummer. Ein Offizier und die Ärztin stehen vor mir und betrachten mich mit neugierig-verwunderten Blicken, als wollten sie sagen: Erstaunlich, daß der immer noch lebt! Unendlich gleichgültig, als gehe mich das alles gar nichts mehr an, vernehme ich aus dem Mund der Frau, daß ich mich fertigzumachen habe zum Abmarsch. Ohne mich zu erheben, erkläre ich ganz ruhig, daß ich nicht in der Lage sei zu marschieren.

Der Offizier scheint über meine Weigerung ziemlich ungehalten zu sein, aber dem lebhaften Widerspruch der Ärztin glaube ich entnehmen zu können, daß sie ein gutes Wort für mich einlegt. Schließlich fällt der Offizier die seltsame Entscheidung, daß ich durch das Dorf zu Fuß gehen müsse, dann aber auf dem Wagen aufsitzen dürfe, der unsere Kolonne begleiten werde.

Ich stehe auf und fühle erst jetzt die ganze furchtbare Schwäche, die meine Glieder lähmt. Der Rucksack drückt auf meine Schultern, als sei er mit Blei gefüllt. Mühsam erreiche ich den Trupp der Kameraden, der schon wartend im Hof steht. Sie starren mich an, als sei ich ein Gespenst.

Das Pferdchen hebt schnuppernd den Kopf, als ich an ihm vorbeigehe, um mich am Wagen festzuhalten. Dann setzt sich der Zug langsam in Bewegung. Niemand weiß, wohin es geht. Niemand fragt auch danach. Ich habe das Gefühl, daß auch die anderen von derselben Gleichgültigkeit befallen sind wie ich selbst, daß sie alles willenlos über sich ergehen lassen, was man über sie verhängt hat.

Endlos erscheint mir der Weg durch das Dorf, obgleich es nur ein paar hundert Meter sind. Wir gehen an geisterhaft stummen Häusern vorbei. Aus den toten Fenstern kein Gruß, kein heimliches Winken. In diesem unheimlichen Land scheint es keinen einzigen Deutschen mehr zu geben. Sind sie denn alle vertrieben, verschleppt, oder kauern sie irgendwo angstvoll wie verfolgte Tiere im schützenden Dunkel des Waldes?

Die letzten Häuser liegen hinter uns. Niemand trifft Anstalten, das Versprechen des Offiziers einzulösen. Eine kleine Strecke zieht mich der Wagen noch mit, dann lösen sich meine verkrampften Finger. Kraftlos sinke ich in den Staub der Straße ...

„Gleich werden sie mit Flüchen und Fußtritten über dich herfallen“, ist mein letzter, müder Gedanke – da fühle ich mich von zwei starken Armen aufgehoben und wie ein Bündel auf den Wagen gelegt.

Ein junger, intelligent aussehender Russe hat mir diesen unerwarteten Samariterdienst erwiesen. Er geht lange neben dem Wagen her. Manchmal trifft mich sein abschätzender Blick, als wolle er prüfen, ob er seine Hilfe nicht an einen Unwürdigen verschwendet habe.

„Wie fühlen Sie sich?“ fragt er unvermittelt in fast akzentfreiem Deutsch.

Ich muß eine richtige Schrecksekunde überwinden, ehe ich zu erwidern vermag: „Den Umständen entsprechend – gut.“

Ob mein Partner wohl die grimmige Ironie meiner Antwort heraushört?

„Sie dürfen den Lebensmut nicht verlieren, sonst geht es mit Ihnen zu Ende“, sagt er nach einer langen Pause.

Was sind das für Töne aus dem Mund eines Russen?! Staunende Verwunderung reißt mich ein wenig aus meiner Erschlaffung. Ich fühle, daß da plötzlich eine Brücke geschlagen ist von Mensch zu Mensch! Zwar ist mir nach Unterhaltung wenig zumute, doch lausche ich mit langsam erwachender Anteilnahme dem unbekümmerten Plaudern des jungen Mannes.

Er ist Student in Moskau, erzählt er mir. Sein Fach ist – er findet nicht gleich den deutschen Ausdruck dafür – Gesellschaftswissenschaft. Mit großer Beredsamkeit entwirft er mir ein Bild der materialistischen Weltanschauung und sagt dann abschließend etwas von oben herab: „Das müssen Sie in Deutschland noch lernen.“

Obgleich ich weder geneigt noch fähig bin, eine Diskussion zu beginnen, kann ich mir die Bemerkung nicht verkneifen, daß mir das alles seit fast zwanzig Jahren geläufig sei.

„Was?“ meint er ungläubig, „Sie kennen die Lehren von Karl Marx?“

„Wollen Sie etwas über den Mehrwert, die Akkumulation des Kapitals, die industrielle Reservearmee hören, oder soll ich Ihnen den Anfang des Kommunistischen Manifestes zitieren?“

Sein fassungsloses Gesicht ist sehenswert. Ein Anflug von Mißtrauen oder Unmut malt sich auf ihm, als ich nun doppelsinnig den finsteren Satz spreche, mit dem jene Kundmachung beginnt: „Ein Gespenst geht um in Europa ...“

Ich scheine den ungewöhnlichen Jüngling etwas vergrämt zu haben, denn er geht jetzt recht einsilbig neben mir her. Vielleicht spürt er auch, daß das schwache Feuerwerk meines Geistes bereits wieder verpufft ist und daß mich diese ollen Kamellen im Grunde nur langweilen. Da begeistert sich nun die Jugend der neuen Weltmacht für die verstaubten Ideen, die bei uns in längst vergangener Zeit einmal die Köpfe erhitzten! Hat sie nicht diese Theorien – und noch vieles andere – hundert Jahre zu spät entdeckt?

Viel wichtiger erscheint *mir* eine andere Entdeckung, die ich in der Zwischenzeit gemacht habe: Meine Schmerzen sind spurlos verschwunden, der Pfahl in meinem Fleisch ist von mir genommen! Ich fühle mich so leicht, so beglückend befreit, als sei mit den Schmerzen alle tödliche Bedrohung von mir gewichen.

Unmerklich verwandelt sich die lähmende Schwäche in ein schwebendes Geborgensein, das mich wie ein weicher, schützender Mantel umhüllt. Kaum empfinde ich noch die Stöße des rumpelnden Wagens, und die mit Graupen gefüllten Säcke, auf denen ich verkrümmt und verbogen liege, erscheinen mir wie die Polster eines herrlichen Ruhelagers. Über mir schwanken die Wipfel alter Bäume, das Lied einer Drossel schwebt unwirklich zart aus dem lichtgrünen Geheimnis des Waldes – noch einmal findet der Ruf des erwachenden Lebens süß und bezwingend Widerhall in meinem Herzen!

Unvergeßliche Stunde des Schweifens in schönere Welten! Fern sind die Bilder des Schreckens, versunken ist der Alpdruck, gefangen zu sein, verweht das dumpfe Gefühl, einem finster waltenden Schicksal preisgegeben zu sein. „Der Mensch ist frei geschaffen, ist frei, und würd' er in Ketten geboren!" Schillers großer Gedanke erfüllt mich mit der läuternden Kraft eines unerschütterlichen Glaubens. Können mich Menschen, können mich diese armseligen Steppenwölfe aus solch beseligend klarer Gewißheit stoßen? Sie können es selbst dann nicht, wenn, wie in diesem Augenblick, so ein trauriger Wicht die Maschinenpistole in Anschlag bringt und einen Feuerstoß auf eine singende Amsel abgibt! Das kleine, tönende Frühlingswunder ist grausam zerschmettert, aber es wird, aller menschlichen Torheit und Gemeinheit zum Trotz, tausendfach wieder auferstehen! Nie enden wird das Hohelied des ewig jungen, sieghaften Lebens, der Preisgesang selig und rastlos tätiger Liebe!

Gegen Abend erreicht unser Elendszug den Finow-Kanal. Wir machen halt vor einem verwahrlosten Barackenlager. Der Kommandant, ein untersetzter Mann mit mongolischen Zügen, verhandelt lange und wortreich mit unseren Begleitern. Aus irgendwelchen unerfindlichen Gründen beanstandet er die ihm vorgelegten Papiere. Schließlich lehnt er es rundweg ab, uns aufzunehmen. Doch unsere Aufseher wissen sich zu helfen. In einem rasch ausfindig gemachten, halb zerfallenen Haus finden wir Unterkunft für die Nacht. Die ausgegebene Verpflegung, ein Stück Brot und ein paar kleine, gesalzene Fische, überlasse ich einem Kameraden, der mir dafür auf einer alten Matratze – der einzigen, die vorhanden ist – ein Plätzchen neben sich einräumt.

Die Nacht in dem überfüllten, zugigen Raum ist so qualvoll, daß ich mich nach der Einsamkeit meines Kellers zurücksehne. Erschöpft falle ich manchmal in einen dämmernden Zustand, aber der erquickende Schlaf bleibt mir fern. Und doch steigen Freude und Dankbarkeit in mir auf: Die scheußlichen Schmerzen kehren nicht wieder! Die dreitägige Hungerkur scheint Wunder zu wirken.

Ich bin entschlossen, auch noch den kommenden Tag durchzuhalten. Ein wenig wundere ich mich selbst über den Lebenswillen, der diesen Körper noch immer beherrscht, der mir gar nicht mehr zu gehören scheint, der sich manchmal wie im Traum schwerelos-schwebend von mir lösen will. Zum erstenmal empfinde ich dankbar das dem Menschen mitleidvoll gegebene Geschenk der Natur, daß der Hunger, ist erst einmal seine tiefste, bohrende Pein überwunden, sich wandelt in solch wunderbares, aller Erdenschwere entrücktes Befreitsein.

Dieses unbeschreiblich erhebende Gefühl verläßt mich den ganzen nächsten Tag nicht mehr. Während die Kameraden denselben Weg zurücktrotten, den wir gekommen sind, liege ich wieder auf dem rüttelnden Wagen und lasse die Zweige der Bäume an mir vorübergleiten, die mich wie grüne Fahnen der Hoffnung grüßen. Der Hoffnung? Klammere ich mich denn wirklich noch immer an dieses jammervolle Dasein, oder erfüllt mein Herz schon die Erwartung des Geborgenseins in einer schöneren Welt?

Zwischen Wachen und Träumen zerrinnen langsam die Stunden des sommerlich leuchtenden Tages, dessen Ereignislosigkeit nur einmal durch eine längere Rast unterbrochen wird. Die Kameraden entzünden ein großes Feuer und rösten Kartoffeln in der glühenden Asche. Einer bringt mir ein paar der halb verkohlten, aber herrlich duftenden Früchte der Erde. Ich widerstehe der Versuchung und lehne die dargebotene Gabe ab.

Die mitleidig-erstaunt auf mir ruhenden Blicke zeigen mir deutlich, daß die anderen mich für einen verrückten Sonderling halten, dem sie bei solcher Sturheit keine Aussicht mehr geben. Aber das kümmert mich wenig. Was ich mir einmal vorgenommen habe, das führe ich nun auch mit der unbeugsamen Zähigkeit durch, die ich als bestes Erbteil meiner niedersächsisch-schwäbischen Ahnen von der Natur empfangen habe. Es fällt mir nicht einmal schwer, den gierig Essenden zuzusehen; ihr heftiges Streiten um Größe und Zahl der dem einzelnen zugeteilten Kartoffeln erheitert mich fast. Erhaben über solch kleinliche Sorgen sinke ich wieder in mein Traumland zurück.

Am späten Nachmittag – wir zuckeln längst wieder durch die grünen Girlanden des einsamen Waldwegs dahin – taucht plötzlich neben dem Wagen mein junger Freund aus Moskau auf. Ganz unvermittelt wirft er eine Bemerkung hin, die mich aus meiner Versunkenheit reißt. Er sagt, er könne es einfach nicht verstehen, weshalb ich „Faschist" geworden sei, obgleich ich mich doch offenbar mit den Lehren des großen Karl Marx so eingehend befaßt habe.

'Mein Gott', denke ich unwillig, „können denn diese Fanatiker einen friedlich träumenden Christenmenschen nicht in Ruhe lassen?" Nie habe ich die Hohlheit aller Schlagwörter so stark empfunden wie in diesem Augenblick. Da schleudert mir dieser an sich nicht unsympathische junge Mann das Schimpfwort „Faschist“ ins Gesicht, jenen blödsinnigen Sammelbegriff, den er schon mit der Muttermilch eingesogen hat und der den gläubigen Katholiken, den preußischen Junker, den harmlosen Spießbürger, den zackigen SS-Mann und wer weiß, wen sonst noch alles, umfaßt! Was soll ich ihm antworten? Die Brücke, die mit seiner ersten, teilnahmsvollen Frage geschlagen war, scheint wieder abgebrochen zu sein.

„Wissen Sie, womit ich mich eben beschäftigt habe?“ Er schüttelt, verwundert über die Gegenfrage, den Kopf.

„Ich habe darüber nachgedacht, weshalb wir Menschen nicht mehr zueinanderfinden können, warum wir, die wir gemeinsam diese Erde bewohnen, durch Welten getrennt sind, uns hassen und verfolgen, anstatt uns brüderlich die Hände zu reichen.“

„Das könnten wir wohl“, meint er nachdenklich, „aber vorher müssen die Feinde der Arbeiterklasse vernichtet werden.“

Schon wieder ein Schlagwort!

„Glauben Sie, daß Unrecht durch Unrecht gesühnt werden kann?“ Auf diese Frage findet er keine Antwort. Aber daß er sie verstanden hat, das beweist er mit der leisen Bemerkung, die er nach einer langen Pause macht und der er vergebens einen gleichgültigen Unterton zu geben versucht: „Ich werde Ihnen heute abend, wenn wir zurück sind, etwas zu essen bringen, was Sie vertragen können.“

In tiefer Nacht treffen wir wieder in Großschönebeck ein. Wir lagern uns in dem Hof, den wir vor sechsunddreißig Stunden verließen.

Ich sitze auf einem Holzklotz in der Nähe des Feuers, das der unermüdliche Horst unter seinem Kessel entfacht hat. Eine Welle köstlichen Duftes schlägt mir entgegen – mit Urgewalt überfällt mich der Hunger! Dieses elementare Gefühl, in das sich alles brennende Verlangen des Lebens hemmungslos gierig und angstvoll zugleich mischt, springt mich an wie ein Raubtier, das lange auf den richtigen Augenblick lauert, bis es seiner Beute gewiß ist. Die jäh aufsteigende Scham über meine triebhafte Schwäche ist nur eine leise, flüchtige Regung, die beim

Anblick des großen Schöpflöffels, der in die dampfende Suppe taucht, sogleich wieder vergessen ist. Wie gebannt verfolge ich die Bewegung der Kelle – da stößt mich jemand an und deutet auf ein großes Kochgeschirr, das vor mir steht.

Ich sehe gerade noch den russischen Studenten in der Dunkelheit des Hofes verschwinden. Der Gefolgsmann Stalins, der ungewöhnlichste, der mir jemals begegnet ist, hat Wort gehalten! Er hat sogar einen Holzlöffel auf den Deckel des verschlossenen Geschirrs gelegt!

Innerlich aufgewühlt, den Tränen nahe, nehme ich das denkwürdigste Mahl meines Lebens ein. Es ist eine ungeheure Portion Kascha, jener dicke Graupenbrei, der mir später oft widerlich fad erschien, der aber jetzt so herrlich gewürzt ist mit – nun, ich darf es wohl ruhig so ausdrücken – mit ein wenig Liebe ...

Zwei, drei Tage bleiben wir in dem verlorenen Nest. Ich liege nun wieder mit den anderen zusammen auf dem Fußboden der Wohnstube.

Die NKWD holt die Versäumnisse nach, die sie anscheinend gemacht hat. Sie beginnt wieder mit Vernehmungen. In der zweiten Nacht werde auch ich geholt. Unendlich müde, gelangweilt stellt ein junger Zivilist ein paar belanglose Fragen, die ich wahrheitsgemäß beantworte. Dann liest er mir ein kurzes Protokoll vor, will sagen, er übersetzt eine bereits fertig vor ihm liegende Niederschrift mühsam in ein Deutsch, das unter anderen Umständen höchst lächerlich gewirkt hätte.

Das Protokoll enthält keinerlei Anklagen. Die primitive, aber sachliche Aneinanderreihung der Meilensteine meines bisherigen Lebensweges klingt aus dem Munde des leidenschaftslosen jungen Mannes beinahe wohlwollend. Doch als er mir das Blatt zur Unterschrift hinschiebt, fühle ich sekundenlang seinen Blick lauernd auf mich gerichtet.

Was soll ich tun? In dem mir vorgelesenen Text ist keine Falle zu entdecken. Da ich gegen nachträgliche Änderungen oder Zusätze sowieso machtlos bin, erscheint es mir sinnlos, die Unterschrift zu verweigern.

Ich setze also meinen Namen unter die Hieroglyphen. Die bisher undurchsichtigen Züge des Russen erhellen sich. Er ist ganz offensichtlich befriedigt, daß ich ihm keine Schwierigkeiten mache. Ich hinwiederum, der ich kaum aufrecht zu sitzen vermag, bin froh, daß das Verhör so rasch zu Ende ist und daß man mich keiner Verbrechen bezichtigt. So scheiden wir in leidlichem Einvernehmen. (Erst viel später wurde mir klar, welch unwahrscheinliches Glück ich bei meinen Begegnungen mit der NKWD hatte. Nicht mißhandelt, ja nicht einmal bedroht oder beschimpft worden zu sein – viele, die Entsetzliches durchgemacht hatten, wollten das einfach nicht glauben!)

Wieder ist unsere Kolonne unterwegs, auf derselben Waldstraße, die wir vor wenigen Tagen zurücklegten. Diesmal muß auch ich zu Fuß gehen. Ich gelte als gesund und scheine es auch zu sein. Abgesehen von allgemeiner Erschöpfung und Schwäche, ist nichts von der Krankheit zurückgeblieben als höchstens ein Widerwille gegen scharfe, salzige Speisen. Einige Kameraden bestärken mich noch lange in dieser Abneigung, weil ich ihnen regelmäßig das Stückchen Hering überlasse, das wir von Zeit zu Zeit bekommen. Der lange Marsch ist mir als eine einzige harte Willensprobe im Gedächtnis geblieben. Sonst erinnere ich mich nur noch an eine kurze Begegnung mit zwei versprengten deutschen Landsern, die unerwartet aus dem Dunkel des Waldes auftauchen und uns unbekümmert nach dem Weg fragen. Der eine macht sogar recht abfällige Bemerkungen über die uns begleitenden Russen. Als er unsere erschrockenen Gesichter sieht, verabschiedet er sich mit einem spöttischen Lächeln und den hintergründigen Worten: „An eurer Stelle wüßte ich, was ich zu tun hätte!"

Ich empfinde es ja auch als kläglich, daß wir uns so widerstandslos in unser Schicksal ergeben. Das zahlenmäßige Verhältnis zwischen uns und der Begleitmannschaft ist immerhin etwa eins zu 15. Da wäre schlagartiges, entschlossenes Handeln auch ohne Waffen nicht ganz aussichtslos, zumal die Russen in der Tiefe des Waldes keinerlei Hilfe zu erwarten haben. Aber wenn ich die müde und hoffnungslos dahinschleichenden Kameraden betrachte, kommt mir die Sinnlosigkeit solcher Überlegungen zum Bewußtsein. Diese Menschen haben mit der Freiheit auch den Glauben an sich selbst verloren. Wohin sollen sie denn auch fliehen? Einem Deutschen starrt die Welt überall feindselig entgegen – diesseits und jenseits der Elbe. Freiheit gibt es nur noch in fernsten, romantisch umsponnenen Traumländern, die für einen ausgemergelten, besitzlosen Sklaven unerreichbar sind.

In diesen ersten Wochen, da man uns kreuz und quer durch deutsches Land schleppte, habe ich niemals Fluchtpläne ernsthaft erörtern hören. Die Gedanken kreisten einzig und allein um die einfachsten Lebensbedürfnisse, um die herbe Not der Stunde. Auch von den Angehörigen, von Frau und Kindern, war kaum die Rede; am allerwenigsten aber fand die Not des Vaterlandes Widerhall in den Herzen der Elenden: Deutschland hatte aufgehört zu bestehen.

Beißzangen für Moskau

Am Abend stehen wir wieder vor dem Barackenlager, dessen Kommandant uns vor kurzem abgewiesen hatte. Jetzt finden wir Gnade vor seinen Augen.

Das neue Heim ist in unseren Augen recht wohnlich. Es gibt nämlich fließendes Wasser und richtige Strohsäcke! Aber unsere Freude ist von kurzer Dauer. Kaum haben wir uns erschöpft auf die Strohsäcke verteilt, die wir als Schlaraffia-Matratzen empfinden, da überfallen uns Myriaden von Wanzen! Die pausenlosen Angriffe der ekelhaften Quälgeister scheuchen uns immer wieder auf. Trotz zahlreicher „Abschüsse" gelingt es uns nicht, auch nur für eine Minute Ruhe zu finden. In immer neuen Kolonnen rücken die Teufelsbiester heran; sie quellen förmlich aus Fugen und Ritzen, bis wir schließlich entmutigt den Kampf einstellen.

Mit brennenden Augen liege ich am Morgen auf meinem Strohsack, völlig zerschlagen, über und über mit rötlich geschwollenen, juckenden Bißstellen bedeckt. (Ich ahnte damals noch nicht, daß ich mich im Lauf der Jahre zu einem bedeutenden Fachmann auf dem Gebiet der Ungezieferbekämpfung entwickeln würde!)

Der Befehl „Fertigmachen zum Transport!“ befreit uns unerwartet schnell von der kaum zu ertragenden Pein. Die meisten sind zu schwach, die vor dem Lager stehenden Lastwagen zu erklettern. Wir ziehen und heben uns gegenseitig auf die Wagen hinauf. Wo es nicht rasch genug geht, helfen Kolbenstöße der aufgeregten Posten nach.

Fort geht es in rasender Fahrt einem unbekannten Ziel entgegen. Ich hocke mit angezogenen Knien unmittelbar vor dem russischen Soldaten, der auf einer Kiste hinter dem Fahrerhäuschen Platz genommen hat. Von hier aus kann er bequem die gepökelte menschliche Ware überblicken. Während im Stoßen und Schüttern des kaum gefederten Wagens die Mündung seiner Maschinenpistole ständig vor meinem Gesicht tanzt, versuche ich, dem jungen Menschen in die Augen zu schauen. Vergebens! Als hätte er nicht Menschen aus Fleisch und Blut, sondern Graupensäcke oder Pflastersteine zu bewachen, geht sein Blick unendlich gelangweilt über uns hinweg. Während der ganzen Fahrt kann ich nicht die geringste Gefühlsregung auf den Zügen des Mannes ablesen. Würde er nicht ab und zu über unsere Köpfe hinwegspucken – auch diese Lebensäußerung vollzieht sich fast ohne merkliche Bewegung – könnte man ihn für eine Puppe aus einem Wachsfigurenkabinett halten.

Ich breche mein Studium des russischen Menschen ab. Was kümmert mich überhaupt dieses Zerrbild des Homo sapiens, an dem es nichts zu studieren gibt?! Die Aufwallung von Zorn und Verachtung, die mich überkommt, bringt mir plötzlich zum Bewußtsein, daß ich selbst noch lebe, daß ich trotz meiner kläglichen Verfassung noch männlich-kräftiger Gefühle fähig bin!

Herrlich befreiend und erhebend spüre ich, daß in mir noch

der Wille lebt, nicht zu kapitulieren, mich nicht fallenzulassen, sondern zäh und unbeirrt dem Schicksal zu trotzen! Halb unbewußt noch dämmert mir die Erkenntnis, daß dieses Dennoch das entscheidende, das einzige Mittel ist, über die Mächte der Finsternis zu triumphieren! Im wörtlichen und übertragenen Sinne auf der untersten Stufe des menschlichen Daseins hokkend, von den Sklavenhaltern wie ein Stück Vieh verfrachtet, durchströmt mich herrisch, bebend, aus den tiefsten Quellen des Blutes steigend, der Glaube an die eigene Kraft!

Niemand vermag zu sagen, wohin die Reise geht. Ich sehe nur den hohen, kristallklar sich wölbenden Himmel über mir, an dem die Sonne in makelloser Reinheit steht. Nach ihrem Stand zu schließen, bewegen wir uns in südlicher oder südöstlicher Richtung; jedenfalls entfernen wir uns vorläufig wieder von dem Land, das sich schon fremd und drohend vor meiner Seele erhob. Das ist in aller Ungewißheit ein leiser Trost, der meinem erwachenden Lebensmut neuen Auftrieb gibt, wenn er auch das bittere Gefühl, willenloser Gegenstand fremder Gewalten zu sein, nicht beseitigen kann.

Wir landen schließlich vor einem großen Bauerngut bei Werneuchen, das man in aller Eile zum Behelfslager ausgebaut hat. Feindselig starren uns die roh gezimmerten Wachtürme an. Drohend richten sich die Mündungen von Maschinengewehren auf die Trupps der Gefangenen, die nach langem Warten in das Lager stolpern – als ob es noch nötig wäre, die erschöpften, schon halb verhungerten Menschen mit solchen Mitteln einzuschüchtern!

Nach einer widerlichen „Gesundheitskontrolle“, deren Schamlosigkeit noch dadurch gesteigert wird, daß sie von fragwürdigen russischen Ärztinnen vorgenommen wird, werden wir auf die einzelnen Gebäude aufgeteilt. Ich liege mit etwa sechzig Kameraden in dem größten Zimmer eines zweistöckigen Steinhauses, dessen ursprünglicher Verwendungszweck nicht mehr erkennbar ist. Es gibt in dem fünfzehn Meter langen Raum weder Tisch noch Stuhl, weder Bank noch Hocker, nur zwei durchgehende, doppelstöckige Holzpritschen. Fünfundvierzig

Zentimeter breit ist der „Lebensraum“, der dem einzelnen zur Verfügung steht.

Und doch empfinde ich es als Wohltat, die steifen, durchrüttelten Glieder ausstrecken zu können, von dem Anblick der Sklavenhalter einstweilen befreit zu sein. Als endlich nach langem Wühlen und Stoßen jeder sein Plätzchen gefunden hat und Ruhe eingekehrt ist, ziehe ich mich in mein geistiges Schnekkenhaus zurück, jene einzig mir verbliebene Zufluchtsstätte, aus der mich, habe ich sie erst einmal bezogen, niemand und nichts mehr so leicht vertreiben kann. Tausendmal habe ich mich im Lauf der langen, noch vor mir liegenden Jahre in dieses unverlierbare Refugium geflüchtet, mich versenkt in eine ferne Traumwelt, deren freundlich aufsteigende Bilder mich die jammervolle Gegenwart so völlig vergessen ließen, daß sie für Stunden nicht mehr vorhanden war.

Wie wunderbar quollen dann aus dem Schatz der Erinnerungen die Erlebnisse einer lichten Vergangenheit! Und, wunderbarer noch, wie lebendig stiegen wieder kleinste und fernste, längst unter der Schwelle des Bewußtseins versunkene Begebenheiten empor! Staunend entdeckte ich einen ungeheuren Reichtum in mir selbst; verschüttet von der Unrast des Alltags, begann er überwältigend zu funkeln, wenn das eigene Ich, nicht mehr von verwirrend wechselnden äußeren Eindrücken abgelenkt, ganz auf sich selbst zurückgeworfen, wieder aus Ursprünglichstem, Ureigenstem zu schöpfen und zu gestalten gezwungen war.

Und die Phantasie, die an allzu reicher Wirklichkeit verwelkt, belebte und entzündete sich umgekehrt an der grauen Öde der Umwelt, blühte märchenhaft auf. So, wie ein Kind aus Streichholzschachteln und Steinen sich eine Welt erbaut, so wurde mir Unscheinbarstes, längst nicht mehr Beachtetes wieder bedeutsam, beziehungsreich und, in des Wortes eigentlichem Begriff, wundervoll. Es mag dem, der es nicht selber erfahren hat, sinnlos, ja kindisch erscheinen, den Bau eines Strohhalms zu studieren, seine glatte, glänzende, gelbe Rundung zu befühlen, die Knoten zu betrachten, die wie feine Gelenke die schlanke Säule unterbrechen, oder sich in das geschäftige Treiben einer Stubenfliege zu versenken, die entzückende Anmut zu bewundern, mit der sie sich putzt, das Kunstwerk ihrer gläsernen, feingeäderten Flügel zu bestaunen – für mich war es eine neu entdeckte Welt, die an die Stelle einer anderen, verlorenen trat und die ich schließlich nicht mehr als billigen, erzwungenen Ersatz empfand, sondern als inneren Zuwachs und wirklichen Gewinn. Werneuchen – eine kurze Zeitspanne nur, die längst versunken ist, überwuchert von anderen, schweren Erinnerungsbildern. Ein paar Begebenheiten, die mir dennoch unvergeßlich geblieben sind, will ich beschwören. Und da gerade die heiteren Bilder immer wieder freundlich sich vordrängen, noch die dunkelsten Schatten ein wenig erhellend, will ich mit einem kleinen Zwischenfall beginnen, der mir noch heute ein leises Lächeln entlockt.

Auf dem in unmittelbarer Nähe des Lagers liegenden Flugplatz bin ich mit ein paar Kameraden damit beschäftigt, für unsere „Befreier" einen Schatz zu sichten und zu sichern, den sie dort zu ihrer Freude entdeckt haben. Es ist ein nahezu unerschöpflicher Vorrat an neuen Werkzeugen, die hier mit deutscher Ordnungsliebe, fein säuberlich verpackt und gestapelt, aufbewahrt sind. Da gibt es Schraubenzieher und -muttern in jeder Größe und Stärke, Feilen, Beißzangen und Hämmer, Drahtscheren und Messer, Ahlen und Bohrer – lauter Dinge, die für den Russen Gold wert sind.

Wir haben die Beutestücke in große Kisten zu verpacken. Sie gehen, wie es heißt, auf dem Luftweg nach Moskau. Tatsächlich steht schon eine schwere Transportmaschine startbereit auf der Rollbahn. Wenn wir die Fracht auch nicht verladen durften – die ewige Angst des Russen vor „Sabotage" war wohl der Grund, daß er uns diese Arbeit abnahm –, so zweifle ich doch nicht daran, daß diese Maschine eine der ersten Reparationsleistungen entführte, die dem geschlagenen Lande „entnommen" wurden – Beginn eines geschichtlich einmaligen Raubzuges, der geradezu wahnwitzige Formen und Ausmaße annahm und nicht nur Waren und Güter jeder erdenklichen Art umfaßte, sondern auch – Menschen! Aber ich verliere mich wieder in gallige Bitterkeit, anstatt, wie versprochen, von jener heiteren „Einlage“ zu berichten, zu der mich ein Steppenwolf bei der uns aufgezwungenen Tätigkeit verführte.

Meine Aufgabe ist es, zu jeder Kiste Art und Stückzahl der jeweils verpackten Werkzeuge festzustellen und ein entsprechendes Inhaltsverzeichnis auf den Deckel zu kleben. Ich unterziehe mich dieser Aufgabe – wir Deutsche können nun einmal nicht anders – mit Sorgfalt und Gründlichkeit, werde aber in meiner Tätigkeit immer wieder durch das rechthaberische Dazwischenreden eines Russen gestört, der mir einmal zu verstehen gibt, daß meine Zusammenzählung nicht stimmt, dann wieder, völlig zu Unrecht, behauptet, daß ich einen Posten vergessen habe. Er quengelt und meckert ständig, nimmt sinnlose „Verbesserungen“ meiner Aufstellungen vor, bis schließlich überhaupt nichts mehr stimmt. Dabei habe ich das sichere Gefühl, daß er deutsche Buchstaben gar nicht lesen kann, daß seine langen Reden nichts als das Geschwafel eines kleinen Pinschers sind, der diesem Deutschen zeigen will, wer hier der Herr ist! In die gelinde Wut, die mich packt, mischt sich ein wenig Bosheit und die alte Lust am Schabernack, die mir eigen ist. Wollen wir den Herren in Moskau nicht eine kleine Überraschung bereiten? Ich zähle jetzt die Werkzeuge nur noch zum Schein, kümmere mich auch um den Inhalt der Kiste nicht mehr, sondern lege Verzeichnisse an, die ganz meiner blühenden Phantasie entsprungen sind. Ein solches Verzeichnis sieht dann etwa so aus: „Für Moskau! Dringend! Noch gestern! Inhalt: 100 Korkenzieher, 60 Spargelmesser, 30 Tortenschaufeln, zwei Lötkolben, eine Nagelfeile, 15 Geburtszangen.“

„Warum geht's denn jetzt?“ scheint das Gesicht des Schuriglers auszudrücken, der zur kaum unterdrückten Erheiterung einiger Kameraden mit sachverständig-aufgeblasener Miene meinen Unsinn „prüft“ und – für gut befindet! Da die Deutschen seiner Meinung nach endlich „spuren“, lockert er sogar die straffen Zügel seiner eingebildeten Führung und widmet sich einem kleinen, kaum ein paar Tage alten Hund, den er zu unserer

Überraschung aus der Tasche seines Uniformrockes holt. Das Tierchen kriecht ziemlich unbeholfen zwischen den Kisten umher und betrachtet die Welt mit erstaunten, eben erst geöffneten Augen.

Da der Russe uns für einen Augenblick allein läßt, können wir uns ungestört an dem drolligen Wesen ergötzen. Wie schön, solch ein hilflos-unschuldiges Geschöpf in den Arm zu nehmen, die Wärme des kleinen Körpers und das blinde Vertrauen zu spüren, mit dem es sich an mich schmiegt!

Die leider so seltenen Begegnungen mit Tieren – von ihnen wird noch die Rede sein – waren für mich immer besonders beglückende Erlebnisse, beglückend schon deshalb, weil ich in ihrem Zusammenhang den Kameraden, und damit dem deutschen Menschen überhaupt, auch einmal ein uneingeschränktes Lob spenden darf. Das „faschistische Gesindel“, wie man uns später summarisch zu benennen pflegte, zeigte nämlich so viel echte Freude und Liebe gegenüber jeglichem Getier – das Ungeziefer natürlich ausgenommen –, das sich in seinen trostlosen Bannkreis verirrte, daß die angeblich so vielen Untugenden und barbarischen Eigenschaften, die Fremde und mehr noch wir selber an uns entdecken zu müssen glauben, doch in einem milderen Lichte erscheinen. – Der Russe ist wieder da. Er hat seinem lebenden Spielzeug Futter gebracht. Dumm wie alles, was der blöde Kerl unternimmt, ist die Zusammenstellung der Mahlzeit: Auf einem flachen Teller liegt ein großes Stück Sauerbraten, umrahmt von Kartoffelklößen und Grünkohl! Fast erschrocken betrachtet das Tierchen die ungeheure Portion, leckt ängstlich ein bißchen an der Bratentunke und wendet sich dann traurig ab. Wir aber sind nun doch mehr von dem lecker vor uns stehenden Gericht beeindruckt als von dem stummen Vorwurf des Kleinen. Aber noch ist das Schamgefühl stärker als der Hunger, und so bleibt das verschmähte Hundemahl unberührt stehen!

Einen ganzen Tag lang sind wir dann damit beschäftigt, einen großen Stapel Granaten kleineren Kalibers vom Rande des Flugplatzes in ein Waldstück zu tragen und dort oberflächlich zu vergraben. Wir gewöhnen uns rasch an den Umgang mit den gefährlichen Gegenständen, fragen uns allerdings vergebens nach dem Sinn des ganzen Verfahrens. Die Granaten mußten ja später doch wieder ausgebuddelt und entschärft werden! Der Vorgang war eines der vielen Beispiele für die Planlosigkeit, ja Sinnlosigkeit russischer Maßnahmen, wie wir sie immer wieder kopfschüttelnd erfahren sollten.

Weniger angenehm war der Transport einer riesigen Fliegerbombe, die wir in eine von anderen in langer, schwerer Arbeit ausgehobene, tiefe Grube zu schaffen hatten. Wir bewegten das Ungetüm mit den einfachen Hilfsmitteln, deren sich die alten Ägypter beim Bau ihrer Pyramiden bedient haben mochten, bekamen bei dieser Arbeit aber immerhin einen Begriff der russischen Fähigkeit, in kürzester Frist einen gewollten Zweck zu erreichen, auch wenn dies nach deutschen Begriffen „eigentlich" unmöglich war!

In ganz übler Erinnerung sind mir die Nächte von Werneuchen. Die Gefangenen, die zu keiner Arbeit eingeteilt waren – und das war die weitaus überwiegende Mehrzahl –, konnten sich tagsüber frei im Lager bewegen. (Neunmalkluge schlossen aus dieser Tatsache, daß der Russe uns als Internierte betrachte.) Auch des Nachts blieben die einzelnen Räume unverschlossen. Da in den Stuben keine Möglichkeit war, die Notdurft zu verrichten, ergab sich für viele Gefangene immer wieder die Notwendigkeit, in der Nacht die Latrine aufzusuchen – ein paar tiefe Gruben, die man in primitivster Weise mit einem Holzgeländer umgeben hatte. Die Benutzung dieser echt russischen Bedürfnisanstalt erforderte schon am Tage akrobatische Gewandtheit – viele schafften es nur unter entsprechender Hilfestellung durch Kameraden. In der in jenen Nächten herrschenden tiefen Dunkelheit wurde aber ein solcher Ausflug zu einem lebensgefährlichen Unternehmen, dessen Unheimlichkeit noch dadurch gesteigert wurde, daß die auf den Wachtürmen stehenden Posten – ob aus Unkenntnis der Situation oder Sadismus, bleibe dahingestellt – drohende Rufe ausstießen, wenn einer ihrer Meinung nach allzulange verweilte, ja daß sie manchmal sogar scharfe Schüsse auf die Unglücklichen abgaben, die sich wahrhaftig nicht zu ihrem Vergnügen ins Freie gewagt hatten.

Ich berühre damit eines der widerwärtigsten Kapitel aus dem Leben des Gefangenen, der das Unglück hatte, in die Hände von Menschen zu fallen, deren Ansprüche auf diesem Gebiet sich kaum von den Bedürfnissen des Tieres unterschieden. Wenn ich auch aus naheliegenden Gründen nicht beabsichtige, länger bei diesem Thema zu verweilen, so bliebe doch das Bild trostlosen Elends, das ich zu zeichnen gezwungen bin, unvollständig, wollte ich die Frage ganz übergehen. Es mag der Hinweis genügen, daß wir jahrelang niemals ein Stück Papier erhielten. Der Phantasie des Lesers sei es überlassen, was für widerlich-groteske, ja mitunter verzweifelte Improvisationen sich aus dieser Tatsache ergaben!

Karl-Heinz

Es scheint das Bestreben der russischen Führung zu sein – sofern überhaupt irgendwelche Schlüsse aus dem rätselvollen Verhalten dieser unbekannten, in nebelhafter Ferne thronenden Macht zu ziehen erlaubt ist –, uns nirgends warm werden zu lassen. Noch ist kaum eine Woche vergangen, da stehen wir schon wieder marschbereit in Abteilungen zu hundert Mann vor dem Lager. Nach endlosem Durchzählen – mit Zahlen kommt der Russe nie ganz zurecht – setzt sich die nicht zu überblikkende Kolonne in Bewegung. Die zahllosen, schwerbewaffneten Soldaten, die uns umschwärmen, achten auf peinlich genaue Marschordnung. Jede Lässigkeit, jedes Zurückbleiben wird mit Kolbenstößen beantwortet. Man bringt uns auf Vordermann, wie es so schön in der deutschen Kommißsprache hieß, und wer nicht schon vorher diese Übung und den Geist, der aus ihr sprach, aus tiefster Seele gehaßt hat, der wird es nun wohl endgültig für den Rest seines Lebens tun!

Bang bewegt mich die Frage, was wohl geschehen wird, wenn die gewaltsam erzwungene Disziplin an der rasch um sich greifenden Erschöpfung zerbricht, wenn der erste aus der Reihe taumelt, weil der Körper seinem Willen nicht mehr gehorcht. Die Antwort gibt mir ein Schuß, der peitschend das Stampfen unserer schweren Schritte übertönt. Es ist die Antwort der Finsternis der teuflischen Gewalt, die die Herrschaft dieser Welt übernommen hat.

Jäh und heiß überflutet mich eine Welle ohnmächtigen Hasses. Aber zugleich regt sich in mir ein dunkles Gefühl der Schuld, steigt die lauernd-bedrängende Frage auf: Haben wir nicht selbst dazu beigetragen, das Regiment der Hölle zu begründen?! Ich wage es nicht, mich umzublicken. Doch ist mir und allen anderen die Bedeutung des Schusses furchtbar klar. Jeder weiß, daß er um sein Leben marschiert, daß rechts und links des Weges der Tod lauert. Das Genick des Vordermannes ist der magische Richtungspunkt, an den der starre Blick sich klammert. Solange du diesen Punkt im Auge hast, solange ist dir dein elendes bißchen Leben geschenkt!

Wie gut, daß das leere Gehirn keinen klaren Gedanken mehr zu fassen vermag, sonst wäre nun doch wohl das Verlangen übermächtig geworden, das Äußerste, Letzte zu tun!

Ohne Hoffnung und Ziel sind diese Menschen, und doch bewegt sie der Lebenswille, als seien sie Puppen, an Drähten gezogen.

Stumm, verkrampft, die Gesichter maskenhaft leblos, umhüllt von den Wolken des Staubes, mag der Zug in der unbarmherzig blendenden Fülle des Lichts wie eine grausige Prozession von Gespenstern erscheinen, die keine Ruhe mehr finden, weil sie den erlösenden Schlag der mitternächtlichen Stunde versäumten ...

Am späten Nachmittag wagt der erste wieder einen Blick, ein leise geflüstertes Wort zum Nebenmann. Vor uns tauchen die Häuser eines Dorfes auf. Wird es uns Aufnahme gewähren, oder werden wir bis in die Ewigkeit weitermarschieren?

Die ersten Eindrücke von Weesow, die Erinnerungen an die

große Rast, die uns dort endlich zuteil wird, sind so gut wie verwischt, vielleicht auch niemals durch die Netzhaut des Auges in den Bereich klaren Bewußtseins gedrungen. Ich habe nur noch das Bild einer großen Scheune vor mir, in der sich Berge frischen Strohs bis fast unter das Dach türmen. Wir wühlen uns in die goldgelben, herb duftenden Hügel hinein, tiefer und tiefer, bis wir in dem tierisch-behaglichen Gefühl des Geborgenseins versinken, das ein Fuchs empfinden mag, der nach harter Verfolgung mit letzter Kraft den schützenden Bau erreicht hat.

Rückblickend erscheinen mir die vier Wochen, die ich in Weesow verbrachte, nicht mehr so sehr umdüstert von Krankheit und Tod, wie sie es in Wirklichkeit waren. Ob dieses im ganzen etwas lichtere Bild bestimmt ist durch die größere Freiheit, die uns innerhalb des Lagers gewährt wurde, oder ob es sich mir in der Erinnerung nur im Vergleich mit den dunkleren Schatten künftiger Jahre freundlicher malt, ist eine Frage, die ich nicht mehr zu entscheiden vermag.

Rein äußerlich ist das „Sommerlager" recht ungewöhnlich. Das weiträumige, von einem hohen Stacheldrahtzaun umgebene Bauerngut umfaßt neben Stallungen und Wirtschaftsgebäuden acht riesige, festgefügte Scheunen, die als Unterkunftsräume für viertausend Gefangene dienen. So mochten die Staatsgüter Friedrich Wilhelms, des preußischen Königs, ausgesehen haben, in denen er vorsorgend die Ernten fetter Jahre für kommende magere Zeiten aufzubewahren pflegte.

Zu jeder Scheune gehört ein großer Hof mit festgestampftem Lehmboden. In der Mitte ein Ziehbrunnen, der klares, eiskaltes Wasser spendet. Morgens und abends findet ein Appell statt: Antreten im Hof, Durchzählen, Ausrichten, Stehen und Warten und anschließend die lächerlichen, im Ergebnis stets fragwürdigen Zählversuche der Russen. Sonst können wir tun und lassen, was wir wollen: in der Sonne liegen, die unverändert sommerliche Wärme spendet, im Lager umhergehen, Besuche machen in den anderen Scheunen. Nur der Zutritt zur Küche ist streng verboten.

Hie und da macht ein Aufseher den Versuch, uns durch „Arbeit“ abzulenken. Einen ganzen Tag lang mühe ich mich gemeinsam mit ein paar Kameraden damit ab, einen Stapel Brennholz abzubauen und auf der gegenüberliegenden Seite des Hofes wieder aufzutürmen. Als wir am nächsten Tag den Befehl erhalten, unser kunstvoll errichtetes Gebäude einzureißen und an der alten Stelle wieder aufzurichten, schere ich stillschweigend aus der Gruppe aus und überlasse es anderen, sich bei solch sinnvollem Tun die Zeit zu verkürzen.

Üppig wuchern die Parolen. Die unsinnigsten „Meldungen“, deren Entstehung allein auf die Untätigkeit phantasiebegabter Gefangener zurückzuführen ist, werden eifrig besprochen und – geglaubt. Es gibt Spaßvögel, die immer neue Wunschträume spinnen. Sie erzählen einem andächtig lauschenden Kreis von Zuhörern, daß die letzten Gefangenen spätestens nach Ablauf von neunzig Tagen entlassen würden, daß der Russe unseren Abtransport mit Hilfe von Lastenseglern bewerkstelligen werde, die uns unmittelbar zum Tempelhofer Flugplatz bringen! Nichts gibt es, und mag es noch so töricht sein, woran sich nicht die Hoffnung vor allem der Älteren klammert, die einfach nicht mehr den Mut und die Kraft haben, den Tatsachen ins Auge zu blicken. Und so haben die Phantasieerzeugnisse der Märchenerzähler auch eine ernste Kehrseite: Erweisen sich nämlich ihre mit dem Brustton der Überzeugung vorgetragenen Vorhersagen als eitle Trugbilder – und das ist häufig sehr rasch der Fall –, dann folgt den hochgespannten Erwartungen ebenso schnell die tiefste Ernüchterung und Enttäuschung, ja in manchen Fällen ein seelischer Zusammenbruch, von dem sich der Betroffene nicht mehr erholt.

Rings um mich her spüre ich die verheerende Wirkung solch jähen Sturzes in Willenlosigkeit und Verzweiflung, und so versuche ich immer wieder, mich der Flut der Parolen entgegenzustemmen – freilich meist nur mit dem Erfolg, daß ich von vielen als eingefleischter Schwarzseher betrachtet werde. Ich erinnere mich an eine ernsthafte Unterhaltung mit einem Kameraden, der mich bat, unverblümt meine Meinung zu äußern.

Als ich ihm sagte, daß ich, nach den ganzen Umständen zu schließen, mit einer Gefangenschaft von mindestens einjähriger Dauer rechne, wandte er sich zornig und beleidigt von mir ab!

Ja, es gibt nur wenige, die in dem Schwall von Gerüchten, in dem Nebel der Illusionen einen klaren Kopf behalten. Es sind die wenigen, die zwar die Wirklichkeit und ihre unbarmherzige Härte erkennen, die aber dennoch über das Elend des Augenblicks hinwegzuschauen vermögen, weil sie eine tiefere, schönere Hoffnung in sich tragen. Sie erweisen sich später noch oft als die wirklichen Helfer der Schwachen und Verzagten.

Gehörte auch ich zu der kleinen Schar derer, die sich als Meister ihres Schicksals bewährten? Ich muß gestehen, daß meine innere Widerstandskraft gerade in diesen Tagen, in denen es auf Unbeugsamkeit und Haltung ankam, einen heftigen Stoß erlitt, und zwar durch ein Erlebnis, das heiter zu beginnen schien und dann so traurig endete, daß ich es lange nicht fassen konnte.

Karl-Heinz, ein guter Bekannter aus Berlin, war plötzlich aufgetaucht. Bei unserer ersten Begegnung muß ich wohl ein ziemlich entgeistertes Gesicht gemacht haben, denn er begrüßte mich mit dem alten, kessen Spruch: „Ihnen sind ja sämtliche Gesichtszüge entgleist!“ So sehr verwunderlich war nun allerdings meine Bestürzung nicht, denn der Leidensgefährte, den ich als tadellos gekleidete, fast stutzerhafte Erscheinung in Erinnerung hatte, trat mir nun in der Aufmachung eines Büßers in der Wüste entgegen! Der Russe hatte ihm alles abgenommen, den eleganten Maßanzug, den hellen Übergangsmantel, die neuen Halbschuhe. Irgendwo hatte er im Straßengraben, seine Blöße zu bedecken, einen langen Mantel aus dunkelbraunem, grobem Wollstoff aufgelesen. Das seltsame Bekleidungsstück, an dem weder Taschen noch Knöpfe angebracht waren, konnte man mit Fug und Recht als härene Kutte bezeichnen. Um diesen Eindruck zu unterstreichen, hatte der Träger des Büßergewandes seine Lenden mit einem Strick umgürtet; und an den Füßen trug er, völlig stilgerecht, ein Paar ausgelatschte Sandalen, die er, weiß der Himmel wo, aufgegabelt hatte.

Doch das Schöne, das Versöhnende an dieser unfreiwilligen Maskerade war, daß der unverwüstliche Lebensmut des Berliners sich selbst unter solch trostlosen Verhältnissen bewährte. Diese selbstverständliche Würde, gepaart mit einem Anflug von Selbstironie, die der bewunderswerte Mensch liebenswürdig-gelassen zur Schau trug, war schlechthin ein Triumph des Geistes über die Materie!

Manche Stunde verbrachte ich im Gespräch mit dem Lebenskünstler, der mir so deutlich vor Augen führte, wie wenig die Vergangenheit jetzt noch bedeutete, wie leicht Begriffe wie Vermögen, Name, Rang und Würden wogen in einer Welt der Armut und äußeren Ohnmacht. Hier galt nur noch der Wert der Persönlichkeit, der geistige Besitz, die innere Größe und nicht zuletzt der Humor. Dieses feine, aus innerer Überlegenheit fließende Gefühl, das noch die dunkelsten Schatten mit einem leisen Goldton überhaucht, zog mich immer wieder zu dem ungewöhnlichen Menschen, der nicht müde wurde, mich durch heitere Begebenheiten aus seinem Leben zu ergötzen. Er besaß die bezaubernde Fähigkeit, mit ein paar geistvollen Bemerkungen unsere trostlose Lage wegzuwischen, ja sie gewissermaßen in ihr Gegenteil zu verkehren.

Geradezu umwerfend komisch aber war die Art und Weise, mit der er die Heilsbringer einer östlichen Kultur kennzeichnete. Unter den blitzenden Floretthieben seines respektlosen Witzes verwandelten sich unsere „Natschalniks“ in kostümierte Zirkusaffen, erschien ihre eingebildete Würde und Überlegenheit als das Ergebnis eines Dressuraktes, zerbröckelte die hauchdünne Schicht der Zivilisationstünche, unter der sich die Fratze der Barbarei vergebens zu verbergen suchte. Oder konnte jener unglaubliche Steppenwolf – um nur ein Beispiel zu erwähnen – eine andere Wirkung erwarten als hohnvolle Heiterkeit, wenn er, mit einem aufgespannten, rotseidenen Damenschirm sich gegen die Strahlen der Sonne schützend, umgeben von der durchdringenden Wolke eines billigen Parfüms, beim Appell unsere Reihen abschritt?

Es war in solchen Augenblicken einfach unmöglich, das Gefühl hochmütiger Verachtung zu unterdrücken, ein Gefühl, das nur durch die bittere Frage gedämpft wurde, wie es denn möglich sein konnte, daß uns *dieses* Volk die schwerste Niederlage unserer Geschichte bereitet hatte?!

Und so verstummten denn manchmal unsere leicht dahinplätschernden Gespräche, mühten sich unsere Betrachtungen um die tieferen Ursachen des Unglücks, das uns so vernichtend getroffen hatte. Wenn es einen Sinn der Geschichte gab – und daran zu zweifeln, hieße die Herrschaft des Zufalls und damit die vollkommene Ohnmacht eines göttlichen Wesens bejahen –, dann lag dem tiefen Sturz aus scheinbar stolzer Höhe ein weiser Ratschluß zugrunde, über den mit ironischen Randglossen oder gar selbstgefälliger Überheblichkeit hinwegzugehen uns nicht zustand. Das deutsche Volk war nach diesem zerschmetternden Schlag doch wohl vor allen Völkern aufgerufen, sich selbst zu erkennen und darüber hinaus eine Antwort auf die Frage zu finden, wie denn nun die Menschheit einen Aufstieg aus dem Abgrund des Grauens zu finden vermöchte, in den sie sich selber gestürzt hatte. Es war uns klar, daß Haß und Hochmut, Verneinung der Menschenwürde und Unduldsamkeit die Meilensteine waren, die den Weg unseres Niedergangs säumten; daß vor allem die Hybris – so nannten die alten Griechen den menschlichen Übermut, der den Zorn und die Rache der Götter hervorrief – uns mit jener Blindheit geschlagen hatte, die uns ins Verderben taumeln ließ.

Wir verfielen freilich nicht in den echt deutschen Fehler, solche Zeichen geistiger und sittlicher Entartung ausschließlich bei uns selber zu suchen und zu finden – zu offensichtlich lagen die Sünden anderer Völker, die sich in ähnlicher Weise an der Würde der Menschheit vergangen hatten, vor unseren Augen. Aber der Vorwurf, auf dem Weg der Schande eine Strecke mitgegangen zu sein, traf das Volk der Dichter und Denker besonders schwer, und so mußten wir Deutsche nun auch wieder als erste das niedergetretene Banner der Menschlichkeit in unsere Hände nehmen. Dies konnte und durfte freilich nicht mit der großartigen Geste des Weltverbesserers geschehen, weil eine solche Gebärde ja schon wieder das erste Anzeichen geistigen Hochmuts sichtbar gemacht hätte; es mußte vielmehr ein Anruf und Aufruf sein, der aus der Demut des Herzens kam.

Und so erkannten wir den Sinn der großen Prüfung, die uns auferlegt war: Sollte die Wiedergeburt der Menschheit keine leere Phrase bleiben, waren Entsühnung und Läuterung uns ein echtes, heilig-ernstes Anliegen, dann mußten wir bei uns selbst beginnen, dann war es endlich an der Zeit, vom Thron unserer Selbstherrlichkeit hinunterzusteigen, jedem Dünkel und aller Hoffart zu entsagen, ein Licht im eigenen Herzen zu entzünden, das die Untaten der Vergangenheit überstrahlte. Und wo anders als in der tiefsten Demütigung und Erniedrigung konnte der spröde, steinige Grund liegen, aus dem der reinigende Quell der Erneuerung sprudelte?

So mancher Leitsatz, den uns die Wahrheitssucher unseres Volkes gegeben hatten, stieg jetzt mahnend und fordernd in uns auf – Gedankenschätze, die wir in den Tagen des Wohlergehens achtlos hatten liegenlassen, die wir bestenfalls als erbauliche Sprüche rasch genossen und ebenso rasch wieder vergessen hatten. In einer solchen Stunde der Selbstbesinnung überraschte mich Karl-Heinz einmal mit dem Zitat eines Dichters, der lange Jahre mein geistiger Weggefährte gewesen war – zweimal schon habe ich den mir teuren Namen des Frühvollendeten genannt. Überraschend aber war für mich, daß gerade ein Mensch wie Karl-Heinz, der den Dingen dieser Welt so stark zugewandt war, sich von der schlichten Klarheit des ganz Durchgeistigten hatte anziehen lassen. Er sprach die mir wohlbekannten Verse Christian Morgensterns ausdrucksvoll, doch ohne jedes Pathos:

„Was klagst du an
die böse Welt
um das und dies?
Bist du ein Mann,
der niemals Spelt
ins Feuer blies?
Hat Haß und Harm

und Wahn und Sucht
dich nie verführt,
daß blind dein Arm
der Flammen Flucht
noch mehr geschürt?
Was dünkst du dich
des unteilhaft,
was Weltbrand nährt!
Zuerst zerbrich
die Leidenschaft,
die dich noch schwärt.
In dich hinein
nimm allen Zwist,
der Welt sorg nit;
je wie du rein
von Schlacke bist,
wird sie es mit."

In diesen Worten war alles beschlossen, was wir als Mahnung und Verpflichtung empfanden. Ich sehe mich neben dem neu gewonnenen Freund im Schatten eines Apfelbaums sitzen, sehe noch seine dunklen Augen auf mich gerichtet, die in diesem Augenblick ihren spöttisch-heiteren Ausdruck verloren hatten. Ich konnte nicht ahnen, daß es unser letztes Zusammensein war. – Der Tod ging um im Lager Weesow. Die Seuche, von Einsichtigen schon lange befürchtet, war da. Sie breitete sich blitzschnell aus, griff mit gierigen Fingern nach den abgerissenen Gestalten, schlug sie mit tödlicher Schwäche, löschte sie in wenigen Tagen aus. Wir nannten es Hungertyphus.

Unbeschreibliche Szenen spielten sich an den Latrinen ab. Kraftlos blieben die Menschen liegen, im eigenen Schmutz, umschwärmt von Wolken ekelhafter Fliegen. Einige stürzten, haltlos in halber Ohnmacht taumelnd, in die gräßliche Tiefe der Gruben …

Wie sollten die wenigen Gesunden, Kräftigen helfen? Es gab weder Arzneimittel noch Wäsche, weder Seife noch Desinfektionsmittel. Wasser war das einzige, was unbegrenzt zur Verfügung stand. Aber die Unglücklichen begehrten gar nicht, gesäubert zu werden, sie wollten in kindischem Eigensinn, in haltloser Gier immer nur eines: trinken! Hinderte man sie nicht gewaltsam daran, so tranken sie mit dem eiskalten Naß den sicheren Tod! Hart schwang der Herr seine Zuchtrute über der Schar derer, die er erwählt hatte zu Läuterung und Buße. Schweigend, ohne ein Wort der Klage, empfingen die vom Tod Gezeichneten die Geißelhiebe. In blind ergebenem Gehorsam gingen sie über die dunkle Schwelle, von der es keine Wiederkehr gibt. In manchem brechenden Auge sah ich den Schimmer einer zuversichtlichen Gewißheit, schöner und beglückender, als sie allein der tröstliche Gedanke zu geben vermag, von dieser Welt des Jammers erlöst zu werden.

Die täglichen Appelle hörten auf. Der Russe hatte stillschweigend auf sie verzichtet, weniger wohl aus einem spontanen Gefühl der Menschlichkeit als aus dem einfachen Grund, weil sie sich als undurchführbar erwiesen. Schon am dritten oder vierten Tag nach dem Ausbruch der Seuche hätte es Stunden gedauert, bis der letzte Kranke, bis alle Sterbenden und Toten vollzählig auf den Höfen versammelt gewesen wären.

Ich sah nun doch manchen der Rotarmisten mit scheuem und irgendwie hilflosem Gesichtsausdruck durch das Lager gehen. Waren es die von ihnen heraufbeschworenen Bilder des Schreckens, die auch diese Menschen nachdenklich stimmten, oder war es nur die naheliegende Furcht vor der Möglichkeit, der Tod könnte in die eigenen Reihen hinübergreifen? Was immer auch die Beweggründe sein mochten – angesichts der unhaltbaren Zustände raffte sich die Lagerleitung endlich zu Gegenmaßnahmen auf: Das freie Umhergehen im Lager wurde untersagt; das Essen, bisher ausschließlich aus dünnsten Wassersuppen bestehend, wurde merklich verbessert; wir durften zu einer bestimmten Stunde heißes Wasser in der Küche holen; schließlich wurde sogar ein „Revier" eingerichtet, das unter der Leitung deutscher Ärzte stand – wie jeder andere Berufsstand waren auch sie unter den Gefangenen vertreten.

Oft gingen meine Gedanken zu Karl-Heinz, den ich seit jener

denkwürdigen Unterhaltung nicht mehr gesehen hatte. Von Kameraden, die ich beim Essenholen sprechen konnte, hatte ich schon bald erfahren, daß auch er erkrankt sei. Noch beunruhigte mich das nicht allzusehr, wußte ich doch, daß er mit allen Kräften der Selbstbeherrschung und des Willens gegen die Krankheit ankämpfen würde – Heilmittel, deren wunderbare Wirkung ich selbst erprobt hatte.

Als ich dann aber hörte, daß man ihn ins Revier gebracht habe, erschrak ich aufs tiefste. Dorthin kamen, wir wußten es nur allzu gut, die sogenannten hoffnungslosen Fälle, Menschen, die man aus der Masse der übrigen herausholte, ehe sie die Augen für immer schlossen!

Alle meine Bemühungen, zu ihm zu gelangen, waren erfolglos. Die Durchgangsstation des Todes blieb mir verschlossen. Sollte ich den einzigen Menschen, der mir Vorbild und Halt war, der mir sein Innerstes geöffnet hatte, wieder verlieren, kaum daß ich ihn gefunden hatte?

Nach Tagen bangender Sorge erreichte mich die nicht erhoffte Kunde, Karl-Heinz befinde sich auf dem Wege der Besserung! Ich gab mich ganz der beglückenden Erwartung hin, bald wieder mit ihm vereinigt zu sein. Ich malte mir aus, wie wir wieder unter unserem Apfelbaum sitzen würden, gemeinsam in einer anderen Welt, der Welt des Geistes und der Schönheit, schweifend, wie dann erneut Stacheldraht und Wachtürme ins Wesenlose versinken und uns die Hoffnungen einer lichteren Zukunft erfüllen würden. So träumte ich – bis der furchtbare Schlag kam, der mich im Innersten traf und den ich bis zum heutigen Tag nicht ganz verwinden konnte.

Das Verbot des Umhergehens im Lager war schon bald wieder gelockert worden. So traf ich eines Tages unter demselben Baum, der der stille Zeuge unserer besinnlichen Stunden gewesen war, mit einem Kameraden zusammen, dessen finsteres, undurchsichtiges Wesen mich immer in eine gewisse Abwehrstellung versetzte, gehörte er doch zu den wirklichen Schwarzsehern, zu den unheimlichen Gestalten, die Trauer und Mutlosigkeit um sich verbreiteten. Oft hielt er sich mit scheinbar gleichgültiger Miene in unserer Nähe auf, und wir wußten nie, ob seine Teilnahmslosigkeit echt oder nur eine Tarnung seines Bemühens war, unsere Gespräche zu belauschen. Niemals habe ich den Menschen, dessen Name und Herkunft mir unbekannt blieben, lachen sehen, und noch heute steht er vor mir als die Verkörperung des Unheils und der ewigen Verneinung.

Jetzt richtete er seinen Blick mit einem schadenfroh-lauernden Ausdruck auf mich. Ich fühlte sogleich, daß er eine schlimme Nachricht für mich habe. Seine düsteren Worte klingen mir bis zu dieser Stunde in den Ohren, als seien sie erst gestern gesprochen worden.

„Weißt du schon, was aus deinem Karl-Heinz geworden ist?" sagte er mit seiner brüchig-tonlosen Stimme.

„Was soll denn aus ihm geworden sein?" erwiderte ich. „Er ist im Revier, und es geht ihm besser."

„Hoffen wir, daß es ihm jetzt wirklich bessergeht", war die rätselhafte Antwort, die wie ein Frosthauch über mein Herz ging.

„Du erinnerst dich doch", begann er wieder nach einer Pause, die mich in wachsende Erregung versetzte, „daß er immer den komischen Strick um den Bauch trug?"

„Nun ja – aber was soll es damit?" entgegnete ich, vergebens bemüht, meine innere Unruhe durch den Ärger über seine Weitschweifigkeit zu beschwichtigen.

„Mit diesem Strick" – wieder machte er fast genießerisch eine niederträchtige Pause –, „mit diesem Strick hat sich dein Freund heute nacht erhängt!"

War dies das irre Reden eines Geisteskranken, der verworrene Ausbruch unbegreiflichen Hasses, ein grausiger Witz?

„Ich weiß es aus bester Quelle", fegte der andere meine ungläubig-abwehrende Fassungslosigkeit hinweg. „Der Arzt des Reviers hat es mir heute morgen erzählt."

Unbewegt hielt der Finstere meinem entsetzten Blick stand – da wußte ich, daß er die Wahrheit gesprochen hatte …

Noch am selben Tag wurde mir die furchtbare Botschaft von einem Kameraden bestätigt, der Karl-Heinz näher gekannt hatte.

Auch er war tief bewegt von dem tragischen Vorfall, für den ich um so weniger eine Erklärung fand, nachdem sich auch die Nachricht, daß sich der Unglückliche auf dem Wege der Besserung befand, als richtig herausgestellt hatte. Körperlicher Verfall oder unerträgliche Schmerzen konnten ihn also nicht zu seinem unheilvollen Entschluß bewogen haben.

Die einzige, wenn auch nie ganz überzeugende Erklärung konnte vielleicht aus einem Gerücht gewonnen werden, das mir nach Tagen zu Ohren kam. Danach hatte Karl-Heinz am Abend vor seiner unseligen Tat eine Unterredung mit einem russischen Offizier herbeizuführen gewußt, in deren Verlauf er die uns alle bewegende Frage nach der möglichen Dauer unserer Gefangenschaft gestellt hatte. Die Antwort des Offiziers sei nun für den Fragenden so niederschmetternd gewesen, daß er seelisch zusammengebrochen sei. Wie dem auch sein mochte – für mich war und blieb es ein Rätsel, wie gerade er, dessen heitere Gelassenheit so glanzvoll über unser Elend zu triumphieren schien, sich auf *diese* Weise der Verpflichtung entziehen konnte, die uns auferlegt war! Wenn schon ein Mensch, dem alle Gaben eines überlegenen Geistes geschenkt waren, der wie keiner über den Widerwärtigkeiten unseres traurigen Alltags stand, so erschütternd versagte – wie sollten dann die Hilflosen, die sich erschrocken unter den Schlägen des Schicksals duckten, wie sollte ich selber, der ich noch ein Suchender war, der ich des menschlichen Rückhalts, der Ansprache eines Gefährten bedurfte, die große Prüfung bestehen?!

Es waren die dunkelsten Stunden für mich, damals in Weesow, als ich, nun wieder so einsam wie zuvor, ruhelos in dem fremden Schwarm der Kameraden umherging oder, schlimmer noch, lange Stunden unter dem Apfelbaum saß, den Blick auf ein Ziel gerichtet, das mir mehr und mehr zu entschwinden drohte. Wo war nun die Klarheit, die schon tröstend in mir aufgestiegen war, wo der Widerschein der erhabenen Gedanken, die ihre leuchtende Spur in meiner Seele gezogen hatten? War denn alles, was mich bisher getragen und gehalten hatte, ein Trugbild, ein schöner Traum, der in der häßlichen Wirklichkeit zerfloß, wie dünner Rauch ins Nichts entschwebend? War der Mensch, nach den Worten des griechischen Dichters das Gewaltigste, was auf dieser Erde lebt, nicht doch nur ein klägliches Stäubchen, ein Häufchen Elend?

„Alles Fleisch ist wie Gras, und alle Herrlichkeit des Menschen ist wie des Grases Blume.“ Vor dieser alten Wahrheit gab es kein Entrinnen mehr; in stündlich sich erneuernden Bildern des Entsetzens grub sie sich unauslöschlich in mein Bewußtsein; wie ein unheimlicher Schatten stand sie über mir, wenn ich nach zerquältem Schlummer dem neuen Tag in die mitleidlosen Augen sah.

Noch hatte ich nicht das tiefste, das dunkelste Tal durchschritten, noch war ich nicht bereit, zu allem ein kindlich-vertrauendes Ja zu sagen, was mir zugemessen war, noch lebte ein rechtender Trotz, ein letztes Aufbegehren in mir.

Und doch fühlte ich schon damals, daß es für mich nur einen Weg zu wirklich neuem Beginn gab: bewußt und willig mein Kreuz auf mich zu nehmen!

In der Trauer um den dahingegangenen Freund, in der Erschütterung über sein unbegreifliches Tun wuchs unabweisbar in mir die Erkenntnis, daß ich bestimmt und erwählt sei, den Weg zu gehen, an dessen Ende die wirkliche Freiheit stand: die Freiheit vom eigenen Ich. Und so konnte ich die äußere Befreiung auch erst erhoffen, wenn ich sie im unablässigen Ringen um dieses Größte und Schwerste verdient hatte.

Mochte das leuchtende Fernziel oft wie ein unbezwungener Berggipfel in einsamer Gletscherkühle vor mir aufragen – schon die erste Wegstrecke, die ich zögernd und zagend einschlug, machte mich unabhängig von dem ewig bohrenden Fragen der anderen nach dem Wielange und schenkte mir damit einen ersten Abglanz der ersehnten Freiheit.

Doch, wie gesagt, es war damals nicht mehr als ein leises Ahnen, ein blindes Tasten. Wie schnell konnte unter den grellen Eindrücken der Gegenwart alles wieder fragwürdig werden! Wie sollte denn auch das Herz ohne erbarmende Gnade, ohne die segnende Kraft eines echten Glaubens den Mut finden, frei von Verneinung und Anklage das große Sterben hinzunehmen, das noch immer kein Ende nehmen wollte?

Eines Morgens lag in unserer Unterkunft in der Nähe der Eingangstüre ein Toter, den niemand kannte. Er hatte sich wohl nachts auf dem Rückweg von der Latrine verirrt, hatte mit letzter Kraft noch unsere Scheune erreicht und war dann auf einer Schütte Stroh gestorben … Lange betrachtete ich den Fremden, um den trotz der lärmenden Unruhe der Kameraden eine große Stille war. Das schmale Gesicht war friedlich entspannt. Die Augen blickten an mir vorbei, als wollten sie sich bei ihrem Sinnen über einem ungelösten Rätsel nicht stören lassen …

Während rings um mich das Leben gespenstisch zu einem neuen Tag erwachte, saß ich bei dem Kameraden, der mir vorausgegangen war in das Reich der Schatten. Wenn in dieser Stunde, in diesem Augenblick der Tod meine Hand ergriffe – würde ich dann bebend zurückschaudern, oder würde ich ihm ruhig und gelassen folgen? Damals in meinem Keller hatte ich schon alle Furcht vor dem Unerbittlichen verloren. Jetzt war wieder die alte Unruhe in mir, die uns mit diesem Dasein verkettet. Angst und Hoffnung bewegten das törichte Herz, das von unbestimmten Selbstsüchten noch am Rande des Grabes erfüllt ist. Wie weit war ich noch entfernt von der wunschlosen Ruhe, die den Toten umfing?

Ein russischer Sergeant steht plötzlich neben mir. Er wirft einen Blick erschreckender Gleichgültigkeit auf den Entrückten, erteilt dem Hundertschaftsführer den lässigen Befehl, den Toten wegzuschaffen, und fragt dann, ob jemand Lust habe, außerhalb des Lagers leichte Arbeit zu verrichten.

Entgegen meiner Gewohnheit melde ich mich sofort. Die verlockende Aussicht, einen Blick in die Welt jenseits des Stacheldrahts werfen zu können, scheint mir Grund genug, einmal von einem bewährten Grundsatz abzugehen. Vielleicht gelingt es, draußen mit der Zivilbevölkerung Verbindung aufzunehmen, eine mitfühlende Seele zu finden, der man eine Nachricht für die Angehörigen zustecken kann?

Hinter dem mit einer Maschinenpistole bewaffneten Sergeanten durchschreiten wir zehn Mann erwartungsvoll ein vielfach gesichertes Tor. Aber wie groß ist die Enttäuschung, als wir nun die Dorfstraße betreten! Dasselbe düstere Schweigen, das mich schon in Großschönebeck erschreckte, starrt mir auch hier entgegen. Alles Leben ist erstorben, als sei ein Gifthauch über das Land gegangen. Die Ställe sind leer; auf den Höfen der Bauernhäuser kein munter scharrendes Hühnervolk, kein aufgeregt bellender Hund; nicht einmal eine räuberisch schleichende Katze ist zu sehen. So mag die Welt einst ihrem letzten Bewohner erscheinen, wenn der Erdball verloren in der Kälte des Raumes zu erstarren beginnt!

Und wieder regt sich die schwere Frage in mir: Hat es noch einen Sinn, die Bürde des Lebens weiter zu tragen? Wo ist eine Aufgabe, ein Ziel, um das zu kämpfen es sich verlohnt? Deutschland, dieser nebelhafte Begriff – wird er sich jemals wieder mit blutvollem Leben füllen? Wird das Wort Vaterland, ebensooft gedankenlos geplappert wie berechnend mißbraucht, endlich auch für uns den reinen Klang bekommen, der uns wie ein Glockenton – erhebend, aber nicht berauschend – umschwebt? Und wird ein solches Vaterland dann wieder der feste Grund sein, in dem wir zu wurzeln vermögen?

Das Bewußtsein, wie dornenreich, wie übermenschlich steil der Weg unseres Volkes sein wird, droht mich zu erdrücken. und da flüstert auch wieder der Versucher in mir: „Du brauchst doch nur ein paar Schritte wegzulaufen, dann ist alles zu Ende! Wozu schleppst du dich denn noch weiter, die Bleikugeln dieses Sklavendaseins an den Füßen? Über kurz oder lang wird deine Kraft ja doch erlahmen, wirst du den Weg der anderen gehen, die in den Massengräbern ruhen!“

Aber das sind ja wohl dieselben Gedanken, die Karl-Heinz in der dunklen Nacht seines grausigen Abschieds überfielen, mahnt nun die andere, bessere Stimme in mir. Und habe ich diesen Schritt der letzten Verneinung nicht als Feigheit empfunden, habe ich mich nicht schaudernd von dieser Lösung abgewandt, die in Wahrheit keine Lösung sein kann, weil sie aus der trostlosen Hoffnung geboren ist, der Tod sei nichts anderes als eine Auflösung ins Nichts? Wer, außer dem Satan, gibt mir überhaupt das Recht, eigenmächtig Maß und Dauer des Leidens zu bestimmen, das ich zu tragen habe? Wie wir das Unbegreifliche auch nennen, das über uns steht: Wenn wir dieses Leben aus den Händen eines Größeren, Ewigen empfingen – und das ist doch die bangende Hoffnung, die uns Menschen unabhängig von allen kirchlichen Lehrsätzen erfüllt –, dann muß unser Leben auch bis zu seinem guten oder schlimmen Ende in seinen Händen ruhen!

Das „Stoj!" des Sergeanten reißt mich aus meinen Grübeleien. Wir machen halt vor einem verwahrlosten Bauernhaus, das offenbar schon seit längerer Zeit nicht mehr bewohnt ist. Wir verstehen zunächst nicht recht, was der Russe eigentlich will, bis er irgendwo Besen und Schrubber auftreibt und uns mimisch andeutet, was wir zu tun haben: Großreinemachen.

Mit einer Schaffenslust, die an Begeisterung grenzt, unterziehen wir uns der ersten sinnvollen Aufgabe, die uns gestellt ist. Unendliche Wassergüsse schwemmen uralten Schmutz von den Fußböden weg, geduldiges Fummeln an den trüb gewordenen Fensterscheiben läßt das liebe Himmelslicht wieder hereindringen. Dabei fragen wir nicht, für wen und wozu wir das alles machen; uns genügt das Bewußtsein, ein wenig Ordnung und Sauberkeit in diese trostlose Welt bringen zu können, und wenn jemals der abgedroschene Satz: „Deutsch sein heißt, eine Sache um ihrer selbst willen tun" eine gewisse Berechtigung hatte, dann hier bei unserem freudig-beschwingten Tun.

Natürlich kriechen wir in allen Ecken und Winkeln herum, unterziehen Kästen und Kisten einer eingehenden Prüfung – die Neugier der Frauen wird bekanntlich nur noch von der Neugier der Männer übertroffen! Doch ist die Ausbeute gering, sofern man Dinge wie Nägel, Glasscherben, ein Stückchen Draht oder Bindfaden, die dem Gefangenen unschätzbare Dienste leisten, außer Betracht läßt.

Unser Posten hat sich unterdessen ganz gemütlich im Hof auf die Erde gesetzt. Er läßt sich die Sonne auf den Rücken scheinen und kümmert sich nicht mehr um die fleißigen Deutschen. Als ich wieder einmal einen Blick auf den Friedfertigen werfe, stelle ich fest – ist es denn die Möglichkeit?! –, daß er selig entschlummert ist! Die Maschinenpistole lehnt, keineswegs griffbereit, an der Hauswand!

Wir treten sofort zu einem Kriegsrat zusammen. Der Beschluß, den wir nach kurzer Beratung einstimmig fassen, ist mir heute kaum mehr verständlich. Der Gedanke an Flucht wird als unsinnig und zwecklos verworfen! Gewiß, die Gründe unserer Haltung liegen auf der Hand: Wir sind alle mehr oder weniger entkräftet; wir haben keine Lebensmittel; wir besitzen weder Karte noch Kompaß; wir sind ahnungslos, was in den letzten Wochen in Deutschland und in der Welt geschehen ist; wir haben nur die verlassenen Dörfer, die einsamen Äcker und Felder vor Augen, auf denen noch keine Früchte reifen.

Natürlich wäre das Ergebnis der Beratung ein anderes gewesen, wenn auch nur *ein* Wagemutiger, Entschlossener gesagt hätte: Selbstverständlich hauen wir ab, und wer da nicht mitmacht, ist ein Feigling! Vielleicht hätte ich selbst den Mumm gehabt, die anderen zu dem großen Abenteuer zu überreden, wäre nicht gerade in diesen Tagen mein Selbstvertrauen so tief erschüttert gewesen. Ja – „hätte“ und „wäre“ – das sind Worte, die nicht darüber hinwegtäuschen, daß ich damals die zweite große Gelegenheit verpaßte, die Freiheit zu gewinnen!

Während die anderen sich wieder eifrig mit Staubtüchern und Scheuerlappen beschäftigen, als sei das der Lebenszweck eines braven Gefangenen, bohren in mir die Gedanken und Überlegungen weiter, die durch das Verhalten des sorglosen Postens aufgerührt sind. Noch sind wir ja mitten in Deutschland, kaum dreißig Kilometer von Berlin entfernt; undenkbar ist, daß man alle Deutschen vertrieben oder umgebracht hat; irgendwo müssen Überlebende ein heimliches Dasein fristen; sie auf der Flucht zu finden, bei ihnen vorübergehend unterzutauchen kann nicht unmöglich sein. – Aber da sehe ich, gedankenlos an einer Fensterscheibe wischend, wie unser Posten sich reckt und streckt. Endgültig aus der Traum!

Unsere Arbeit ist getan. Mit allerlei sorgsam versteckten kleinen Beutestücken beladen, kehren wir ins Lager zurück. Neugierig umdrängen uns die Kameraden. Sie wollen wissen, wie es draußen aussieht, und vor allem – die Frage aller Fragen –, ob wir die letzten Parolen bestätigen können, die von umfangreichen Vorbereitungen des Russen für unsere Entlassung berichteten. Groß sind Enttäuschung und Ärger, weil wir nichts dergleichen entdeckt haben. „Da hat man ja die Richtigen weggeschickt", sagt einer voll Ingrimm. „Daß der Iwan schon die Marschverpflegung für uns bereithält, davon habt ihr Flaschen natürlich nichts bemerkt!"

Wir lächeln über die Äußerung des Wundergläubigen, sind dann aber doch erregt und betroffen, als der nächste Morgen mit einem Appell beginnt und der Russe Hunderte von Gefangenen aufruft. Die Aufgerufenen werden aus ihren Quartieren herausgezogen und in neue verlegt. Dann unternimmt die Lagerleitung den Versuch, die nicht marschfähigen Kranken zusammenzufassen. Viele der Aufgerufenen werden wieder in ihre alten Unterkünfte zurückgeschickt, die aber inzwischen von hilflos Umherirrenden und Fehlgeleiteten so überfüllt sind, daß man sie dort nicht aufnehmen will.

Das Lager gleicht einem aufgestörten Ameisenhaufen. In wenigen Stunden hat die Organisationskunst des Russen ein völliges Chaos angerichtet. Er setzt einen neuen Großappell an, der die ganze Nacht dauert. Ein feiner, aber beharrlich rieselnder Regen durchweicht uns bis auf die Haut. Nach Stunden höre ich schließlich auch meinen Namen aus dem Mund eines Sergeanten, der wie ein Derwisch vor uns herumtanzt. Man schiebt mich in eine Gruppe frierender Kameraden hinein.

Wie immer wissen wir nicht, was das alles zu bedeuten hat. Doch ist die Stimmung selbst der größten Optimisten auf den Nullpunkt gesunken. Mit Entlassung, das fühlen wir alle deutlich, hat das Ganze wohl kaum etwas zu tun.

Transport

Als die Sonne trügerisch-grell emporsteigt, bewegt sich ein Zug von sechshundert Gefangenen auf regennasser Landstraße in westlicher Richtung. Der Anblick der übernächtigten, durchnäßten, fröstelnden Elendsgestalten ist einfach erbarmungswürdig. Die russischen Soldaten, die uns begleiten, machen erst gar nicht den Versuch, in diesen jämmerlichen Haufen Ordnung zu bringen. Sie sind offenbar froh, daß wir überhaupt noch gehen können, ermuntern uns sogar auf ihre Art mit witzig gemeinten, aber darum nicht weniger häßlichen Kraftausdrücken und versichern uns immer wieder, daß wir bald in ein schönes Quartier kämen und dann viel und gut zu essen bekämen.

Unglaublich, was naturentfremdete Großstadtmenschen alles ertragen können! Nach zweistündigem Marsch hat die Sonne unsere Kleider getrocknet – da durchnäßt uns ein heftiger Regenguß wiederum bis auf die Haut. Und dieser Vorgang wiederholt sich im Laufe des Tages noch zweimal!

Unfaßlich die Ergebenheit, die stumme Geduld, mit der die unendlichen Leiden ertragen werden! Keiner macht schlapp, keiner verliert die Nerven, stürzt sich schreiend auf einen der Peiniger, ihn zu erwürgen. Ist das die Überlegenheit stoischer Seelengröße oder die kläglich sich duckende Feigheit des Sklaven?

Was es in Wirklichkeit ist, wird mir bei unserer Begegnung mit einer Viehherde klar. Hunderte und aber Hunderte von Kühen trotten, von ein paar Russen erbarmungslos vorwärts getrieben, in jammerwürdigem Zustand daher – willenslos, stumpfsinnig wie wir! Der einzige Unterschied ist, daß die Tiere ihrem Schmerz brüllend Ausdruck geben, fast bin ich versucht zu sagen: geben dürfen. Die armen, halb verhungerten, grausam mißhandelten, seit Tagen nicht mehr gemolkenen Geschöpfe sind ein erschütternder Anblick, der mich die eigene Qual vergessen läßt. Noch lange tönt mir die herzzerreißende Anklage der geschundenen Kreatur gegen uns Menschen in den Ohren …

Am späten Nachmittag erreichen wir die ersten Häuser von Bernau. Das alte, verträumte Städtchen, in dem ich in glücklichen Tagen manches Wochenende verbrachte, scheint von der Kriegsfurie verschont geblieben zu sein. Doch ist es nicht möglich, ein klares Bild zu gewinnen, da wir nur den Stadtrand berühren und gleich zum Bahnhof marschieren.

Wir machen auf dem menschenleeren Bahnsteig vor einem langen Güterzug halt. Die kindliche Vorstellung, daß Güterzüge eben für Güter bestimmt sind, läßt mich nicht auf den Gedanken kommen, diesen Zug mit uns in Verbindung zu bringen. Aber schon fünf Minuten später belehrt mich der Russe eines anderen. Nach seiner Auffassung sind Güterwagen geradezu ideale Transportmittel für Gefangene. Fünfzig Stück gehen bequem in jeden Wagen. Fenster sind überflüssiger Luxus und erleichtern nur die Flucht. Man schließt die Schiebetüren, versieht sie mit großen Vorlegeschlössern und läßt die Deutschen im eigenen Saft schmoren – karascho! Gehen dabei ein paar vor die Hunde – was schadet das schon? Von diesem Kroppzeug ist ja genug vorhanden!

Die Aussichten, einen solchen Transport lebend zu überstehen, sind nicht allzu groß. Dauert die Reise länger als einige Tage, sind sie sogar äußerst gering. Da wir „nur" zwei Nächte und einen Tag in den furchtbaren Behausungen verbrachten, waren unsere Verluste verhältnismäßig gering. Schätzungsweise betrugen sie fünf vom Hundert.

Ich verfüge nicht über die gewandte Feder, überzeugend die Qualen zu schildern, die wir in diesen sechsunddreißig Stunden erlitten. In den Wagen, die man stundenlang in der prallen Sonne hatte stehenlassen, herrschte die unerträgliche Hitze eines Backofens. In die brütende Schwüle, die keinen freien Atemzug gestattete, stopfte man jeweils ein halbes Hundert verdreckter, hungernder, mit nassen Lumpen bekleideter Menschen hinein, denen man als „Marschverpflegung" ein Stück Brot und eine Handvoll scharf gesalzener Fische, aber keinen Schluck Wasser gegeben hatte. Fast alle verschlangen sofort heißhungrig Brot und Fische – und wurden fast wahnsinnig vor Durst!

Noch heute empfinde ich es als schwere, nicht wiedergutzumachende Schuld, daß ich dem Drängen und Betteln des neben mir hockenden Kameraden nachgab und ihm meine Fische überließ. Ich war im Begriff gewesen, sie wegzuwerfen, da ich mir der Folgen wohl bewußt war, die der Genuß der salzüberkrusteten, unappetitlichen Fische haben mußte. Meine Ermahnungen, wenigstens nicht alle auf einmal zu verzehren, waren umsonst. In wenigen Minuten hatte er beide Portionen – mit Köpfen, Flossen und Eingeweiden – verschlungen. Er mußte seine hemmungslose Gier mit dem Leben bezahlen …

Wenn es in diesem Dasein möglich ist, einen Teil der Sünden abzubüßen, die wir alle bewußt oder unbewußt begehen, dann haben es die 600 Menschen dieses Transports getan! Und wenn das, was wir in den grauenvollen Stunden dumpfen Vegetierens büßend erduldeten, in dem zermürbenden Stampfen und Rollen der Räder, in dem womöglich noch schlimmeren Schweigen endloser Haltepausen – wenn *dies* nicht auf der Rechnung gutgeschrieben wird, die wir dereinst zu begleichen haben, dann, ja dann müßte ich an jeder göttlichen Gerechtigkeit verzweifeln!

Für alle, die noch eines klaren Gedankens fähig sind, ist es unzweifelhaft, daß jeder Stoß des rumpelnden Wagens uns näher dem Lande bringt, von dem alles Unglück zu kommen scheint, das man für uns Deutsche zu ersinnen vermag. Umschlossen von den Wänden eines rollenden Sarges, erdrückt vom Dunkel eines stinkenden Käfigs, fühle ich, wie sich das Verhängnis gleich einem Ungeheuer mir auf die Brust wälzt und mir langsam den Atem nimmt …

Aber was sind die Ahnungen eines Menschen, dessen Augen nur noch den düsteren Widerschein einer kaum faßlichen Wirklichkeit sehen? Lange stehen wir schon auf irgendeinem Abstellgleis – da öffnet sich die Tür unseres Wagens, und über uns wölbt sich die lachende Bläue des Himmels!

Das Gefühl, noch einmal dem Leben wiedergeschenkt zu sein, durchströmt mich mit jedem Atemzug; das satte Grün der großen Wiese, auf der wir uns lagern dürfen, löst allmählich die schmerzende Starrheit der lichtentwöhnten Augen.

Die toten Kameraden, etwa dreißig an der Zahl, liegen stumm aneinandergereiht abseits auf einem sanft ansteigenden Hügel, als seien sie dort zur Schau gestellt. Aber niemand außer uns Lebenden, mit Mühe dem Tod Entronnenen, ist da, ihre schweigende Anklage zu hören ...

Inzwischen hat es sich herumgesprochen, daß wir in der Nähe von Landsberg haltgemacht haben. Dann ist also der still strömende, kleine Fluß, der in vielfachen Windungen die liebliche Landschaft durchschneidet, die Warthe. Unsere Fahrt nach dem Osten ist vorläufig zu Ende – wir sind noch immer in Deutschland! Als hinge das Heil unserer Seele davon ab, klammern wir uns an diesen Gedanken. Wir wissen ja nicht, daß auch dieses Land längst einem anderen Volk zugesprochen ist ...

Bei unserem Marsch durch Landsberg zeichnet sich freilich auch uns Ahnungslosen schon in ersten Umrissen ein Bild der tiefgreifenden Veränderung ab, die sich hier anbahnt. In der nahezu menschenleeren Stadt sind da und dort noch ein paar verängstigte Deutsche zu sehen. Ein altes Mütterchen, ein hilfloser Greis, einige uniformierte Beamte der Bahn und der Post – das sind die traurigen Überbleibsel der deutschen Bevölkerung, die ein Federstrich der Sieger von Haus und Hof vertrieb. Erst viel später kam mir in voller, bitterer Klarheit zum Bewußtsein, was damals geschah: Der große Treck, der Millionen Deutscher heimatlos machte, war ein Akt roher Unmenschlichkeit; doch vielleicht noch schwerer wiegt, daß er zugleich einen Bruch der in der Atlantik-Charta feierlich verkündeten Grundsätze bedeutete. Klingt es heute nicht wie blutiger Hohn, wenn uns als die „gemeinsamen Kriegsziele der Demokratien" aus jenem Programm, das eine bessere Zukunft heraufführen sollte, die Phrasen entgegentönen: „Ablehnung von Gebietserweiterung, freie Entscheidung der Völker über ihre Regierungsformen; Freiheit der Meere und freier Handel für alle Völker; Ablehnung des Krieges als eines Mittels internationaler Politik"?!

Ich bin nicht dazu berufen – und es läge auch völlig außerhalb der Absichten dieser Niederschrift –, hier politische Gedanken zu entwickeln. Und doch gebe ich mich der leisen Hoffnung hin, daß die Stimme eines Menschen nicht ganz ungehört verhallt, der sich nach einem Jahrzehnt der Selbstbesinnung frei von jeder chauvinistischen Gefühlsregung weiß. Und so sei mir die warnende Feststellung erlaubt: Solange die Demokratien ihre eigenen Ideale mit Füßen treten, solange werden diese Ideale nicht mehr wert sein als das geduldige Stück Papier, auf dem sie geschrieben stehen. und wie anders könnte die Drohung des Ostens überwunden werden als durch die Überlegenheit der sittlichen Haltung, aus der sich die neuen Methoden der Politik von selbst ergeben? Man täusche sich nicht. Die Herrschaft des Bolschewismus gründet sich nicht allein auf nackte Gewalt. In der kommunistischen Welt sind auch Kräfte des echten Glaubens, der unbedingten Hingabe an hohe Ziele lebendig. Das hat der todesverachtende Kampf des russischen Volkes im „Großen Vaterländischen Krieg" zur Genüge bewiesen.

Von den Sternstunden des Lebens

Auf dem Marsch zu unserem Quartier begegnen wir müßig herumlungernden Gruppen polnischer Siedler, die uns mit fragenden Blicken bestaunen. Sie warten offenbar auf Einweisungsbefehle. Die neuen Herren des Landes scheinen der Zukunft, die sich ihnen eröffnet, keineswegs froh entgegenzusehen; sie machen fast denselben unsicheren und ängstlichen Eindruck wie die zurückgebliebenen Deutschen.

In leidlicher Ordnung passieren wir das Tor einer ehemaligen Unterkunft der deutschen Luftwaffe. Die sieben großen Kasernen, die der Russe in ein Gefangenenlager umgewandelt hat, liegen auf einer Anhöhe, die einen begrenzten Blick über das sommerlich grünende Land gestattet.

Rasch sind wir auf die einzelnen Häuser aufgeteilt. Die „Ausstattung" des Raumes, den ich mit fünfunddreißig Kameraden teile, besteht wie in Weesow aus doppelstöckigen, durchgehenden Holzpritschen. Strohsäcke und Decken sind ein unbekannter Luxus. Doch empfinden wir in der brütenden Wärme der Julitage diesen Mangel zunächst nicht allzusehr. Wir sind froh, daß man uns in Ruhe läßt. Es finden keine Appelle statt, und der Russe ist nahezu unsichtbar. Dreimal täglich führt uns ein Posten zum „Oborno“. Morgens und mittags gibt es dicke Erbsensuppe mit Speck, dazu echten schwarzen Tee – nach unseren Begriffen eine geradezu märchenhafte Verpflegung!

Ich bin mir heute noch nicht darüber im klaren, ob die den russischen Gepflogenheiten widersprechende verschwenderische Ausgabe hochwertiger Lebensmittel an untätige Gefangene auf das zufällige Vorhandensein erbeuteter Vorräte der Wehrmacht zurückzuführen war oder ob eine solche Mastkur zu dem teuflisch-berechnenden Programm der NKWD gehört. Sicher ist, daß sich unsere anfängliche Gier schon nach wenigen Tagen in Überdruß und Widerwillen verwandelte und daß wir am Ende der vier Wochen dauernden „Quarantäne“ nur noch mit Mühe ein paar Löffel des ewig gleichförmigen Mahls hinunterzuwürgen vermochten.

Zufall oder Absicht? Das war die niemals klar zu beantwortende Frage bei dem Bemühen, die Pläne des Russen zu ergründen. Wir hatten erfahren, daß von Landsberg aus nicht weniger als zwölf Gefangenentransporte nach Rußland abgegangen waren. Der Gedanke lag also nahe, daß man uns hier nicht aus Menschenfreundlichkeit aufpäppelte, sondern um uns wieder arbeitsfähig zu machen, ein Versuch, dessen Ergebnis allerdings mehr als fragwürdig war.

Das stumpfsinnige Herumliegen, die Unmöglichkeit jeder körperlichen Reinigung hatte nämlich rasch eine furchtbare Erschlaffung zur Folge, die sich bei vielen bis zur Bewegungsunfähigkeit steigerte. Dazu traten rätselhafte Krankheiten auf: Jähe Fieberanfälle wechselten mit Koliken des Magens und des Darms, Furunkulose und andere, unbekannte Erkrankungen bedeckten die Haut oft innerhalb weniger Stunden über und über mit hektischen Rötungen und schwärenden Pusteln.

Auch unseren Sklavenhaltern mußte der Gedanke abwegig erscheinen, diese menschlichen Wracks noch zu irgendwelchen Arbeitsleistungen heranzuziehen. Nicht eine internationale Abmachung, wie man unter den Parole-Süchtigen munkelte, sondern der jammerwürdige Zustand der meisten Gefangenen verlaßte damals den Russen, die Menschenimporte vorläufig einzustellen und zu einem anderen System der Vernichtung überzugehen. Für die Weltöffentlichkeit erhielt dieses System die Bezeichnung „Internierung“ – ein altbekannter, sozusagen harmloser Begriff des Völkerrechts, der dem Gefangenen bestimmte Rechte einräumt. Im internen Sprachgebrauch der NKWD aber waren wir „Spezialkontingente“, der Laune und Willkür des Kommandanten preisgegeben, dem wir gerade unterstanden.

Noch heute ist die Meinung verbreitet, diese „Kontingente“ seien eine Auslese von Menschen gewesen, die der sowjetischen Besatzungsmacht besonders gefährlich erscheinen mußte, also vor allem führende Parteifunktionäre und hohe Beamte des „Dritten Reiches“. (So auch die offizielle Lesart der Kontrollrats-Direktive 38.) Nichts ist, jedenfalls im russischen Herrschaftsbereich, irriger als diese Auffassung! Die Männer und Frauen, die in den folgenden Jahren in den sowjetischen Konzentrationslagern zusammengepfercht waren, stammten aus allen sozialen Schichten des deutschen Volkes, waren Bekenner der unterschiedlichsten Weltanschauungen, ja zu einem nicht geringen Teil ausgesprochene Gegner des Nationalsozialismus – und zwar echte, nicht etwa nur solche, die aus durchsichtigen Gründen ihr antifaschistisches Herz entdeckten oder sich gar als Widerstandskämpfer aufspielten.

Wenn jemals Menschen sich als unschuldige Opfer eines wahnwitzigen Systems des Terrors fühlen und bezeichnen durften, dann waren es die vielen, die ein persönlicher Racheakt, eine gemeine Denunziation, die Beutegier eines russischen Offiziers oder gar der tragische Zufall einer Namensverwechslung, ein aus Gründen sprachlichen Mißverstehens entstandener Irrtum in die Todeslager Stalins gebracht hatten. Daß der Zweck dieser Lager kein anderer war als der einer zwar unblutigen, darum aber nicht weniger erbarmungslosen Vernichtung, dafür spricht schon die unwiderlegliche Tatsache des Dahinsiechens und Verlöschens Zehntausender.

Noch ehe uns die furchtbare Wirklichkeit zum Bewußtsein gebracht hatte, was uns zugedacht war, erschreckten uns die unmißverständlichen Äußerungen russischer Offiziere, die mit zynischer Offenheit davon sprachen, daß der Bolschewismus sich nicht mehr des Genickschusses, sondern der Wassersuppe bediene, daß der „biologische Tod" ebenso wirkungsvoll sei wie die „physische Liquidierung". Es entbehrte nicht der blutigen Ironie, daß die Verkünder solch scheußlicher Schlagwörter im gleichen Atemzug beteuerten, das alles geschehe nur, um das deutsche Volk von der Unmenschlichkeit des Faschismus zu befreien. Die den Gesetzen der Logik hohnsprechende Verdrehung und Verwirrung aller Begriffe führte schließlich dazu, daß mancher Gefangene, ganz im Gegensatz zu seiner ursprünglichen Meinung, sich gerade *die* Gedankengänge zu eigen machte, von denen er „geheilt" werden sollte, ja daß er in dem Haß gegen seine Peiniger sogar den Überfall Hitlers auf die Sowjetunion mit anderen Augen betrachtete. Diese erschrekkende, für Außenstehende kaum begreifliche Wandlung kennzeichnete einmal ein als Dolmetscher tätiger Tscheche in drastischer Weise, als er auf die Frage eines russischen Offiziers, ob denn noch immer so viele „Faschisten" im Lager seien, antwortete: „Es sind viel mehr drin, als Sie hereingebracht haben!"

Das Ende der Quarantäne bringt uns gewisse Erleichterungen. Wir werden in ein anderes Gebäude verlegt, in dem wir uns ziemlich frei bewegen können. Zweimal täglich dürfen wir in Gruppen auf dem großen Kasernenhof spazierengehen – soweit wir dazu noch in der Lage sind.

Die Verpflegung hat sich ganz erheblich verschlechtert. Sie besteht wieder aus Brot und Wassersuppen. Viele verbringen aus Schwäche oder Energielosigkeit die Tage weiterhin teilnahmslos auf den Brettern. Diejenigen aber, die erkannt haben, wie gefährlich dieses keineswegs süße Nichtstun ist, bilden „aktive Abteilungen“ und drehen, wie es in der Sprache der Gefangenen heißt, unermüdlich ihre schnellen Runden. Die Unentwegten wetteifern miteinander, als gelte es, sportliche Höchstleistungen zu vollbringen.

Walter, ein junger Bankbeamter aus Berlin, ist einer der eifrigsten. Er ist mein Pritschennachbar und fragt mich jeden Morgen: „Wie viele Runden machen wir heute?“

Es ist eine stets sich erneuernde Willensprobe, der wir uns bewußt unterziehen. Ich komme mir manchmal wie ein Marathonläufer vor, der in dem Bewußtsein der endlos vor ihm liegenden Wegstrecke nur noch mechanisch die Beine bewegt. Wir alle, die wir hier buchstäblich um unser Leben laufen, sind ja zum Umfallen schwach. Aber wenn wir dann die Zahl der Runden, die wir uns vornahmen, geschafft haben, dann erfüllt uns gleich dem siegreichen Wettkämpfer ein Gefühl des Triumphes, und wir schleudern dieses Gefühl den Posten entgegen, die ringsum auf den Wachtürmen stehen und unsere Gewaltmärsche staunend und, wie wir uns einbilden, nicht ohne Bewunderung beobachten.

Doch eines Morgens, als die Kameraden wieder einmal zum Spaziergang ausrücken, bleibe ich liegen.

„Raus mit dir!“ sagt Walter. „Sich hier ins Privatleben zurückziehen – das könnte dir so passen!“

Ich weiß wohl, wie seine polternde Ermahnung gemeint ist, aber diesmal ist seine Aufmunterung umsonst. Meine Glieder sind schwer wie Blei. Ich bin einfach nicht fähig, mich zu erheben. „Was ist denn eigentlich los mit dir?“ Besorgt beugt sich der andere über mich und befühlt meine Beine.

„Menschenskind – da ist ja Wasser drin!“

Es ist kein Zweifel: Die Beine sind bis zu den Hüften geschwollen. Beim Druck mit dem Finger auf die krankhaft gespannte Haut bleibt eine deutlich sichtbare Mulde zurück, die sich nur langsam wieder schließt. Die Schwellung ist um so unheimlicher, als sie auf den ersten Blick das Gegenteil des tatsächlichen Ernährungszustandes vortäuscht.

„Sofort die Beine hochlegen! Keine flüssige Nahrung mehr!" lautet die „Verordnung" Walters.

Ich befolge den ersten Rat, lächle aber im stillen über den zweiten, denn ich weiß nur zu gut, daß er undurchführbar ist. Gieße ich nämlich von der täglich zweimal gereichten Suppe das Flüssige ab, so bleiben vielleicht acht bis zehn Löffel Graupen und – beim Eintreffen besonderer Glücksumstände – einige Stückchen Pferdefleisch übrig. Zusammen mit den paar Scheiben Brot, die wir außerdem erhalten, ist das eine „Verpflegung", bei der man mit Sicherheit verhungert.

Doch bei der nächsten Essenausgabe bemächtigt sich Walter meiner Konservendose, schlürft mit gut gespieltem Behagen die bläuliche Brühe und reicht mir den verbliebenen dicken Bodensatz. Wiederholt diesen Vorgang bei seiner eigenen Suppe und nötigt mir nun auch noch – ich kann wohl sagen, mit Gewalt – die festen Bestandteile seiner Portion auf. Und dieses Werk der Nächstenliebe setzt der rührende Mensch trotz meines leidenschaftlichen Widerspruchs eine ganze Woche lang fort!

Niemand, der nicht den Hunger in seiner würgenden, lebensbedrohenden Gestalt kennengelernt hat, kann ermessen, wie überwältigend, im Innersten aufwühlend das Verhalten des Gefährten, der ein hochgewachsener, breitschultriger junger Mann war, auf mich gewirkt hat. Er hat wohl wie keiner den Ehrennamen „Kamerad" in seiner ganzen, menschlich großen Bedeutung verdient. Und so stehe ich auch nicht an, einmal den vollen Namen des Menschen, der solchen unvergeßlichen Liebesdienst an mir getan hat, hier zu nennen: Walter Wrede. Die stille Hoffnung bewegt mich dabei, er, der mir längst entschwunden ist, könnte diese Zeilen vielleicht zu Gesicht bekommen, ein gütiges Geschick möge diesen wahren Freund in allen Fährnissen bewahrt haben, die ihn später im fernen Rußland bedrohten.

Nicht die Augenblicke des Glücks, einer endlich erfüllten Sehnsucht, eines nach zäher Anspannung errungenen äußeren Erfolgs, betrachte ich heute als die Sternstunden meines Lebens. Wesentlicher und beglückender erscheinen mir die seltenen Begegnungen mit Menschen, die sich ohne Berechnung, nur aus dem reinen Gefühl brüderlichen Mitempfindens mir zuneigten und mir so den Glauben an die alles überwindende Kraft, an die unverlierbare Würde des Menschentums wieder schenkten.

Ein Dichter sprach einmal das Wort: „Die Menschen sind gut – die paar Schufte zählen nicht mit." Meine bitteren Erfahrungen lassen es zwar nicht zu, solch forschen Optimismus zu unterschreiben; aber ich darf in Umkehrung und Abwandlung dieses Spruches als die Quintessenz meiner Lebenserfahrung nicht ganz ohne tröstliche Erkenntnis vielleicht sagen: Die Menschen sind schlecht – aber um die paar guten lohnt es sich doch!

Daß die heilenden Abwehr- und Erneuerungskräfte unseres Körpers wesentlich im Seelischen begründet sind, ist eine alte Erfahrungstatsache der Medizin. Und so führe ich auch meine rasche Genesung weniger auf die mir zuteil gewordene, im Grunde ja doch recht fragwürdige „Diät" zurück als vielmehr auf das mich wunderbar tragende Gefühl des Geborgenseins, das die sorgende Treue des Freundes in mir erweckte.

Schon nach wenigen Tagen ist die Schwellung zurückgegangen, und am Ende der zweiten Woche fühle ich mich wieder so wohl, wie es unter den gegebenen Umständen möglich ist.

Der Hunger bleibt freilich fortan unser ständiger Begleiter. Ihn zu ertragen, ohne den aus seiner bohrenden Pein emporsteigenden, wieder und wieder uns umgaukelnden Bildern üppiger Schmausereien seelisch zu erliegen, ist die schwere Aufgabe, die uns täglich neu gestellt wird. Als das beste Gegenmittel erweist sich auch jetzt wieder die bewußte Abkehr von der trostlos uns umstarrenden Gegenwart. Wie glücklich dürfen sich diejenigen preisen, die, anstatt immer neue und immer feinere Speisenfolgen zu ersinnen, Goethes Farbenlehre oder Lessings Laokoon zum Gegenstand ihrer Unterhaltung machen können! Nie habe ich so stark und fast beschämend die unverdiente Bevorzugung des Schicksals empfunden, das mir in der humanistischen Bildung den geistigen Schatz schenkte, aus dem ich für lange Jahre zehren konnte. Allerdings bedurfte es auch der entsprechenden inneren Kraft, diesen Schatz immer aufs neue zu heben. Die lähmende Wirkung willenlosen Dahindämmerns traf den sogenannten Akademiker ebenso vernichtend wie den Arbeiter oder den Bauern, ja der Intellektuelle war sogar weit stärker bedroht als der einfache, unverbildete Mensch, weil er im Gegensatz zu diesem den Mangel jeder äußeren Kultur stärker empfand und weil er sich den neuen Verhältnissen weniger rasch oder überhaupt nicht anzupassen verstand. Wenn zum Beispiel ein Altphilologe versuchte, sich mit dem Liter der trüben Flüssigkeit zu waschen, die er in seiner Konservendose empfangen hatte und die man euphemistisch „Wasser" nannte, dann war das eine tragikkomische Angelegenheit.

Weniger komisch, sondern ekelhaft und gefährlich zugleich war die Tatsache, daß es im Bereich der Kaserne überhaupt kein frisches Wasser gab. Großzügig wurde der gesamte Bedarf für Wasch- und Kochzwecke einem großen Schwimmbecken entnommen, dessen Inhalt seit langer Zeit nicht mehr erneuert worden war. Schon der Anblick ertrunkener Katzen, die auf der öligen Oberfläche schwammen, erzeugte gelinden Brechreiz …

War es ein Wunder, daß der Tod wieder umging im Lager? Doch jetzt griff er mit Bedacht gerade in die Reihen derer hinein, die dazu berufen gewesen wären, den anderen Vorbild und Halt zu sein. Sie, die anderen, konnten oder wollten es nicht verstehen, daß diese Menschen schwerer litten als sie selbst und daß weniger der Mangel an Moral als vielmehr die Hilflosigkeit gegenüber den grausam veränderten Lebensbedingungen die Ursache ihres Versagens war.

So rissen denn heftiger als je die alten Standes- und Klassengegensätze wieder auf, eine schmerzliche Wahrnehmung für jeden, der Mittel und Wege suchte, die gemeinsame Not nicht nur zu überstehen, sondern auch innerlich zu überwinden. Übrig blieb schließlich als das letzte geistige Bindeglied nur noch der Haß gegen die Peiniger – ein Fundament, zu schlecht und zu brüchig, um auf ihm eine Schicksalsgemeinschaft zu gründen.

Es ergab sich von selbst, daß sich diejenigen zu Gruppen und Zirkeln zusammenfanden, die gemeinsame geistige Interessen entdeckt hatten. Sie errichteten damit ungewollt neue, trennende Schranken zwischen den Leidensgenossen.

Die Antwort derer, die sich solchermaßen ausgeschlossen und mißachtet fühlten, waren Intrigen und Gehässigkeiten. Zuträgereien und Anschwärzungen bei den von der Lagerleitung eingesetzten Stuben- und Blockältesten nahmen überhand. Schon erhob jene finstere Gestalt, die später für uns zu einer schweren Belastung und Bedrohung werden sollte, ihr Janushaupt: der politische Spitzel.

Wohl wußte ein jeder – und der Russe brachte es deutlich genug mit Worten und Taten zum Ausdruck –, daß der Kommunist zwar „den Verrat liebt, aber den Verräter verachtet", doch die Verlockung, sich den traurigen Judaslohn einer zusätzlichen Brotration oder einer Handvoll Machorka zu verdienen, war für manchen der Hungernden oder Nikotinsüchtigen zu groß. Stieß der Russe aber bei dem Opfer, das er sich für seine schmutzigen Zuträgerdienste erwählt hatte, auf Widerstand, dann erreichte er sein Ziel häufig durch wüste Drohungen oder durch das Versprechen baldiger Entlassung. Wahrhaft sittliche Größe und außergewöhnlicher Mut gehörten dazu, den je nach Bedarf plumpen oder ausgeklügelten Methoden der NKWD zu widerstehen, und ich bin der letzte, unterschiedslos auf die Kameraden Steine zu werfen, die schwach wurden und ihre Seele verkauften.

Nicht verstehen und billigen konnte ich dagegen die krankhafte Gier einzelner nach den Zigarettenstummeln, die russische Soldaten weggeworfen hatten. „Nix Kultura!" war oft die verächtliche Antwort der Steppenwölfe, wenn sich ein Kamerad vor ihnen bückte und buchstäblich erniedrigte. Der mehr als berechtigte Tadel war für jeden, der sich ein Gefühl für Anstand und Haltung bewahrt hatte, ein Schlag ins Gesicht.

Doch gab es noch krassere Fälle verlorener Würde. In wahrhaft grausiger Erinnerung ist mir der Anblick eines Deutschen geblieben, der auf der Suche nach eßbaren Überresten aus der

Abfalltonne der Küche den Unterkiefer eines Pferdeschädels herauswühlte und dann mit aufreizendem Gleichmut vor aller Augen benagte!

Gewiß: Hunger tut weh, das erfuhren wir alle schmerzlich genug – ich hoffe, daß wir es niemals vergessen werden –, aber daß er Menschen auf die Stufe des Tieres herunterzudrükken vermag, war doch eine erschütternde Erkenntnis. Und wenn dies an Menschen geschah, die schließlich keine Buschneger, sondern Angehörige eines Volkes waren, das trotz aller Irrungen und Wirrungen eine stolze Kulturhöhe erklommen hatte, dann mußten den tiefer Blickenden ernste und bittere Zweifel an der Zukunft des Menschengeschlechts überkommen.

Demontage

Ich muß gestehen, daß mir einer der wesentlichen Leitsätze moderner christlicher Moral nie so recht einleuchten wollte – ich meine die Behauptung, daß die Arbeit ein Segen für uns Menschen sei. Mir, dem Verwöhnten, der niemals ernste äußere Sorgen kennengelernt hatte, wollte scheinen, als ob man mit solcher Weisheit krampfhaft aus der Not eine Tugend zu machen versucht habe. Erst in der lähmenden Gleichförmigkeit der Tage von Landsberg ging mir die Erkenntnis auf, daß hier eine der für alle Zeiten gültigen Grundwahrheiten ausgesprochen worden ist. Damals und in den folgenden Jahren unterzog ich mich jeder Arbeit, die sich mir bot, und nie habe ich sie, auch nicht in der schwersten körperlichen Form, als Strafe oder gar als Fluch empfunden, sondern immer als Trost und wahren Segen – eine der heilsamen Lehren, die mir in der Zeit der großen Prüfung erteilt wurden.

Wenn mich auch das Verweilen in den Bereichen des Geistes, die Zwiesprache mit gleichgesinnten Gefährten vor Umdüsterung und Verzweiflung bewahrten, so gab es doch Augenblicke, in denen die erzwungene Untätigkeit kaum mehr zu ertragen war. Es ist nicht nur unnatürlich, sondern auch im tiefsten Grunde unsittlich, wenn ein junger Mensch die ihm gegebenen Kräfte und Fähigkeiten nicht mehr betätigen darf, es sei denn, daß er in bewußter und freiwilliger Abkehr von der Welt sich ganz dem Dienst eines Höheren weiht. Davon konnte auch bei denen, die sich eine eigene, innere Welt zu erbauen versuchten, natürlich nicht die Rede sein. Auch sie fühlten ja, wenn auch nicht so beherrschend und ausschließlich wie die anderen, die ständige Bedrohung der körperlichen Existenz, auch sie lebten in einer Welt der Furcht, klammerten sich an den winzigsten Strohhalm der Hoffnung. Nur ein Heiliger konnte erhaben über dem schreienden Unrecht stehen, in das wir gestoßen waren, ein Heiliger oder einer, dessen Geist schon hinüberdämmerte in das dunkle Land des Vergessens.

Ich weiß nicht, wie lange mein Lebensmut dem zermürbenden Nichts dieser Tage noch standgehalten hätte – da tritt eine unerwartete Wendung ein.

„Heute wird ein Arbeitskommando zusammengestellt“, sagt Walter, der vom Spaziergang stets die neuesten „Meldungen“ mitbringt. „Wir machen selbstverständlich mit.“

„Was soll denn das für ein Kommando sein?“ frage ich etwas mißtrauisch.

„Das weiß ich nicht. Ich habe nur gehört, daß hundert Mann von morgen an in einer Fabrik arbeiten sollen. Wir müssen uns sofort beim Blockältesten melden, sonst kommen uns andere zuvor.“

Die Aussicht, aus der muffigen Enge unserer Stube herauszukommen, zerstreut meine Bedenken. Wenig später stehen wir in dem Verschlag, in dem der Blockälteste Audienz erteilt. Die ganz gemütlich eingerichtete Bude hoch oben unter dem Dach trennt den Allgewaltigen von der Masse der übrigen Gefangenen. Obgleich er unser Schicksal teilt, steht er turmhoch über uns gewöhnlichen Sterblichen. Wir sind fast versucht, ihn mit „Sie“ anzureden.

Walter trägt unsere Bitte vor.

„Ihr kommt leider zu spät", sagt der Kerl, den niemand als Kameraden empfindet, mit einem schmierigen Lächeln. „Die Listen für die Meldung des Kommandos sind bereits abgeschlossen." Dem heftigen Einwand, den ich auf der Zunge habe, kommt Walter zuvor.

„Läßt sich nicht doch noch etwas machen?" flötet er geradezu liebenswürdig. „Wir würden uns selbstverständlich erkenntlich zeigen!"

'Das ist ja heiter', denke ich ziemlich verblüfft. 'Auf solcher Grundlage wird hier Arbeit vermittelt?!'

„Zwei Portionen Brot, zahlbar ab morgen in drei Raten", lautet das Angebot Walters.

Aber der Blockälteste winkt müde ab: Brot ist für ihn völlig uninteressant, das kann er sich nach Belieben beschaffen.

„Wenn wir rauskommen", verhandelt Walter unbeirrt weiter, „werde ich Tabak bekommen. Ich habe schon meine Fühler ausgestreckt."

„Schön", meint der andere mit der Gelassenheit des erfahrenen Geschäftsmannes. „Ihr geht drei Tage mit. Habe ich dann den Tabak, ist es gut. Selbstverständlich echten, keine Kirschblätter oder sonst einen Schwindel, wenn ich bitten darf! Wenn du nicht lieferst, fliegt ihr beide aus dem Kommando wieder raus."

„In Ordnung", sagte Walter, als habe er einen Wechsel auf seine Bonität geprüft, tippt lässig mit dem Zeigefinger an den Rand seiner Mütze und schiebt mich aus dem Bungalow hinaus.

„Ich weiß alles, was du auf dem Herzen hast", beschwichtigt er mich draußen. „Mit Ganoven verhandelt man nicht. Tabak zu beschaffen ist unmöglich – nicht wahr, das wolltest du doch sagen?"

„Allerdings, mein Lieber, und noch einiges mehr!"

„Hör mal zu, Junge!" (Er sagt „Junge" zu mir, obgleich ich zehn Jahre älter bin!) „Wir *müssen* einfach aus diesem elenden Loch einmal raus. Außerdem kommen jetzt bald die kühlen Nächte. Wir werden wie die nassen Katzen frieren, wenn wir uns nicht irgend etwas zum Zudecken besorgen. Oder glaubst du, daß der Russe uns Daunendecken liefert?“

Er hat ja recht, der Freund, aber ich muß mich doch erst an seine forschen Methoden gewöhnen, die für mich ebenso neu und überraschend sind wie die Erkenntnis, daß es auch in einem Gefangenenlager eine „Prominenz“ gibt, zu der man „Beziehungen“ haben muß oder die man durch Geschenke, Bestechungen, „Provisionen“ oder wie man die mit verblüffender Selbstverständlichkeit entgegengenommenen Zuwendungen nennen will, gnädig stimmen muß.

Ich sollte es noch oft genug erfahren, daß auch im Lager alles seinen Preis hat – bis auf den Tod. Der allerdings war hier wirklich ganz umsonst – anders als draußen in der Freiheit!

Der Tag des Arbeitsbeginns, dem wir mit einiger Spannung entgegensehen, ist kühl und unfreundlich. Wir vertrödeln viel Zeit mit einem Appell, bei dem wir zum erstenmal die Frauen zu Gesicht bekommen, die unser Schicksal teilen. Es sind etwa zweihundert, die in einem geschlossenen Block angetreten sind, ebenso militärisch geordnet wie wir.

Endlich werden die Namen derer verlesen, die ausrücken dürfen. Der Blockälteste hat Wort gehalten: Wir sind dabei.

Unter schwacher Bewachung verlassen wir das Lager. Seit unserem ersten Marsch durch Landsberg hat sich in dem Städtchen nicht viel verändert. Nur wenige Häuser sind bewohnt; da und dort haben Händler einfache Läden eröffnet, in denen hauptsächlich Schnaps und Zigaretten feilgeboten werden.

„An solch eine Bude müssen wir rankommen“, sagt Walter, der wie ein Luchs seine Augen gebraucht.

„Schön wär's ja“, erwidere ich, „aber ob die deutsches Geld nehmen?“

„Klar“, meint der Freund. „Der Umrechnungskurs ist eins zu zehn. Wir haben zusammen 1500 Mark. Davon können wir eine ganze Menge kaufen.“

Ich staune wieder einmal über die Kenntnisse Walters und die Schnelligkeit seines Denkens, bleibe im übrigen aber zweifelnd. Der Leser wird sich vielleicht wundern, daß wir nach einer Gefangenschaft von mehr als vier Monaten noch immer über einen solch namhaften Geldbetrag verfügten. Rückblikkend erscheint mir das selber wie ein Wunder. Die nicht abreißende Kette schikanöser „Filzungen“, deren Beginn mit einem noch zu schildernden Erlebnis zusammenfiel, beraubte uns später auch des bescheidensten Besitzes.

Maizena

Am Rande der Stadt machen wir halt vor einem Industriewerk, das mit seinen riesigen Lagerhallen, seinen teilweise komplizierten technischen Einrichtungen sicher von wirtschaftlicher Bedeutung war. Jetzt liegt es verwahrlost und verlassen da, schon von einem leisen Modergeruch durchweht.

Während wir wartend herumstehen, durchläuft unsere Reihen bereits die Parole, daß dieses Werk demontiert werden soll. „Maizena“ steht in großen Buchstaben auf Papiersäcken, die in einem offenen Schuppen gelagert sind. Maizena? Das ist doch die bekannte Firma, die Nährmittel und Kindermehl herstellte, Puddingpulver und Kartoffelstärke, also ein Betrieb, den man mit dem besten Willen nicht mit der deutschen Rüstungsproduktion in Verbindung bringen kann! Dieses Werk *kann* der Russe doch gar nicht demontieren; das würde dem Sinn aller Abmachungen der Sieger widersprechen, das wäre ja ein Akt brutalster Enteignung, der die Allerunschuldigsten treffen würde: die deutschen Kinder!

Und ob er kann! Wir erhalten einen unmißverständlichen Anschauungsunterricht von den wirklichen Absichten unserer Befreier. Die bis zum Überdruß wiederholte Phrase von der Zerschlagung des Faschismus war ja nichts anderes als die fadenscheinige Bemäntelung eines Raubzuges, der nach *allem* griff, was dem Sieger begehrenswert erschien. In der ehemaligen Reithalle der Landsberger Kaserne, in die der Zufall mir einen

Einblick gewährte, wurde mir erschreckend vor Augen geführt, was der Russe unter „Demontage“ verstand: Dort waren in unvorstellbaren Mengen Gebrauchsgüter und Luxusgegenstände jeder Art gestapelt – Fahrräder, Nähmaschinen, Radio- und Fotoapparate, Lampen, Klaviere, Couchs, Feldstecher, elektrische Öfen usw. Das plumpe Witzwort: „Die Russen sind unsere Befreier, weil sie uns von allem befreien“ fand hier eine Illustrierung, die auch die letzten Illusionen zerschlug. Gewiß wollen und dürfen wir nicht vergessen, daß die materiellen Verluste des Krieges das russische Volk besonders schwer trafen; aber ein Sieger, der sich auf solch drastische Weise schadlos hält, darf dann nicht in der Pose des Weltverbesserers vor den geschlagenen Gegner hintreten und ihn überdies noch mit der schamlosen Redensart verhöhnen, dies alles geschehe nur zu seinem Besten!

Landsberg – Maizena – dunkles Kapitel aus dem Leben eines Gefangenen, der nicht nur unter dem Bewußtsein leidet, dem Sieger verächtliche Handlangerdienste leisten zu müssen, sondern auch unter der Erkenntnis, daß *so* die Welt doch niemals genesen würde. Die Gier nach fremdem Gut verwüstet die Länder und Herzen, der Haß die Seelen der Menschen – mehr noch die eigene als die des Verfolgten – das haben wir beschämend genug an uns selber erfahren! Wie oft haben wir damals und später davon gesprochen, daß der entscheidende Fehler, den der Russe gemacht hat, gerade darin lag, daß er seine Habgier nicht zügeln konnte. Daß das deutsche Volk, ausgeblutet, betäubt, moralisch und materiell vernichtet, vor den Trümmern seines Besitzes und seiner falschen Ideale stehend, einem Sieger äußerlich *und* innerlich anheimgefallen wäre, der ihm *menschlich* entgegengetreten wäre. Aber freilich: Wenn wir erkannten, daß der Haß der schlechteste Mörtel beim Wiederaufbau einer zerfallenen Welt sei, dann mußten wir selbst uns von seiner finsteren, zerstörenden Macht befreien, dann mußten wir das Wort des Herrn: „Liebet eure Feinde“ in uns selber verwirklichen. Doch wie weit ist der Weg von der ersten, verstandesmäßig gewonnenen Erkenntnis bis zur befreienden Selbstüberwindung! Das Postulat der Feindesliebe, wohl die schwerste aller christlichen Moralforderungen, trat an jeden mit seiner ganzen, unentrinnbaren Wucht heran, der fühlte, daß die Menschheit verloren wäre, wenn es nicht gelänge, das furchtbare Gesetz der geistigen Blutrache zu durchbrechen und den Gewalten der Finsternis einen unsichtbaren, aber stärkeren Wall entgegenzusetzen.

Und dann regte sich auch wieder, ebenso unüberhörbar wie die Mahnung einer besseren Einsicht, die Stimme der Selbstachtung: Geht es nicht über menschliche Kraft, ist es nicht einfach würdelos, dem Treiben hemmungsloser Räuber widerspruchslos zuzusehen, ja ihre Wahnsinnsabsichten, wenn auch gezwungen, mit zu verwirklichen?

Aus diesem inneren Konflikt befreit mich Walter, der Unbekümmerte. Er betrachtet die Dinge praktisch, aus dem Blickwinkel der Möglichkeiten, die der Augenblick für uns Armselige bietet. Während die Leidensgefährten unter der Aufsicht einer ständig keifenden Polin sich abmühen, schwere Maschinen fortzubewegen und in bereitstehende Güterwagen zu verladen, hat er zunächst einmal zwei gut erhaltene Papiersäcke „beschafft“ und beiseite gelegt. Jetzt sehe ich ihn mit einem polnischen Zivilisten verhandeln, der als Beobachter oder Aufseher (wer weiß es?) herumlungert und einen zwar schmierigen, aber recht gutmütigen Eindruck macht.

In der kurzen Mittagspause gibt es einen Kartoffelstampf, der durch überreichlichen Zusatz von Nahrungsmittelfarbe blutig rot leuchtet. Ganz nebenbei bemerkt der Freund: „Die Sache mit dem Tabak geht in Ordnung.“ Und als ich verblüfft meinen Löffel sinken lasse, fügt er sachlich hinzu: „50 Gramm kosten 200 Mark.“

„Ein ganz schöner Preis“, wende ich ein. „Und wer gibt dir die Garantie, daß der Kerl uns nicht übers Ohr haut?“

„Och“, sagt Walter, „das glaube ich nicht. Schließlich sehe ich mir meine Leute ja an. Und wenn schon – von dem Geld haben wir auch nichts, solange es im Joppenfutter steckt.“

Ich entschließe mich, meine Bedenken zu unterdrücken, und

beteilige mich nun also zum erstenmal an einem richtigen Schwarzmarkt- und Schiebergeschäft. Ganz wohl ist mir bei dem Handel allerdings nicht, doch beruhigt mich der Gedanke, daß die einzigen, die dabei hereinfallen können, wir selber sein werden!

Reine Freude empfinde ich dagegen über Walters Beutestükke, die beiden Papiersäcke. Wir wickeln sie uns um den Leib und bringen sie so, als wir am Abend nach schwerer Arbeit zurückkehren, glücklich durch die Kontrolle. Wer hätte im normalen Leben die Vorstellungskraft besessen, daß ein Papiersack einmal ein wertvolles, ja lebenerhaltendes Besitzstück sein könnte?!

Wenn ich an die Nächte von Landsberg zurückdenke, in denen wir, schutzlos der wachsenden Kälte preisgegeben, auf den blanken Brettern der Pritschen lagen, dann weiß ich, daß mich Walters weise Voraussicht vor Krankheit, wenn nicht vor Schlimmerem, bewahrt hat. Die dünnen, billigen Säcke, auch sie Produkte des deutschen Rohstoffmangels im Krieg, waren tatsächlich ein vortrefflicher Kälteschutz, wenn wir bis an die Hüften in sie hineinkrochen, und wurden so zu einem fast vollwertigen Ersatz für die vom Russen nicht gelieferten Daunendecken.

Eine Woche lang rücken wir jeden Morgen mit dem Kommando aus. Der Pole hat Wort gehalten und den Tabak geliefert. (Da sage noch einer, daß Ganoven unzuverlässig seien!) Er hat uns damit ermöglicht, unseren „Verbindlichkeiten" gegenüber dem Blockältesten nachzukommen.

Eigenartig ist, daß unsere Begleitposten unsichtbar werden, sobald wir die Fabrikanlagen betreten. Sie übergeben uns der polnischen Aufseherin und verschwinden dann bis zum Abend. Da niemand mehr die Antreibereien der ewig schimpfenden Dame ernst nimmt, lockert sich bald die Arbeitsdisziplin. Wir durchstreifen zu zweit oder dritt das weite Gelände, durchschnüffeln jeden Winkel des Werkes und legen uns auch hin und wieder einmal an einem vor Feindsicht geschützten Ort für ein halbes Stündchen aufs Ohr. Wir betrachten das Ganze, wie man heute sagen würde, als fabelhaften Job. Daß die unverpackten Maschinen völlig unsachgemäß verladen werden und bei ihrer Ankunft in Rußland, oder wo sonst ihr Bestimmungsort sein mag, wahrscheinlich nur noch Schrottwert haben werden, erfüllt uns mit einer gewissen Befriedigung. Wenn schon in Deutschland kein Mehl für Kinder hergestellt werden soll, dann mögen auch andere aus diesen grausam mißhandelten Maschinen nichts mehr herausholen! (Hier wäre der Vorwurf der „Sabotage" einmal nicht ganz unberechtigt gewesen, aber der Russe kümmert sich um nichts.)

Walter hat seine „Geschäftsverbindungen" ausgebaut. Abgesehen von einem Laib Weißbrot, den wir erwerben, wirkt sich das so aus, daß wir nach Beendigung der Demontagearbeiten einem kleinen Sonderkommando zugeteilt werden. Wir verbringen drei Tage mit der Wiederherstellung eines halb zerfallenen Wehrs an einem Zufluß der Warthe. Es ist eine schwierige und auch nicht ungefährliche Arbeit auf den moosüberwachsenen, glitschigen Brettern. Ein Kamerad muß dabei ständig bis an die Knie im Wasser stehen. Aber wir sind wenigstens draußen in der freien Natur, befreit von dem muffigen Brodem der Kasernenstuben.

Am Morgen des vierten Tages führt uns der Posten zu einem Neubau, einem netten Einfamilienhaus, vor dem ein Lastkraftwagen steht. Zur Abwechslung betätigen wir uns als Möbeltransporteure. Wir tragen die Einrichtung der im ersten Stock liegenden Zimmer auf die Straße und verladen sie dann auf den Wagen. Ein hartes Stück Arbeit für ausgemergelte Gefangene und für Nichtfachleute! Besonders das Klavier, ein Ungetüm, das sich auf der Treppe querlegt und nicht mehr vorwärts und rückwärts will, läßt uns Ströme von Schweiß vergießen. Schließlich ist die Wohnung leer; nur noch ein paar Dutzend Bücher, die der Russe verächtlich ausgeschieden hat, liegen in der Ecke des Wohnzimmers, ein wüster Haufen, der so recht die Mißachtung aller geistigen Werte durch die neuen Herren des Landes widerspiegelt. Aber gerade dieser geistige Trümmerberg zieht mich mächtig an. In einem unbemerkten Augenblick gelingt es mir, einen schönen Lederband im Bund meiner Hose verschwinden zu lassen. Ich habe zwar keine Ahnung, was ich da erwischt habe, aber ich bin glücklich wie ein Junge, der einen seltenen Schmetterling gefangen hat.

Wir erklettern den schwindelnd hoch getürmten Wagen. Der Fahrer gibt Gas, und wir brausen in irrsinnigem Tempo durch das Städtchen, ständig in Gefahr, bei der nächsten Kurve den Halt zu verlieren oder von einem der ächzend sich verschiebenden Möbelstücke erdrückt zu werden. Aber der Schutzpatron der Möbeltransporteure scheint uns wohlgesinnt zu sein, und so landen wir ohne Zwischenfall auf dem Güterbahnhof von Landsberg.

Tot liegen die ausgedehnten Gleisanlagen und Rampen im grauen Licht des wolkenverhangenen Septembertages. Eine Gruppe polnischer Offiziere nähert sich. Grußlos verschwinden unsere beiden Russen. Sie sehen an ihren Freunden vorbei, als seien sie Luft. Die Szene hat etwas Unwirklich-Gespenstisches. Wer ist nun eigentlich der Besitzer dieses Landes? Sind es die Russen, die es eroberten, oder die Polen, denen man es offenbar sehr widerwillig überläßt?

Einer der Offiziere schiebt die Türen eines Güterwagens auseinander und sagt in tadellosem Deutsch: „Wollen Sie bitte die Möbel in diesen Wagen verladen?“ *Den* Ton sind wir nicht mehr gewohnt! Das ist ja endlich wieder ein *Mensch*, ein gebildeter, wohlerzogener Offizier, der diesen Ehrennamen verdient! Er fühlt die Welle der Sympathie, die ihm entgegenschlägt, sieht das freudige Aufleuchten unserer Augen und sagt freundlich lächelnd: „Aber ruhen Sie sich erst einmal ein wenig aus.“

Unvergeßlich sind mir die paar Worte geblieben, vor vier Jahren gesprochen von dem Angehörigen eines Volkes, das wir überfielen und schlugen. Man wird mich vielleicht einfältig nennen, wenn ich sage, daß mir diese Worte mehr bedeuten als die geschwollenen Redensarten der Staatsmänner, daß sie für mich schwerer wiegen als alle Freundschaftsbeteuerungen polnischer Führer gegenüber der übermächtigen Sowjetunion. Natürlich weiß ich, daß es auch im polnischen Volk verschiedene Strömungen gibt, daß eine nicht unbeträchtliche Minderheit die Ansicht vertritt, Polens Zukunft sei nur im Zusammengehen mit Rußland gesichert und der deutsche „Militarismus" und „Revisionismus" bleibe für Polen eine ständige Gefahr und Bedrohung. Aber abgesehen davon, daß wertvolle Teile unseres Nachbarvolkes, will sagen seine denkende, geschichtsbildende Oberschicht, sich unzweifelhaft geistig vom Westen angezogen fühlt, wird das gesamte polnische Volk niemals vergessen, daß ihm der östliche „Freund" und Verbündete gerade *den* Teil seines Landes wegnahm, den es als urpolnisch empfindet.

Der Offizier, mit dem ich mich wohl eine Stunde lang völlig ungezwungen unterhielt, brachte ähnliche Gedanken in einer vorsichtig andeutenden Art zum Ausdruck. Das Gespräch wurde so für mich zu einem Erlebnis echter menschlicher Begegnung. Als der Liebenswürdige dann auch noch einen großen Beutel mit Röstbrot heranholte und an uns verteilen ließ, hatte er die Herzen aller gewonnen.

Ohne weitere Aufforderung machen wir uns mit Begeisterung daran, die Möbel zu verladen. Obgleich es unklar bleibt, für wen die Sendung nun eigentlich bestimmt ist, behandeln wir jedes einzelne Stück so liebevoll-sorgsam, als sei es unser Eigentum. Und wir nehmen es sogar mit Humor in Kauf, daß sich in dem Wagen zahllose Flöhe befinden, die sich ausgehungert auf uns stürzen!

Das Ganze ist wohl ein klarer Beweis für die Richtigkeit der oben aufgestellten Behauptung, wie leicht es dem Russen gewesen wäre, die Deutschen für sich zu gewinnen. Freilich hätte er dann wenigstens einen Funken des Geistes verspüren müssen, den der polnische Offizier mit ein paar Gesten so überzeugend offenbarte.

Als wir spätabends, nun wieder unter russischer Bewachung, durch die Straßen der Stadt zurückmarschieren, bedrückt mich das Buch, das ich noch immer eingeklemmt im Hosenbund trage, in des Wortes doppelter Bedeutung. Wenn es bei der Kontrolle am Kasernentor entdeckt wird, kann es verdammt unangenehm werden. (*Wie* unangenehm es hätte werden können, ahnte ich noch nicht!) Wäre es nicht vernünftiger, es irgendwo geräuschlos fallen zu lassen?

Walter, dem ich mich anvertraue, meint, das komme auf keinen Fall in Frage; lieber wolle er das Beutestück selbst übernehmen. Da es mir feige erscheint, dem Freund das Risiko aufzubürden, entschließe ich mich, wenn auch etwas beklommen, das Wagnis auf mich zu nehmen. Ich male mir den lang entbehrten Genuß des Lesens aus, der draußen in der Freiheit zu den selbstverständlichen Erquickungen des Abends gehörte, die Freude der Kameraden, wenn ich ihnen nach dem „Einschluß" ein besonders schönes Kapitel vorlesen würde – da treffen mein Ohr ein paar Klänge Musik. Ja, wirklich, es ist kein Zweifel: Deutlich quellen jetzt irgendwo aus der Dunkelheit die rhythmischen Takte einer einschmeichelnden Tanzmusik! Einer Geige süßer Wohllaut schwebt auf den Schwingen der Melodie zauberhaft durch die Nacht. Was einst unbeachtet und unbewußt tausendfach am übersättigten Ohr vorüberrauschte, trifft mich in diesem Augenblick, da ich einsam, ausgestoßen aus der Gemeinschaft der Menschen, durch das Dunkel einer fremden Stadt gehe, wie ein überirdischer Sphärenklang aus einer anderen Welt. Und dieses Gefühl steigert sich zu einer traumhaften Vision, als ich nun junge Menschen sehe, die sich nach den Rhythmen der Musik schweigend im Tanze wiegen. Die flakkernden Lichter des kleinen Gartenlokals, an dem wir wie aussätzige Bettler vorüberschleichen, spiegeln sich auf den entrückten Gesichtern der Tanzenden wider. Wir aber gehen weiter, unendlich müde; ein leiser Schmerz zittert in unserer Brust; dann verschluckt uns die mitleidlose Dunkelheit der Nacht …

Der Wachhabende am Kasernentor mustert uns mißtrauisch und überrascht. Er ist wohl der Meinung, daß längst alle Schafe im Pferch seien, und ist über die späte Störung ungehalten. Wird er uns durchsuchen?

Nach ein paar aufklärenden Worten unseres Begleitpostens spricht er das mich erlösende Zauberwort: „Dawaij!" Wir sind durch, und alles ist gutgegangen!

Endlich bei den Kameraden in der Stube. Die Tür hat sich hinter uns geschlossen. Walter verkündet den neugierig sich von den Pritschen Aufrichtenden, ich hätte etwas Feines mitgebracht. Unter allgemeiner Spannung ziehe ich meinen sorgsam gehüteten Schatz aus seinem Versteck. Ich klappe den Deckel des Buches auf und lese. – Mein verblüfftes Gesicht veranlaßt Walter, mir über die Schulter zu blicken. Ich drehe mich zu ihm zurück und sehe, daß auch ihm die Spucke weggeblieben ist. Dann aber bricht er in ein befreiendes Gelächter aus.

Heu me miserum! würde der Lateiner sagen: Da habe ich doch aus dem Haufen schöner Romane ausgerechnet Adolfs unseliges Werk „Mein Kampf" herausgefischt und mich unbewußt in eine tödliche Gefahr begeben!

Während die Kameraden sich mehr oder weniger drastisch über meine „glückliche" Hand äußern, stehe ich noch immer wie betäubt in dem ironischen Aufruhr und komme mir vor wie der Reiter über den Bodensee. (Es stellte sich übrigens heraus, daß nur zwei von den zwölf Kameraden das braune Standardwerk gelesen hatten, was Walter zu der Bemerkung veranlaßte: „Ihr seid mir ja schöne Faschisten!")

Es ist klar, daß das gefährliche Ei, das ich in unser Nest gelegt habe, möglichst schnell verschwinden muß. Das Buch wird noch in derselben Nacht zerlegt; Einband und Titelblatt werden sorgfältig vernichtet, die losen Seiten aber, genau abgezählt, an die Stubengenossen verteilt. Sie führen die unerwartete Gabe einem Verwendungszweck zu, dem man eine gewisse symbolische Bedeutung nicht wird absprechen können.

Nikitin, der Ahnungslose

Unsere Ausflüge vor die Tür des Lagers sind zu Ende. Wir sind nun wieder winzige Teilchen der dumpfen Ballung menschlicher Schicksale, hineingepreßt in die stickige Atmosphäre überfüllter Stuben, in denen Stumpfsinn und Resignation wie giftige Schwaden sich lagern. Nur in den Augenblicken der Essenausgabe verwandelt sich der faulig modernde Klumpen menschlicher Leiber in die kribbelnde Unrast aufgescheuchter Ameisen. Je mehr sich das Brot verschlechtert, je dünner die Suppen werden, um so hoffnungsloser wird das Bemühen einzelner, die Kameraden von den krankhaften Wahnvorstellungen des Hungers abzulenken. Sosehr ich mich auch dagegen wehre – auch ich träume jetzt manchmal von einer ungeheuren Schüssel dampfender Kartoffeln, von einem riesigen Brotlaib, den ich in Gedanken langsam-genießerisch bis auf den letzten Krümel verzehre.

Gleichsam als Strafe für das Versinken in solch weichliche Träume, die ich bisher gewaltsam verscheuchte, durcheilt eines Morgens die Hiobsbotschaft das Lager: Es gibt heute kein Brot! Keine Erklärung, keine Begründung oder gar Entschuldigung – das Brot bleibt einfach aus. Das einzige Nahrungsmittel, das die würgende Pein des Hungers wenigstens für kurze Zeit beschwichtigte – es ist für diesen Tag gestrichen! Dafür gibt es zum Mittag eine zwar dicke, aber seltsam-neuartige Suppe, deren Zusammensetzung zunächst unerforschlich erscheint. Es ist eine breiig-schleimige Masse von widerlich-fadem Geschmack. Ein Bauer kommt der Sache dann auf den Grund: Die einzige Zutat der Suppe besteht aus – Pülbe, ein bei der Bereitung von Kartoffelstärke sich ergebendes Abfallprodukt, das zum Eindicken von Schweinefutter verwendet wird und in Friedenszeiten mit 75 Pfennig für den Zentner gehandelt wurde! Der Nährwert des Schlangenfraßes ist natürlich gleich null. Ich schlucke mit Todesverachtung das Zeug hinunter; andere finden es ungenießbar und schütten es weg. Am Abend liefert die Küche dasselbe „Essen“. Es tritt der kaum glaubliche Fall ein, daß der Essenausgeber keine Abnehmer für „Nachschläge“ findet.

Am nächsten Tag dasselbe und wieder kein Brot! Vergebens sind alle Bemühungen der Unentwegten, durch krampfhafte Witze die Stimmung zu heben, vergebens alle Erklärungsversuche, daß es sich sicher nur um eine technische Panne handle. Als auch am dritten Tag keine Änderung der Lage eintritt, versinken auch die Mutigsten in düstere Teilnahmslosigkeit.

Auch ich war am Ende. Wohl gingen mir die abenteuerlichsten Gedanken und Pläne durch den Kopf. Eine große Protestaktion mit Sprechchören müßte veranstaltet werden, ein gemeinsamer Gesang, vielleicht nach der Melodie des Wolgaschifferliedes, müßte auf ein geheimes Zeichen schlagartig und schauerlich aus allen Stuben erschallen – aber es waren kaum mehr als wirre Träume. Walter, der große, kräftige Bursche, lag schweigend neben mir und starrte wie die meisten ins Leere …

War das Ganze ein Vergeltungsschlag des Russen, weil draußen etwas Unheilvolles geschehen war? Hatte Moskau den endgültigen Vernichtungsbefehl gegeben? Wollte man uns vollends zermürben, bis an den Rand des Grabes bringen, um dann mit politischen Erpressungen zu kommen? – Müßiges Grübeln, Fragen, auf die es ja doch keine Antwort gab!

Aber derweil wir Männer uns in das lähmende Nichts der Verzweiflung fallenließen, griff eine Frau handelnd in die Speichen des Schicksalsrades. Diese Frau, von der ich noch manch Rühmliches zu erzählen habe, eine Deutsche, in Rußland geboren, die Sprache der Sieger wie die eigene Muttersprache beherrschend, war uns dem Namen nach wohl bekannt. Sie hieß Maria und marschierte jeden Tag an der Spitze des Frauenbataillons im Kasernenhof zum gemeinsamen Appell auf. Wir sahen sie manchmal in scheinbar vertrautem Gespräch mit Major Nikitin, dem geschniegelten und unnahbaren Kommandanten des Lagers, eine Wahrnehmung, die uns mit einem gewissen Mißtrauen erfüllte. Solche Unterhaltung konnte ja nichts anderes sein als die übliche Liebedienerei der Deutschen, denen der Russe einen Posten übertragen hatte. Schnell fertig sind auch kritische Menschen mit ihrem Urteil, wenn der äußere Eindruck eine Erfahrung zu bestätigen scheint.

Und doch war es in diesem Fall so ganz anders. Maria sagte nämlich dem Herrn Kommandanten nicht, wie wir argwöhnten, Schmeicheleien, sondern brachte unausgesetzt Wünsche und

Beschwerden vor, diplomatisch-geschickt zwar, aber unverblümt und unerschrocken, und hatte sogar häufig Erfolg damit! Gewiß – sie war eine russisch sprechende Frau, und selbst die Steppenwölfe gaben sich anders, wenn eine Frau an ihre männlich-ritterlichen Instinkte appellierte. Aber das Risiko blieb bei der Unberechenbarkeit der asiatischen Seele groß, und jedes Entgegenkommen, jede Freundlichkeit konnte im nächsten Augenblick in das Gegenteil umschlagen. Das wußte niemand besser als Maria, die in Rußland aufgewachsen war; aber sie wurde trotzdem nicht müde, immer wieder zu versuchen, für ihre Frauen etas herauszuschlagen. Sie besaß eben eine Eigenschaft, die – ich muß es zu meiner und meiner Geschlechtsgenossen Schande gestehen – den Männern gegenüber dem Russen weitgehend fehlte: Mut!

Und diese Eigenschaft ließ nun Maria an jenem dritten Hungertag, als sich schon die düsteren Schatten einer Katastrophe unabsehbaren Ausmaßes über das Lager senkten, vor Herrn Nikitin hintreten und ihm eine moralische Standpauke halten, die ihn einfach umwarf. In echter oder gespielter Bestürzung – wer könnte das jemals entscheiden? – beteuerte der in die Enge Getriebene, er sei einfach sprachlos zu hören, daß das Lager seit Tagen praktisch keine Verpflegung mehr erhalten habe. Das sei ein unerhörter Skandal und er werde jetzt gleich auf der Stelle die Verantwortlichen zur Rechenschaft ziehen. Nach dieser Eröffnung begab sich Major Nikitin in Begleitung Marias zur Küche und ließ dort mit orkanartiger Lautstärke vor den fassungslosen Küchenbullen ein Donnerwetter vom Stapel, das in der Frage gipfelte, wie sie, das elendste Otterngezücht dieser Erde, dazu kämen, ihre Kameraden mit einem solch minderwertigen Essen zu quälen?! Aber nun hatte auch einmal einer der Männer Mut, indem er trocken erklärte: „Wir können nur das kochen, was uns geliefert wird!“ Da drehte sich der Major auf dem Absatz herum und suchte fluchend das Weite. Am nächsten Tag aber erhielt jeder Gefangene ein ganzes Brot (mein Wunschtraum hatte sich erfüllt), und als Mittagessen gab es wundervolle dicke Graupen mit Fleisch.

Fidelio in Landsberg

Als kleiner Junge sah ich einmal dem sadistischen Spiel eines Lümmels zu, der eine Maus in ein Wasserbecken gesetzt hatte und das arme Tier so lange an den glatten Wänden des Behälters sich abquälen ließ, bis seine Kräfte erlahmten. Im letzten Augenblick, kurz ehe die Maus zu ertrinken drohte, warf er ihr ein Holzstück zu, auf das sie sich rettete. Hatte sie sich ein wenig erholt, stieß der Kerl das bedauernswerte Geschöpf wieder ins Wasser, und das häßliche Spiel begann von neuem.

An diesen Vorgang wurde ich als Angehöriger des „Spezialkontingents Nr. 7" oftmals erinnert. Ich war die Maus, die sich im „Behälter" der NKWD verzweifelt über Wasser zu halten versuchte. Hatte ich mich müde gearbeitet und wund gestoßen, wurde das Holzstück geworfen und gewährte mir eine Atempause. Die Atempause in Landsberg dauerte mehrere Wochen. Die Verpflegung war seit dem denkwürdigen, von Maria herbeigeführten Umschwung verhältnismäßig gut. Es gab nun auch Kartoffeln, die wir so lange entbehrt hatten. Sie wurden von Sonderkommandos auf verlassenen Bauerngütern der näheren Umgebung geerntet.

Innerhalb des Kasernenblocks entwickelte sich zwischen den einzelnen Stuben tagsüber ein reger Verkehr. Vorträge über die verschiedensten Themen wurden gehalten. Besonders beliebt waren Berichte über Reisen in ferne Länder, aber auch naturwissenschaftliche und technische Fragen fanden aufmerksame Zuhörer. Es gab kaum ein Gebiet des Lebens und der Forschung, über das nicht bedeutende Fachmänner Wesentliches zu sagen gehabt hätten.

Nur ein Thema war wie nach stillschweigender Übereinkunft tabu: die Politik. Der Grund lag wohl weniger in der Furcht vor möglichen Anschwärzungen beim Russen als vielmehr in der Erkenntnis, daß es uns Deutschen besser anstehe, über Fragen zu schweigen, bei deren Lösung wir uns – nicht zum erstenmal in der Geschichte – doch nur als blutige Dilettanten gezeigt hatten.

Trotz vielfacher Verlegungen hatte ich das Glück, mit Walter zusammenbleiben zu dürfen. Er hatte sich wieder ganz gefangen und war bei stets gleichbleibender Hilfsbereitschaft niemals schlecht gelaunt. Unermüdlich ließ er seine Fähigkeiten spielen, unsere Lage durch kleine Improvisionen zu verbessern, Vorteile für uns herauszuschlagen, die jedoch niemals auf Kosten der Kameraden gingen. Er zeigte aber auch in seelischen Dingen tiefstes Verständnis und zarteste Rücksichtnahme – mit einem Wort: Er war ein feiner Kerl und ein echter Freund. Ich habe ihm niemals sagen können, was er mir bedeutete, aber ich denke, daß die Stimme menschlicher Zuneigung unüberhörbar ist, auch wenn sie sich nicht in großen Worten kundtut.

Und da war noch eine andere Persönlichkeit, die mich fesselte, ja ich muß wohl sagen: in ihren Bann schlug. Aus seltenem, hartem Holz geschnitzt, eigenwillig, kantig, wohl auch ein wenig egozentrisch, aber kraftvoll, sprühend von Geist und Phantasie, ein Tat- und Willensmensch, der einen nicht mehr losließ, wenn man in seinen Bannkreis geriet: Rudolf Sch., mein unvergeßlicher Kamerad und Mentor, dessen unruhvoller Feuergeist mich immer aufs neue beflügelte und vorwärtstrieb, wenn ich müde und mutlos werden wollte. Er ruht nun schon lange in den Massengräbern von Buchenwald. Doch unverlierbar steht das Bild dieses faszinierenden Menschen vor mir, und mein Herz ist von Dankbarkeit erfüllt für alles, was er mir gab. Aus einfachsten Verhältnissen stammend, als Sohn eines kleinen Bauern in Pommern geboren, fühlte sich der heranwachsende Junge unwiderstehlich zu der Welt des Theaters gezogen. Die biederen Eltern führten diesen befremdenden Hang auf eine Einflüsterung des Teufels zurück und taten alles, um den Sohn von der unseligen Sucht zu befreien. Vergebens! An Rudolfs Dickschädel prallten alle, im Guten wie im Bösen unternommenen Besserungsversuche ab. Schließlich erklärte der Vater: „Wenn du durchaus in dein Unglück rennen willst, dann tu es. Aber Geld bekommst du von mir keinen Pfennig!“

Der Jüngling ging nach Berlin, hungerte, schuftete, bettelte sich durch ein unvorstellbar hartes Leben. Er besuchte eine

Abendschule, machte das Abitur und studierte dann erfolgreich Theaterwissenschaft. Schon diese, in Stichworten angedeuteten Stationen seines Lebensweges sind eindrucksvolle Beweise einer unerhörten Willensleistung. Doch nun galt es, nach Abschluß des Studiums, der Welt zu beweisen, daß er nicht nur unendlich viel wollte, sondern genausoviel konnte.

Als Regieassistent am Theater in Gera war er zunächst nicht viel mehr als ein gerade geduldeter Lehrbub, der, ewig herumkujoniert, untergeordnete Hilfsarbeiten verrichtete. Bis dann die große Gelegenheit, die Stunde der Bewährung, kam.

Bei der Einstudierung eines neuen Stücks hatte sich der Regisseur hoffnungslos verheddert und verfahren. Am Ende seiner Weisheit angelangt und schon im Begriff, die Probe abzubrechen, wandte er sich plötzlich an Rudolf, der irgendwo im Zuschauerraum saß, und sagte mit einem süffisanten Lächeln: „Herr Kollege, versuchen *Sie* doch einmal, die Szene zu gestalten!"

Rudolf erhob sich, betrat die Bühne und erläuterte mit ein paar Worten, wie er sich die Sache vorstellte. Die Antwort des gesamten Ensembles war – ein schallendes Gelächter!

Ich möchte *den* Anfänger sehen, der nach einer solch vernichtenden Kränkung nicht die Flinte ins Korn geworfen und die Flucht ergriffen hätte! Aber Rudolf stand wie ein Fels in der Brandung. Er stand und zwang der albernen Komödiantenschar seinen Willen auf, den eisernen Willen, der ihn aus der ärmlichen Bauernkate hierher geführt hatte auf die Bretter, die ihm eine Welt bedeuteten, eine tausendfach ersehnte, erkämpfte, erhungerte Welt, aus der ihn nun niemand und nichts mehr vertreiben konnte.

Das war sein Gesellenstück, der Durchbruch zu dem Ziel, das leuchtend vor seinen Augen stand: die großen Träume und Gedanken der Dichter im künstlerisch gestalteten Spiel lebendig werden zu lassen, Trauer und Glück, Wehmut und Stolz, Zweifel und Glaube, alles, was Menschenherzen erbebend über den Alltag hinausträgt, dort oben im Rampenlicht sichtbar zu machen und so auch in die Seele des Ärmsten, des Stumpfesten einen Abglanz des ewigen Lichtes zu werfen, aus dem wir kommen und in das wir dereinst wieder gehen.

Bewegte Wanderjahre folgten. In Frankfurt am Main inszenierte der junge Regisseur Massenszenen chorischer Spiele, veranstaltet von den deutschen Gewerkschaften zur Feier des 1. Mai. An kleineren Bühnen stieß er erfolgreich in avantgardistisches Neuland vor. Zwischendurch eroberte der Ruhelose als Intendant des „Reichstheaterzuges" während eines ganzen Jahres die „Provinz". (Als Kuriosum am Rande vermerkt: Seine tägliche Hauptmahlzeit bestand, 365 Tage lang, aus – Schweinekoteletts und Bratkartoffeln.)

Die letzten Jahre bis zum Zusammenbruch wirkte er dann als Intendant des Theaters am Nollendorfplatz und als Regisseur am Deutschen Opernhaus in Berlin. „Also ein Günstling von Goebbels?" wird man vielleicht sagen. Wer den kompromißlosen Menschen, den Vollblutkünstler Sch. kannte, der weiß, daß er sich niemals auf eine amtlich vorgeschriebene „Linie" drängen oder gar vor ein Parteidogma spannen ließ. Und wenn der Russe ihn vielleicht in die Gruppe der „Nutznießer des Dritten Reiches" einstufte (sofern er sich überhaupt ernsthaft mit seinem „Fall" befaßte), dann war das eben eine Kennzeichnung, die ebenso oberflächlich und sinnlos war wie in tausend anderen Fällen auch.

Rudolf war ein vorzüglicher Erzähler, der witzig und treffsicher Selbsterlebtes aus dem bunten, gerade den Fernstehenden immer wieder lockenden Wunderland der Kulissen zum besten gab. Das Stenogramm seiner formvollendeten Kurzgeschichten hätte ein druckreifes Manuskript ergeben.

Es waren Stunden reinster Erbauung und Freude, wenn der meisterhafte Plauderer, der zugleich ein glänzender Schauspieler war, Menschliches und Allzumenschliches der großen Mimen enthüllte und uns so der trüben Gegenwart völlig entrückte. Zu einer festlichen Feierstunde aber gestaltete sich seine unvergleichliche Schilderung der Oper Fidelio. Doch das Wort „Schilderung" ist ärmlich und nichtssagend. Es war in Wirklichkeit eine alle Elemente des Musikalischen, der äußeren

Handlungsführung und des menschlich bewegenden Inhalts genial vereinigende, schöpferische Nach- und Neugestaltung des Beethovenschen Werkes, die ihren, von den gebannten Zuhörern leidenschaftlich miterlebten Höhepunkt in der unvergeßlichen Zeichnung der Szene fand, bei der die Gefangenen, aus der Nacht des Kerkers emporsteigend, zweifelnd-betäubt und dann selig erwachend und befreit, das Licht der lange entbehrten Sonne grüßen. Für uns, die wir, mehr noch als nach leiblicher Nahrung, nach dem Glanz der Schönheit, dem fernen Funkeln des Geistes hungerten, war dieser Fidelio eine wunderbare Sättigung, ein seelisches Labsal, das auch den Hoffnungslosesten mit neuer Kraft und Zuversicht erfüllte.

Und doch war es erst ein bescheidener Anfang, eine kleine Gabe, verglichen mit dem, was uns der begnadete Mensch aus dem Reichtum seiner Künstlerseele noch schenkte. Davon wird später die Rede sein.

Wie bitter nötig wir solch innere Erquickung und Stärkung hatten, das sollten wir bald zur Genüge erfahren. Aus der Brandung des Schreckens, eine Weile nur noch ferne als leises Grollen vernehmbar, steigt eine neue Welle und erreicht den verlorenen Haufen. Die zunehmende Ungezieferplage – wochenlang litten wir gleichzeitig unter Wanzen, Flöhen und Läusen – veranlaßt die Lagerleitung, uns zu entlausen, eine ekelhafte Prozedur, deren Ergebnis lediglich darin besteht, den Zerfall unserer Bekleidung zu beschleunigen. Der Russe benützt die Gelegenheit, uns zum erstenmal gründlich zu „filzen", das heißt, uns nicht nur all der kleinen (und oft unnützen) Erinnerungsstücke zu berauben, an denen das Herz des Gefangenen hängt, sondern auch aller Wertgegenstände, die dabei in erstaunlichen Mengen zum Vorschein kommen.

Als Folge des Hungers, des Schmutzes und der munter weiterlebenden Läuse breitet sich erneut eine Ruhrepidemie aus, die furchtbare Lücken in unsere Reihen reißt. Eines Morgens stelle ich fest, daß mein Pritschennachbar, seines Zeichens Schriftsetzer bei einer Provinzzeitung (und daher „faschistischer Propagandist"), ein stiller, bescheidener, rührend geduldiger Mensch, der das Unglück hatte, fast zwei Meter groß zu sein, während der Nacht in den ewigen Schlaf hinübergedämmert ist.

Sein Nachfolger ist, ganz im Gegensatz zu ihm, ein kleiner, lebhafter, temperamentvoller Mann, den wir den „Franzosen" nennen, weil er einen stark romanischen Einschlag hat und zudem fließend französisch spricht. Zweifellos ist er ein ganz schwerer Fall, stand er doch in den Diensten des Auswärtigen Amtes! Er bekleidete nämlich den bedeutenden Posten eines – Büroboten bei der Deutschen Botschaft in Paris, war also nach russischer Auffassung als rechte Hand von Ribbentrop zu betrachten. Oft erzählte er in seiner anschaulich-lebendigen Art vom Alltag des französischen Menschen, dieses unvergleichlichen Lebenskünstlers. Ich hatte den munteren Burschen, der trotz seiner vierzig Jahre etwas Jungenhaftes an sich hatte, in mein Herz geschlossen. Der französische Lebensstil, von dem er so begeistert erzählte, hatte unverkennbar auf ihn abgefärbt, und so war es ein Vergnügen, seinen leicht dahinplätschernden Schilderungen zu folgen und das Ohr an echt französischen Redensarten, die er immer wieder im Original zwischenstreute, zu ergötzen.

Dieser große Junge, der die kleinen Freuden des Daseins, bewußt und naiv zugleich, nacherlebend zu genießen verstand, hatte noch eine weitere, liebenswerte Eigenschaft: Er wurde nicht müde, die Herzensgüte, die Schönheit, die Liebesfähigkeit, kurz, die überirdische Vollkommenheit seiner jungen Frau zu rühmen. Es war ihm nicht vergönnt, diesen Engel in Menschengestalt noch einmal in die Arme zu schließen.

Von einer Stunde zur anderen überfällt die Seuche den armen Kerl mit unbarmherziger Wucht. Nie habe ich einen Menschen, der eben noch voll mühsam gezügelter Erwartung und Vorfreude von einer schöneren Zukunft schwärmte, der das Leben mit allen Fasern eines genußfrohen Herzens liebte, so erschrekkend schnell verlöschen sehen. „Alles Fleisch ist wie Gras ..."

In der Nacht beginnt er, schon über und über beschmutzt, zu phantasieren. Alle Sehnsucht, die noch unerfüllt in ihr schlummert, bricht in zerfetzten Worten aus der gequälten Kreatur, die sich aufbäumt gegen das unerbittliche Schicksal. Ich lausche erschüttert dem Aufschrei eines Menschen, der vom Leben so wenig und doch so unendlich viel begehrte: ein bißchen Glück. Ich vermag nichts zu tun, als den fiebernden Kopf in den Arm zu nehmen und zu denken, wie gut es jetzt wäre, beten zu können. Aber vielleicht nimmt das unbegreifliche Wesen, das wir Gott nennen, an Stelle eines Gebetes, das mir nicht gelingen will, die Tränen gnädig entgegen, die unaufhaltsam aus meinen Augen quellen …

Ein neues, düsteres Bild steigt in der Erinnerung auf. Transport, ein Begriff, mit dem für uns alle Schrecken der Hölle verbunden sind – dieses Wort geistert wieder unheilvoll durch die Kasernenstuben. Nach zwei Tagen ist es soweit. Ein russischer Soldat geht mit einer Liste durch unseren Block. Wir hören, teils ferner, teils näher, die Namen, die er verliest, kombinieren fieberhaft, ob irgendwelche Schlüsse auf eine möglicherweise betroffene „Kategorie“ zu ziehen sind – da öffnet sich auch unsere Tür. Mühsam studiert der Schicksalsbote den zerknitterten Zettel. Dann ruft er den Namen unseres „Franzosen“ auf!

„Vor drei Tagen ins Revier eingeliefert“, meldet der Stubenälteste mit einer Stimme, aus der zugleich Bitterkeit und Erleichterung spricht. Unbewegt nimmt der Steppenwolf einen Bleistiftstummel und streicht den Namen des „Franzosen“ durch. Erledigt …

Erst später kam mir zum Bewußtsein, wieviel dem Jungen dadurch erspart geblieben war, daß er sich rechtzeitig aus dem Staub dieses Jammertals gemacht hatte. Er hätte das Schicksal der 600 Kameraden geteilt, die der Russe herauszog, um sie in ein anderes Lager bei Posen zu verlegen. Weshalb und wozu, blieb unerfindlich. Etwa 540 kamen nach zwei Wochen nach Landsberg zurück – die übrigen waren unterwegs im Viehwagen gestorben. Man hatte sie in Posen nicht aufgenommen, und so mußten die Unglücklichen vierzehn Tage und Nächte aushalten, ohne auch nur ein einziges Mal das gräßliche Gefängnis verlassen zu dürfen, endlos hin und her geschoben und gestoßen, auf Nebengleisen tagelang abgestellt. Zweimal gab es warme Verpflegung, sonst nur gelegentlich ein Stück Brot, einen Schluck Wasser. Zufällig war ich Augenzeuge der erschütternden Szene, als der Rest der Überlebenden wieder im Lager eintraf. Die meisten mußten getragen werden; aber auch die wenigen, die sich noch fortbewegen konnten, boten ein entsetzliches Bild der Schwäche und des Verfalls. Sie waren alle vom Tode gezeichnet, und kaum einer erlebte mehr das Ende des Jahres …

Es wäre mir ein leichtes (das Wort enthält eine blutige Ironie), die Bilder des Grauens weiter und weiter auszumalen – sie bedrängen mich ja unausgesetzt bei der Niederschrift dieses Berichtes. Ich könnte erzählen von den Gefährten, die freiwillig der unerträglichen Pein entflohen. Einer stürzte sich aus dem Fenster und blieb mit zerschmetterten Gliedern auf dem Pflaster des Kasernenhofs liegen; ein anderer kletterte an der Leiter eines Wachturms empor und wurde von den Posten wie ein toller Hund abgeknallt. Aber ich fürchte, der Leser, der mir bis hierher gefolgt ist, könnte sich abwenden mit einem Gefühl des Widerwillens, das nichts anderes wäre als eine verständliche Reaktion seelischer Abwehr oder, schlimmer noch, der Unfähigkeit weiteren Mitempfindens, weil sein Gefühl angesichts nicht endender Scheußlichkeiten stumpf zu werden beginnt, ein Vorgang, den wir alle im Kriege schaudernd erlebten.

Pappeln im Wind

Ehe ich zu dem Ereignis komme, das auch den teilnahmslosesten Gefangenen in fieberhafte Erregung versetzt, will ich erwähnen, daß uns von der Außenwelt so völlig Abgeschlossene doch einmal eine Nachricht erreichte, die mehr als eine Parole war. In den Stuben kursierte plötzlich eine polnische Zeitung, das heißt, es war eigentlich nicht mehr als ein Fetzen alten Papiers, dem man es ansah, daß er lange zerknüllt in einem Abfallhaufen geschlummert hatte. Aber dieser Fetzen enthielt die bewegende, ja, wie wir dumpf ahnten, die säkulare Nachricht vom Abwurf der ersten Atombombe auf Hiroshima! Unvergeßlich ist mir die atemlose Stille, die herrschte, als ein Kamerad vor uns hintrat und den erschütternden Bericht übersetzte. Obgleich seit jenem düsteren Ereignis zwei Jahre vergangen sind, sind mir noch viele Einzelheiten der realistischen Schilderung in Erinnerung geblieben, aus der die Erregung des namenlosen Berichterstatters deutlich herauszuhören war. Staunen und Grauen zugleich sprachen aus der Wahrnehmung, der über der Unheilstätte sich erhebende Rauchpilz sei auf eine Entfernung von 650 Kilometern sichtbar gewesen.

Das war nun also die Wunderwaffe, die in der deutschen Propaganda der letzten Kriegsmonate eine solch verhängnisvolle, weil trügerische Rolle gespielt hatte, die den wundergläubigen Teil unseres Volkes, der die überdeutlich sich abzeichnende Niederlage einfach nicht wahrhaben wollte, in einem sinnlos gewordenen Widerstand bis fünf Minuten nach zwölf ausharren ließ! Aber nicht Deutschland hatte die Teufelswaffe entwickelt und eingesetzt, sondern das übermächtige Amerika, das den Krieg ohnedies schon gewonnen hatte. Heute dürfen wir hinzufügen: Gott sei Dank! Wenigstens ist der deutsche Name nicht auch noch mit dem Makel einer dämonischen Erfindung belastet, die seitdem wie ein dunkler Schatten auf der Menschheit liegt und das Glück unserer Kinder bedroht.

Aber es kam uns damals auch zum Bewußtsein, daß draußen in der friedlos gewordenen Welt noch immer zahllose unschuldige Menschen die Schrecken der Kriegsfurie erdulden mußten und vielleicht noch schwerer litten als wir. Das war heilsam für uns, die wir nur immer das eigene Unglück vor Augen hatten und schließlich dazu neigten, uns für die einzigen und letzten Märtyrer zu halten.

Der November des Jahres 1945 beschert uns eine Reihe milder, fast sommerlich warmer Tage. Wir sind zu richtigen Sonnenanbetern geworden. Wie lichthungrige Pflanzen strecken wir die fahlen Gesichter dem Gestirn des Tages entgegen und lassen das leere Gehirn von seinen segnenden Strahlen umschmeicheln. Der Russe ist auffallend großzügig und lässig geworden. Sollte das im Zusammenhang mit den Parolen stehen, die wieder einmal hartnäckig bevorstehende Entlassungen vorhersagen? Tatsächlich erfüllt schon seit Tagen jene seltsame Unruhe unsere Herzen, die stets bedeutsamen Ereignissen vorauszugehen pflegt. Wir erfahren, daß russisch sprechende Kameraden in der Verwaltung damit beschäftigt sind, lange Namenslisten anzulegen. Nun, das wäre an sich nicht weiter aufregend, weil der Russe solche Listen zu meist unerfindlichen Zwecken eigentlich ständig zusammenstellt. Aber dann bringt Walter „aus einwandfreier Quelle" die Nachricht, daß die Küche Anweisung erhalten hat, Marschportionen bereitzuhalten! Sollte uns nun wirklich die Stunde der Freiheit schlagen?!

Ich will die seelische Marter, die uns tagelang im Innersten erschütterte, nicht näher schildern. Worte vermögen keinen Begriff davon zu geben, was wir, die wir einem neuen Leben entgegenfieberten, hangend und bangend in den Stunden erduldeten, in denen die Kameraden, die das Glückslos gezogen hatten, durch das Tor des Lagers nun wirklich und wahrhaftig in die Freiheit marschierten! Und es ist mir auch nicht gegeben, die grenzenlose Enttäuschung, die seelische Umdüsterung der Zurückbleibenden zu schildern, von denen Fortuna kalt und gleichsam höhnisch lächelnd sich abgewandt hatte und zu denen ich selber gehörte ...

Ich habe das Wort „Glückslos" mit vollem Bedacht gewählt. Denn es wäre abwegig, zu glauben, daß der Russe die Menschen, denen er die Freiheit schenkte, etwa nach den Gesichtspunkten der schwereren oder minderen Belastung des einzelnen ausgewählt hätte. Wie ich schon oben hervorhob – und aus bestimmten Gründen muß ich das immer wieder betonen –, stellte die in den sowjetischen Konzentrationslagern gepökelte menschliche Ware keine planmäßig vorgenommene Auslese tatsächlicher oder potentieller Gegner des Kommunismus dar, sondern war eine Schar willkürlich herausgegriffener Opfer, wahllos zusammengetriebener Objekte des Terrors. Genauso willkürlich und wahllos verfuhr der Russe, wenn er seine randvoll überquellenden Kerker ein wenig öffnete und Menschen entließ, die ihr Glück oft kaum zu fassen vermochten. Während ungezählte harmlose und völlig unpolitische Menschen weiterhin einem ungewissen (oder besser gesagt: einem furchtbar gewissen) Schicksal überantwortet blieben, befanden sich unter denen, die Landsberg verlassen durften, immerhin einige Männer, denen der Russe mit einer gewissen Berechtigung hätte mißtrauisch gegenüberstehen können, so ein höherer SS-Führer (einer der wenigen, die sich nicht abgesetzt hatten) oder der letzte Generaldirektor der Ufa. Man verstehe mich nicht falsch: Die Zugehörigkeit zur SS allein oder die Bekleidung einer hohen Stellung in der von Goebbels gelenkten Filmindustrie war und ist in meinen Augen kein ausreichender Grund, den Betreffenden eo ipso als Verbrecher zu betrachten, wie überhaupt der Begriff der Kollektivschuld jedem normalen, nicht von Haß- und Vergeltungsinstinkten geleiteten Rechtsempfinden widerspricht. Aber wenn schon eine (kommunistische!) Besatzungsmacht auf Terrormethoden nicht glaubte verzichten zu können, dann hätte man doch wenigstens annehmen müssen, daß sie bei Entlassungen die sogenannten „kleinen Leute" bevorzugen würde. In dieser Erwartung sahen wir uns stets aufs neue enttäuscht. Aus ihr sprach ja auch nur die längst durch Tatsachen tausendfach widerlegte Überzeugung, der Kommunismus sei der Beschützer der Ausgebeuteten und Unterdrückten, der Anwalt der Armen, während er in Wirklichkeit nichts anderes ist als eine Bonzen- und Cliquenherrschaft, die in kapitalistischen Ländern zu keiner Zeit jemals so schamlos und brutal in Erscheinung trat.

Die entlassenen Kameraden müssen zunächst bis Cottbus marschieren, ehe sie mit dem Zug nach Berlin weiterfahren können. Wie wenig sich manche draußen in einer feindlichen Umwelt zurechtfinden, erfahren wir erschreckend, als einzelne Trupps der Entlassenen, abgerissen, halb verhungert und von polnischen Banden ausgeplündert, nach Tagen ins Lager zurückkehren! Doch für uns Niedergedrückte, aus allen Himmeln der Hoffnung Gefallene ist das kein Trost. Es dauert Wochen, bis wir uns von dem vernichtenden Schlag ein wenig erholt haben. Ich sehe mich lange Stunden im Hof auf einer umgestürzten Kiste sitzen und hinüberschauen zu einer Gruppe von Pappeln, die auf einem der sanften Hügel steht, die das Lager umgeben. Es sind mächtige, alte Bäume, die sich leise und schwermütig im Wind bewegen. Ich komme nicht los von dem Anblick der Schlanken, steil und stolz in den Himmeln Ragenden, die erhaben über dem rätselvollen Gang der Zeiten stehen, unberührt vom Walten des Schicksals, das uns Menschen blind und grausam die unsichtbaren Wunden schlägt, an denen wir langsam verbluten ... Aber sie sind mir auch ein Sinnbild der in sich ruhenden Kraft, der stillen Ergebenheit, die das ewig bohrende Fragen nicht kennt, das meine Brust mit zitterndem Schmerz durchzieht. Ach, könnte man doch sein wie diese Bäume, die, ihrer selbst nicht bewußt, in eine ferne, verschleierte Zukunft wachsen, um eines Tages wieder in den mütterlich umfangenden Schoß der Natur zu sinken! Nicht mehr fragen, nicht mehr denken – das dünkt mich in solchen Augenblicken das allein noch erstrebenswerte Ziel eines Lebens, das stillzustehen scheint. Was ist die Zeit? Was sind die unmerklich verrinnenden Stunden des Tages, der ohne Inhalt und Ziel sich ins Unendliche dehnt? Ein Flügelschlag des Windes, der über die Pappeln streicht, der irgendwo in der ungreifbaren Ferne verrauscht und im Wesenlosen vergeht! ...

Langsam neigt sich das Jahr seinem Ende zu. Noch einmal, ehe es in Nacht und Kälte, in Angst und quälender Ahnung verdämmert, schreckt uns eine schrille Dissonanz aus betäubtem Halbschlaf. Es ist der Nachmittag des 24. Dezembers, an dem das Unfaßbare geschieht. Ein Schuß peitscht durch die lähmende Stille, schreckt uns von den Pritschen hoch. Was ist geschehen? Ein Kamerad hat in der Freistunde vor unserem Block ein paar Kniebeugen gemacht – genau an derselben Stelle, an der ich seit langem meine Freiübungen zu machen pflege. Nie hat der Posten, der auf einem kaum fünfzig Meter entfernt stehenden Turm Wache hält, solche Übungen beanstandet. Aber heute beginnt er plötzlich mit den Armen zu fuchteln und unverständliche, drohende Worte auszustoßen. Der Kamerad hält betroffen inne, noch zweifelnd, ob ihm überhaupt der Anruf gilt – da trifft den Ahnungslosen auch schon aus blitzschnell angeschlagenem Gewehr das heimtückische Geschoß! Ein paar andere Kameraden eilen hinzu, bemühen sich um den Schwerverletzten, öffnen seine Kleider – umsonst, sie können dem Sterbenden nicht helfen ...

Aber nun stürzt aus der Wache eine Horde brüllender Rotarmisten und fällt mit Fußtritten und Kolbenstößen über die Deutschen her, die es wagten, einem Deutschen zu helfen! Man treibt sie in den Keller, reißt ihnen die Kleider vom Leibe und läßt sie nach furchtbaren Mißhandlungen die ganze Nacht auf den nackten Steinfliesen liegen ...

Das war, im Jahre des Unheils 1945, der Heilige Abend von Landsberg! Wie unendlich weit, wie grausam zerschmettert ist alles, was einstmals die schönste Stunde des Jahres mit Glanz und Hoffnung erfüllte! Ich liege schlaflos und starre in die geschändete Nacht hinaus. Die aus ferner Kindheit aufsteigenden Erinnerungsbilder von glitzerndem Engelshaar und weichem Kerzenschimmer sind blaß und unwirklich wie ein halbvergessener Traum. Sie werden verdrängt von fruchtlos grübelnden Fragen: Was hätte der Menschensohn getan, wäre ihm solch satanische Untat begegnet? Hätte er, wie damals vor seiner schwersten Stunde, gesagt: „Herr, vergib ihnen, denn sie wissen nicht, was sie tun“? Oder hätte er, der ja auch zürnen konnte, die Peitsche ergriffen und das ekelhafte Gewürm gezüchtigt? Ich weiß es nicht. Aber eines fühle ich erschreckend klar: Der Stern von Bethlehem ist für mich in dieser Nacht erloschen. – Für immer?

II.

DAS LAGER DER ILLUSIONEN

Ein Wort über Buchenwald

Ende August 1944 erschien in der deutschen Presse eine Mitteilung, die besagte, daß der deutsche Kommunistenführer Ernst Thälmann bei einem Fliegerangriff auf das Konzentrationslager Buchenwald ums Leben gekommen sei. Damals hörte ich zum erstenmal den Namen Buchenwald.

„Aha" – der unvermeidliche Zwischenruf klingt mir förmlich in den Ohren –, „also auch einer von denen, die angeblich 'nichts' gewußt haben!" Nun, ich habe genau so wenig oder so viel gewußt wie die Masse des deutschen Volkes überhaupt. Das wenige aber, das ich wußte, hätte freilich genügen müssen, mir die Scheuklappen von den Augen zu reißen, die ich, wie so unendlich viele, angelegt hatte und die mir den Blick für die Wirklichkeit nahmen. Das ist die Schuld, die wir alle auf uns luden.

Berufene und, häufiger noch, Nichtberufene haben versucht, die Triebkräfte bloßzulegen, die ein anständiges Volk in einen Zustand geistiger und sittlicher Umnachtung versetzten. Als Berufene sind diejenigen *nicht* zu betrachten, die ihre Sorgen und Bedenken zum Ausdruck brachten, wenn es ungefährlich war, die „hintenherum" schimpften und nach außen sich als loyale Staatsbürger gaben – das haben auch die „alten Kämpfer" (und gerade sie!) getan. Berufen erscheinen mir die wenigen Unbeugsamen, die aus innerer Verpflichtung Widerstand leisteten und bereit waren, alle daraus sich ergebenden Folgen auf sich zu mehmen. So kann es auch nicht die Aufgabe dieser Arbeit sein, einen Beitrag zu jenen selbstkritischen Betrachtungen zu liefern, die zwar bitter nötig sind, die wir jedoch nur von Menschen entgegenzunehmen bereit sind, die das Höchste, den Einsatz des eigenen Lebens, wagten. Im übrigen sei aber auch den Mahnern und Warnern, die berechtigt erscheinen, den Finger auf die uns noch immer heftig schmerzenden Wunden zu legen, der Rat erteilt, über der eigenen, traurigen Vergangenheit nicht die Gegenwart zu vergessen, die nur der widerspruchslos hinnehmen kann, der wiederum – Scheuklappen angelegt hat.

Wir sollten nicht vergessen, daß auch heute noch zu jeder Stunde bitteres Unrecht geschieht und daß diese Welt, obschon befreit von dem braunen Alpdruck, erfüllt ist von Gewalttat und Friedlosigkeit.

Was nun, aus meinem eigenen Blickwinkel betrachtet, das Lager Buchenwald angeht, so glaube ich allerdings, hier ein Wort mitreden zu können, habe ich doch diese Stätte menschlichen Wahnsinns so gründlich kennengelernt wie kaum ein anderer, der das Glück hatte, sie lebend zu verlassen. Ich habe das Lager nicht nur innerhalb und außerhalb des großen Tors bis in den letzten Winkel durchstreift, sondern ich habe auch Menschen kennengelernt, hinter denen sich nach dem Walten eines unbegreiflichen Schicksals 1945 *zum zweitenmal* die eiserne Pforte schloß, auf der wie zu grausigem Hohn der Sinnspruch zu lesen war: „Jedem das Seine!", der doch viel richtiger hätte lauten müssen: „Jedem das gleiche!" Jedem, der das Unglück hatte, unter die erbarmungslosen Räder eines unmenschlichen Systems zu geraten, das gleiche Unrecht, die gleiche Willkür, die gleiche, vernichtende Gewalttat.

Mit den Opfern der braunen Tyrannei kann nur der wahrhaft mitfühlen, das ganze Ausmaß der Tragödie, die mit den beiden fluchbeladenen Buchstaben KZ verbunden ist, kann nur der ermessen, der selbst ein ähnliches Schicksal durchlitten hat. Aber diese Opfer wußten doch wenigstens, weshalb man sie eingesperrt hatte. (Über den Verdacht, hier etwa nazistisches Unrecht bemänteln zu wollen, glaube ich wohl erhaben zu sein als ein Mensch, der vier lange Jahre in Buchenwald am eigenen Leib die Folgen menschlicher Entartung verspürt hat.)

Doch auf die Frage: Warum gerade ich? konnten die meisten meiner Leidensgefährten keine Antwort geben. Sie waren, um ein Beispiel zu nennen, als zufällige Besucher einer Filmvorstellung plötzlich ohne jeden äußeren Anlaß vom Russen zusammengetrieben und nach Buchenwald verschleppt worden. Oder was ist von dem „Fall" des Thüringer Bauern zu halten, der eines Nachts durch verdächtige Geräusche in seinem Garten aus dem Schlaf geschreckt wird, das Fenster öffnet und die Ruhestörer, die, wie er nun feststellt, seine Obstbäume plündern, auffordert zu verschwinden? Zu spät bemerkt er, daß die Diebe russische Soldaten sind, und diese Langsamkeit des Denkens bringt ihm drei Jahre Buchenwald ein! Endlos könnte ich die Beispiele vom Wüten der Menschenverächter fortsetzen, deren Gewaltakte nur den einen Sinn hatten: Furcht und Schrecken zu verbreiten, den einzelnen ständig in der lähmenden Ungewißheit zu lassen, ob nicht auch ihn das Verhängnis ereilen würde. Alle diese Beispiele würden nur einmal mehr die Tatsache unterstreichen, daß die überwältigende Mehrheit der Gefangenen, die in den sowjetischen Konzentrationslagern schmachteten, Deutsche waren, die, unschuldig-schuldig wie du und ich, Jahre um Jahre für Schandtaten büßten, von deren Ausmaß und Verwerflichkeit sie keine Ahnung hatten und von denen sie, wie ich hinzusetzen muß, auch niemals während ihrer Leidenszeit eine klare Vorstellung erhielten. Denn die von vielen erwartete „Umschulung" blieb in kläglichen Anfängen stecken und beschränkte sich genaugenommen auf die erst im Jahre 1947 beginnende Lieferung kommunistischer Zeitungen, deren Inhalt von kritischen Menschen kaum ernst genommen werden konnte. Die oft sich widersprechenden Behauptungen einer plumpen Propaganda machten auf Menschen keinerlei Eindruck, die sich verraten und von der eigenen Führung tausendfach belogen fühlten. Diese Menschen neigten vielmehr dazu, überhaupt alles, was Druckerschwärze ihnen vor Augen führte, von vornherein abzulehnen und eher das Gegenteil für richtig zu halten. Die schauerlichen Berichte über KZ-Greuel und Kriegsverbrechen entlockten ihnen nur ein mitleidiges Lächeln. Es war ja nach ihrer Meinung sonnenklar, daß es sich hier nur um böswillige Erfindungen oder maßlose Übertreibungen des Russen handeln konnte, der von unbestreitbaren eigenen Verbrechen abzulenken und den wehrlosen Deutschen alle mit einem Krieg verbundenen Untaten in die Schuhe zu schieben versuchte. Woher nahmen überhaupt diese Russen das Recht, so argumentierten sie, sich als Richter aufzuspielen, ausgerechnet sie, deren Volk in der scheußlichsten Revolution der Weltgeschichte durch ein Meer von Blut und Tränen gewatet war. Und wenn es dann noch solche Pannen, wie die nachstehend geschilderte, passierten, dann stand das Urteil der Ahnungslosen endgültig fest.

Eines Tages ging nämlich heimlich eine Broschüre von Hand zu Hand, die von den Verbrechen der Nazis in Buchenwald berichtete. Da wurde zum Beispiel von den Verbrennungsöfen erzählt, in denen die Leichen der vergasten Häftlinge zu Tausenden beseitigt wurden. Tatsache ist, daß *in Buchenwald* nur ein kleines Krematorium mit zwei Öfen vorhanden war, in denen gerade der normale Abgang eines großen Lagers eingeäschert werden konnte. (Man verzeihe die kalte Sachlichkeit dieser Worte.) Und dann war da die grausige Geschichte von dem Bärenzwinger zu lesen. SS-Männer warfen, wie die Broschüre blutig-realistisch ausmalte, Häftlinge in den Zwinger und ergötzten sich dann an dem Schauspiel, wie die Unglücklichen von den ausgehungerten Bestien bei lebendigem Leibe zerrissen wurden. Da in der Nähe des Appellplatzes tatsächlich ein großer Käfig stand, erschien die Geschichte, so gräßlich unwahrscheinlich sie auch war, doch nicht ganz unmöglich. Sie beschäftigte und quälte mich lange, bis ich durch einen Zufall die Wahrheit erfuhr. Ich fragte eines Tages Willy, einen alten Kommunisten, der lange Jahre in Buchenwald war, ob ihm die scheußliche Sache bekannt sei. Das war nicht ungefährlich, denn offiziell durfte ich ja von der Broschüre nichts wissen, auch kannte ich damals das gute Herz dieses prächtigen Menschen noch nicht. Als ich ihm alles geschildert hatte, schüttelte er mit dem Kopf und sagte: „In Buchenwald ist manches geschehen, was wirklich nicht schön war, aber daß man solche Sachen erfindet, ist mir einfach unbegreiflich! In dem Zwinger waren eine Zeitlang zwei kleine Waschbären, nette Tiere, die am liebsten Zucker und Honigkuchen fraßen. Aber Menschen anzufallen oder gar aufzufressen – dazu waren die ja gar nicht imstande."

Wer wird es mir verdenken, daß ich für die Verbreitung der überraschenden Aufklärung dieses dummen Schwindels sorgte?

Die Schneeglöckchen

Ich habe mit diesen Vorbemerkungen versucht, die seelische Situation deutlich zu machen, in die wir uns seit dem 9. Januar 1946 versetzt sahen.

Es war ein bitterkalter Tag, dieser 9. Januar, und noch heute empfinde ich es als ein Wunder, daß ich den Transport von Landsberg nach Buchenwald lebend überstanden habe. Man hatte uns vier Tage zuvor in bereitstehende Güterwagen getrieben, uns noch einmal eine warme Suppe verabreicht; dann schlossen sich kreischend die Schiebetüren. Wieder waren wir einem furchtbar ungewissen Schicksal überantwortet. Der einzige Trost für mich war, daß Walter neben mir lag und daß ich auch Rudolf im Wagen wußte. Wir sprachen zwar kaum ein Wort – die fürchterliche Enge unseres ungeheizten Käfigs erstickte jedes Mitteilungsbedürfnis –, aber ein wenig wurde das Gefühl, grausam mißhandelt zu sein, durch die Nähe vertrauter Menschen gemildert.

Ich lag mit dem Kopf an einem klaffenden Spalt der Schiebetür, durch den ständig ein eisiger Luftzug strömte. Wieder einmal verdankte ich es Walter, daß ich das ohne schlimme Folgen überstand. Der Russe hatte als einzige fürsorgliche Maßnahme vor dem Transport eine nicht unbeträchtliche Menge alter Bekleidungsstücke ausgegeben. Darunter befand sich auch ein Posten seltsamer Kopfschützer, weiße, wattierte Hauben, die wohl für Flugzeugbesatzungen gedacht waren und die mir höchst lächerlich erschienen. Aber Walter hatte den unschätzbaren Wert dieser Kopfbedeckungen sogleich erkannt, war wie ein Habicht auf sie gestoßen und hatte im Nu zwei der komischen Hauben erbeutet. Kurz darauf war der Artikel „vergriffen“, und ich wäre ohne das blitzschnelle Handeln Walters leer ausgegangen. Meine eigene Kopfbedeckung, ein ehemals eleganter Borsalino, lag zusammengedrückt im Rucksack, im Augenblick nur ein unnützer Plunder.

Ein Dichter schilderte einmal die Hölle als einen Ort, an dem die Büßenden nicht in endlos gleichbleibender Hitze schmoren, sondern an dem in ständiger Wiederkehr sengende Glut und eisige Kälte wechseln. Ich habe die Schwankungen solch schauerlicher Pein zwar nicht unmittelbar aufeinanderfolgend erlebt, aber die Erinnerung an die brütende Qual unserer Verfrachtung von Bernau nach Landsberg war lebendig genug, um mir jetzt in der Wirklichkeit einen Begriff von der Gräßlichkeit jenes Phantasiebildes zu geben.

Bei der Ankunft in Buchenwald müssen zunächst einmal die Kameraden aus den Wagen geschafft werden, die den Transport nicht überlebten. Es ist eine lange Reihe, die wir stumm und verbittert zwischen die Trümmer einer trostlosen Ruinenlandschaft legen. Hier wüteten die Bomben der alliierten Geschwader, die freilich nicht, wie es in späteren Veröffentlichungen der deutschen Presse hieß, dem Lager galten, sondern den sogenannten Gustloffwerken, einem unmittelbar vor den Toren des Lagers errichteten Rüstungsbetrieb, in dem die Häftlinge zu schwerster Arbeit herangezogen wurden.

Leichen und Trümmer – das sind die ersten Eindrücke, die auf uns einstürmen. Und doch vermögen sie uns kaum mehr zu erschüttern. Es sind ja die ewig gleichen Bilder, die uns in schauerlicher Einförmigkeit verfolgen, sobald wir einen Blick in die Welt jenseits des Stacheldrahts werfen.

Lange stehen wir wartend vor dem großen Tor, erschöpft, betäubt, bis ins Mark durchfroren, doch von jener gefaßten Ruhe erfüllt, die uns alles gleichgültig hinnehmen läßt, was uns hinter der schweigenden Barriere bevorstehen mag.

Aus einer vom Frost gesprengten Wasserleitung sprudelt ein klarer Quell. Einige der Kameraden können der Versuchung nicht widerstehen, ihren brennenden Durst zu löschen. Ich empfinde ihre haltlose Gier als tierische Unvernunft. Es ist klar, daß der eisige Trunk in den leeren Magen verheerende Folgen haben muß. Viele haben es noch immer nicht gelernt, sich zu beherrschen – und müssen es immer wieder schrecklich büßen. Endlich öffnet sich das Tor. In kleinen Trupps schleppen wir uns in das Lager, das sich auf einem langgestreckten, sanft nach Norden abfallenden Hügel vor uns breitet. Die Vielzahl der Baracken erscheint auf den ersten Blick unübersehbar. Neugierig starren uns Gruppen von Kameraden an, die sich frei vor den Baracken bewegen. Es sind, wie sich später herausstellt, überwiegend Thüringer, die im Herbst 1945 als erste das Lager bezogen. Einer ruft, unter Anspielung auf unsere weißen Kopfhauben: „Da sind ja die Schneeglöckchen!“ Der Spitzname bleibt hängen und unterscheidet uns fortan von den übrigen Lagerinsassen.

Vor einem großen Steingebäude machen wir halt. Wenig später sind wir in ein Knäuel hilfloser, verwirrter Menschen gestoßen, die sich ihrer Kleider und der wenigen Habseligkeiten beraubt sehen, die sie bis hierher geschleppt haben. Alles verschwindet in dem Rachen der Desinfektion. Unverständliche Befehle von Aufsehern in „Zebra“-Kleidung machen das Durcheinander vollkommen.

Der einzige, der in diesem Chaos einen klaren Kopf behält, ist der unverwüstliche Walter. Als wir unter der Brause stehen, die herrliches, heißes Wasser spendet, sagt er beruhigend: „Keine Angst, Junge, deine Klamotten kriege ich schon!“ Wie er es angestellt hat, in dem anschließenden Kampf aller gegen alle tatsächlich seine und meine Sachen herauszuangeln, ist mir heute noch ein Rätsel. Ich bin glücklich darüber, wenigstens wieder die eigenen Kleider am Leibe zu haben, auch wenn sie sich jetzt vollends ganz in alte Lumpen verwandelt haben, die zudem einen widerlichen Geruch ausströmen.

Die leere Baracke, die wir nach dem Bad beziehen, ist kalt und muffig. Ein Teil der Fensterscheiben ist zerbrochen, die roh gezimmerten Bänke und Tische sind halb zerfallen. 250 Mann werden in die elende Behausung gestopft, dann schließt sich die Tür, und wir sind uns selbst überlassen.

Ich liege neben Walter auf der harten, doch nicht mehr ungewohnten Pritsche, höre wie aus weiter Ferne, daß ein Unentwegter die Wahl eines Stubenältesten vorschlägt – doch was kümmert mich das alles? Mich überfällt und beherrscht nur noch *ein* elementares Gefühl, das während des Transportes wie unter einer Eisdecke geschlummert hatte: der Hunger. In meiner

Phantasie erscheinen mir die dünnen Suppen von Landsberg als die leckersten Gerichte, die jemals meinen Gaumen kitzelten. Wie in einem feinen Nebel versinkt die Wirklichkeit. Das Gewirr der Stimmen dringt nicht mehr an mein Ohr. Ich nehme auch die quirlende Unruhe nicht mehr wahr, die sich in der Baracke verbreitet. Wunderbare Düfte umschweben mich und versetzen mich in ein fernes Schlaraffenland. Da stößt mich Walter an und schiebt mir eine Konservendose zu. Sie ist mit dikker Grütze gefüllt. Die Speise, die jeder Bettler verächtlich von sich weisen würde, wird für uns zum festlichen Mahl, das wir schweigend und voller Andacht genießen.

„Kultura“

Im Waschraum am nächsten Morgen. Das eiskalte Quellwasser, das aus vielen feinen Düsen strahlenförmig nach allen Seiten in ein großes Becken quillt, ist eine ungewohnte, herrliche Erfrischung. Wir sind erregt und ausgelassen wie planschende Jungen. Während ich mich voller Lust der lange entbehrten Erquickung hingebe, erzählt mir Rudolf, der wie ein prustender Seehund neben mit steht, er habe gehört, daß es in Buchenwald eine „Kultura“ gebe.

„Was ist denn das?“ frage ich erstaunt und wische mir das Wasser aus den Augen.

„Eine Theatergruppe, die singt und spielt und die Kameraden unterhält“, ist die Antwort.

„Wer hat dir denn dieses Märchen erzählt?“

„Es stimmt schon! Wir sind jetzt im Internierungslager, und der Russe sorgt auch für das seelische Wohl seiner Gefangenen.“

Noch zweifle ich, zumal ich Rudolfs ironische Art kenne. Und doch bestätigt sich im Laufe des Tages die Nachricht. Wir erfahren, daß tatsächlich eine Spielschar unter der Leitung eines ehemaligen Artisten „bunte Nachmittage“ gibt; die Programme seien allerdings etwas dürftig, weil Fred, so heiße der Chef des Unternehmens, der Sache nicht recht gewachsen und zudem ein Nervenbündel sei.

Rudolf ist sofort Feuer und Flamme. Er wittert Morgenluft und hat es in wenigen Tagen erreicht, daß der „Kommandant“, ein deutscher Häftling, der auf den seltsamen Namen Rondomey hört, ihn „empfängt“. Natürlich wickelt er ihn in kürzester Frist um den Finger. Als Homo novus stößt er zwar wie wir alle auf gewisse Widerstände, denn die Alteingesessenen fürchten um ihre Posten; die „Schneeglöckchen“ werden von ihnen als unerwünschte Konkurrenten empfunden, die man nach Möglichkeit kurzhalten muß. Aber schließlich kann sich Rondomey ja nicht der Erkenntnis verschließen, daß er in Rudolf einen wirklichen Fachmann vor sich hat. Er wäre zudem der erste gewesen, der sich der suggestiven Art Rudolfs entzogen hätte, der sogleich ein großartiges Programm entwirft, das die bisherigen Leistungen der „Kultura“ (die wir noch gar nicht kennen), als kläglich-dilettantisches Machwerk erscheinen läßt.

Nach einer Stunde kommt Rudolf aus der „Stabsbaracke“ als wohlbestallter „Intendant“ der Kultura zurück. Strahlend berichtet er über die denkwürdige Unterredung. „Und du“, sagt er dann mit einem hintergründigen Lächeln zu mir, „wirst mein Inspizient.“ Meine Überraschung verwandelt sich in Bestürzung, als er hinzufügt: „Aus taktischen Gründen müssen wir dich zunächst als Schauspieler einführen. Du kannst doch irgend etwas vorsprechen?“

Wie seltsam sind doch die Wechselfälle des Lebens! Da stehe ich nun – als Häftling Nr. 12 500 – am nächsten Tag auf der Bühne der Kultura, einer großen Holzbaracke, die Platz für 600 Zuschauer bietet, und „spreche vor“, stehe mit richtigem Lampenfieber vor einem „Gremium“ abgerissener Gefangener, die mit der Miene ernsthafter Sachverständiger den armen Debütanten schonungslos mustern, an der Spitze Fred, der sich mit der Würde eines Herrn über Leben und Tod umgibt.

Ich hatte mich mit Rudolf auf ein Gedicht von Morgenstern

geeinigt – wie könnte es anders sein? –, ihm aber nicht verraten, daß ich nicht eines der bekannten, tiefsinnig-heiteren Gedichte zu sprechen beabsichtigte, sondern eines, das den jugendlich-entflammten, den kämpferisch-anklagenden Morgenstern offenbart. Schon nach den ersten Worten bin ich von jeder Befangenheit befreit. Die verhaltene, dann jäh hervorbrechende Leidenschaft, die den herrlichen Versen innewohnt, trägt mich über mich selbst hinaus, läßt mich vergessen, wo ich mich befinde. Ich sehe die grauen Gesichter der gespannten Zuhörer vor mir und schleudere ihnen die trotzigen Worte des jungen Kämpfers entgegen:

„Jünglings Absage

O liebt mich nicht, ihr Guten und Gerechten,
o laßt mich nicht so herb und qualvoll leiden,
von eurem Wege muß mein Weg sich scheiden,
und gegen euch, nicht mit euch, muß ich fechten.

Umsonst, daß wir um Ziel und Pfade rechten,
umsonst, daß sorglich wir die Kluft verkleiden,
den Einsamen, der nicht mit euch mag weiden,
ihr bannt ihn doch zuletzt, als einen Schlechten.

Dürft ich euch lieben! ... Doch wenn eure Hände
Erhabenstes mit rohem Griff mißhandeln
und wenn ihr tobt in eures Sinns Umnachtung,
dann wünscht' ich mir die Faust voll Feuerbrände,
dann möcht' ich, Gorgo gleich, zu Stein euch wandeln
durch *einen* Blick unsäglicher Verachtung."

Einen Augenblick lang herrscht in der Halle eine atemlose, fast bedrückte Stille. Dann bricht der Beifall los, Händeklatschen und Trampeln, ein minutenlanger, befreiender Ausbruch, dem sich vor allem die Jugendlichen, die sich unter den Zuhörern befinden, geradezu hemmungslos hingeben.

Etwas betäubt steige ich von der Bühne hinunter. „Das war gut", sagt Rudolf, der sonst mit Lob sehr sparsam ist, leise zu mir. „Aber hast du auch bedacht, daß das ins Auge gehen kann?“ Ich habe es schon bedacht (vielleicht mit dem Dolus eventualis, wie der Jurist sagen würde). Aber *diese* Wirkung meines Vortrags hatte ich denn doch nicht erwartet! Während mich die Jungen aufgeregt umdrängen, fällt die hohe Jury einstimmig die Entscheidung, mich in das Ensemble aufzunehmen.

Rudolf nimmt sofort die Zügel des fragwürdigen Unternehmens straff in die Hand. Die „Sängerfahrt“, ein harmloses Stück, das gerade geprobt wird und dessen dünne Handlung dem Männerchor Gelegenheit gibt, an passenden und unpassenden Stellen Proben seines nicht unbeachtlichen Könnens zu geben, wird in aller Eile umgebaut. Es verwandelt sich unter den Zauberhänden des erfahrenen Regisseurs zu einem abgerundeten Ganzen, noch weit entfernt zwar von einer künstlerischen Offenbarung – dazu ist es in der Anlage zu dürftig –, aber doch immerhin eine nette Unterhaltung, die etwa dem Niveau eines besseren Dilettantentheaters entspricht und beim Publikum großen Anklang findet. Fred, der entthronte Intendant, zieht sich ein wenig in den Schmollwinkel zurück, ist dann aber wieder versöhnt, als Rudolf ihm Gelegenheit gibt, sich im Rahmen des Stücks in einer großen Zaubernummer zu produzieren.

Walter wird zu seiner Freude als Bühnenarbeiter übernommen. Als wir drei Unzertrennlichen in die Baracke verlegt werden, die dem Künstlervölkchen als Unterkunft zugewiesen ist, beginnen für mich Tage eines fast ungetrübten Glücks. Meine rezitatorischen Fähigkeiten werden von Rudolf mit Recht nicht überbewertet, und so widme ich mich, wie vorgesehen, ganz den vielfältigen Aufgaben eines „Inspizienten“, d.h. eines Mädchens für alles. Ich bin für den technisch reibungslosen Ablauf der Vorstellung verantwortlich, habe dafür zu sorgen, daß der Umbau der Dekorationen rasch vonstatten geht, daß der Vorhang zum richtigen Zeitpunkt sich öffnet und schließt; ich betätige mich nebenbei als Souffleur und bemühe mich – wohl der schwierigste Teil meiner Aufgabe – um die Beschaffung des notwendigen Materials. Auch dem engsten Kreis der Mitarbeiter ist es manchmal ein Rätsel, wie schließlich immer wieder Stoffe, Leim, Pappe, Farbe, Leinwand, Papier, kurz all die zahllosen Dinge, die ein Theater erfordert, gewissermaßen aus dem Nichts gezaubert werden.

Wohl erfährt das Unternehmen eine gewisse Förderung durch Herrn Feuermann, den undurchsichtigen und gefürchteten Adlaten des NKWD-Chefs, der sich zuzeiten in der Rolle eines Mäzens gefällt, aber unsere ewigen Wünsche und Forderungen erregen häufig auch wieder seinen heftigen Unwillen. Zu unserem Ärger ist der aufdringliche Schnüffler und Aufpasser oft auch bei den Proben zugegen, so daß wir nur selten unter uns sind. Aber Rudolfs Ziele sind natürlich viel weiter gesteckt. Eines Tages erklärt er: „Wenn wir richtiges Theater machen wollen, brauchen wir unbedingt Frauen."

„Total verrückt", lautet das einstimmige Urteil der „Sachverständigen". Das wird der Russe doch niemals gestatten, meinen sie, und ich gebe ihnen innerlich recht.

Rudolf läßt sich durch die Unkenrufe nicht beirren. Er spricht Herrn Feuermann an – der übrigens fließend deutsch spricht – und unterbreitet ihm seine Wünsche.

„Wenn Sie Frauen brauchen", erwidert der Elegante, stets von einer Wolke Parfüm Umschwebte, „dann holen Sie sich doch welche aus der Frauenbaracke."

Wir trauen unseren Ohren nicht. Aber die Antwort ist ernst gemeint.

Eine Woche später hat Maria (ja, es ist die Unerschrockene, die uns in Landsberg das Leben gerettet hat!) aus den sechshundert Frauen, die in zwei großen Steingebäuden untergebracht sind, etwa dreißig ausgewählt, die geeignet und würdig erscheinen, den Musen zu dienen. Später kommt dazu noch eine Gruppe Frauen, die Kostüme schneidern.

Jeden Morgen, pünktlich zur selben Zeit, wird die munter schwatzende Schar von Maria zur Kultura geleitet und am späten Nachmittag wieder abgeholt. Ich muß den Leser enttäuschen, der nun etwa die Schilderung kleiner Liebesabenteuer erwartet. Natürlich war das erste Zusammensein mit Frauen für uns nach so langer Zeit ein erregendes Erlebnis. Aber unsere Beziehungen blieben weitgehend platonisch – dafür sorgten schon die russischen Aufpasser, Sergeanten und Offiziere, die stets auftauchten, wenn man sie am wenigsten erwartete, und oft stundenlang im Zuschauerraum oder auch hinter den Kulissen herumlungerten und dem Herrgott die Zeit stahlen. Dafür sorgte nicht zuletzt auch – der Hunger, der im Augenblick zwar nicht lebensbedrohend war, aber doch empfindlich genug, um die vitalen Kräfte der Männer lahmzulegen und ihnen die Lust zu gefährlichen Seitensprüngen zu nehmen.

So waren unsere Begegnungen mit dem anderen Geschlecht auf eine, ich möchte sagen, sachliche Ebene gedrängt. Jedenfalls waren die Fäden, die sich zwischen einzelnen spannen, so zart, um nicht zu sagen: so hauchdünn, daß schon die ganze trampelhafte Roheit des Russen dazu gehörte, solche Bindungen als unerlaubte Beziehungen hinzustellen und mit Bunker und schlimmeren Strafen zu bedrohen. Das Beglückende war ja gerade, daß im Bereich des rein Menschlichen Empfindungen erblühten, wie ich sie in solcher Reinheit niemals zuvor erlebt hatte. Das animalische Erbe, das wir aus Urvätertagen mit uns schleppen und das wir Menschen des erwachten Geistes oft wie den leise bohrenden Stachel einer noch nicht überwundenen Unvollkommenheit empfinden, dieses dunkle und fremde Gefühl war von uns abgefallen. An seine Stelle war eine natürliche Unbefangenheit getreten, die sonst nur unter Geschwistern möglich ist – eine geradezu wunderbare Bereicherung unserer menschlichen Erfahrungen, die uns für vieles entschädigte, was uns aus dem Zwang der Verhältnisse versagt bleiben mußte. Wir sahen in den Frauen Schicksalsgefährtinnen, die sich tapfer bemühten, mit Würde ein Los zu tragen, das sie vielleicht noch schwerer getroffen hatte als uns Männer, war doch gerade das, was den Lebensinhalt der Frau ausmacht, in der Gefangenschaft so vollständig und grausam vernichtet. Ich kann nur mit größter Bewunderung und Hochachtung von diesen Frauen sprechen, die uns heiter und froh entgegentraten und die doch manchmal, wie ich wohl wußte, den Tag mit bitteren Tränen beschlossen.

Da war keine, die sich gehenließ, die auch nur andeutungsweise verriet, wie es in Wirklichkeit in ihrem Herzen aussah. Gewiß waren unsere Kultura-Frauen eine sehr positive Auslese, dafür hatte schon Maria gesorgt. Von ihr wußte ich, wie sehr die anständigen Frauen – wie überall auch hier in der Minderheit – unter Neid und Mißgunst, Klatschsucht und Angebereien, ja unter Diebstahl und Tätlichkeiten zu leiden hatten. In den Frauenbaracken waren ja, genauso wie bei den Männern, die verschiedenartigsten Elemente zusammengepfercht, angefangen von der echten Dame, der geistvoll-überlegenen Frau, bis zur – Straßendirne! Auch heute noch ist es für mich eine reine Freude, im Geist die prächtigen Frauen und Mädchen am mir vorüberziehen zu lassen, die sich so natürlich unter uns mischten und die sich auch äußerlich – im Gegensatz zu vielen Männern – ein wenig Charme und Kultur bewahrt hatten. Die weibliche Fähigkeit, mit den bescheidensten Mitteln einen Widerschein des Schönen zu verbreiten, feierte im Lager Triumphe. Die Kunst, einen alten Stoffetzen in ein fast modisch anmutendes Kleidungsstück zu verwandeln, grenzte manchmal ans Märchenhafte.

In dem Bewußtsein, mir selber mehr Vergnügen zu bereiten als dem geduldigen Leser, will ich aus der Erinnerung ein paar der Frauengestalten beschwören, die wie ein schöner, rasch wieder entschwindender Traum an mir vorübergingen.

Da war die schlanke, blonde Anita aus Lobenstein (Reuß – Greiz – Schleiz – Lobenstein – ausnahmsweise in der Geschichtsstunde aufgepaßt!). Man vergaß ihre rassigen, schlanken Beine über ihren blaugrauen Augen, aus denen der quellfrische Glanz unverdorbener Jugend leuchtete. Stets ein wenig gehemmt, in ihren Bewegungen noch füllenhaft-schlaksig, wenn sie singend und tanzend über die Bühne ging, umgeben von dem unsichtbaren Mantel innerer Abwehr gegen Schaustellung und äußere Pose, zog die Stolze, doch niemals Launenhafte magnetisch die Blicke der Männer auf sich, in deren Herzen gerade in dieser Welt des Schmutzes und der Gemeinheit die Sehnsucht nach Reinheit und Unschuld brannte.

Da steht wieder das Bild Lilos vor mir. Das kleine, niedliche, kaum achtzehnjährige Biest konnte einfach alles. Sie hatte eine nette Stimme, mit der sie unbekümmert wie ein eben flügge gewordenes Vögelchen die schwierigsten Koloraturen zwitscherte. Sie legte einen Stepptanz auf die Bretter, der auch den kritischen Fachmann begeisterte. Sie zeigte akrobatische Nummern, deren Gewandtheit schon fast einen Vergleich mit den gliederverrenkenden Darbietungen eines Schlangenmenschen zuließ, mit einem Wort, sie war die nie versagende, stets verläßliche Universalkraft, auf die man zurückgreifen konnte, wenn der Dramaturg wieder einmal seine Einfallslosigkeit mit der einseitigen Graupenkost zu entschuldigen versuchte.

Der Russe hetzte uns ständig vorwärts; er wollte immer neue Programme sehen. In diesem Buchenwald war es ja für ihn zum Sterben langweilig. Wozu war denn diese von Moskau befohlene Kultura vorhanden? Doch wohl zuerst und vor allem zum eigenen Vergnügen!

Ein wenig möchte ich noch bei dem Thema „Frauen" verweilen, werde ich doch später nicht mehr oft Gelegenheit haben, das Ewigweibliche in den Kreis meiner Betrachtungen zu ziehen.

In unsere Schar hatte sich sogar eine Schönheitskönigin verirrt. An ihrer Echtheit war nicht zu zweifeln. Doris – wie wir sie nennen wollen – führte zum Beweis ihrer allerdings einige Jährchen zurückliegenden Triumphe Zigarettenbildchen mit sich, die sie einwandfrei als „Miss Germany" des Jahres 19... auswiesen.

Die von mir gerühmte Unbefangenheit zwischen den Geschlechtern trieb Doris einmal in verblüffender Weise auf die Spitze. Ich saß nach einer anstrengenden Probe mit Rudolf in der engen Kabuse, die sich unser Garderobier geschaffen hatte. Das ganz gemütliche Stübchen war durch Abtrennung eines Teils des langgestreckten Raumes entstanden, in dem der Thüringer seine Requisiten und Kostüme mit der Unerbittlichkeit eines Zerberus verteidigte. Wir drei Männer waren gerade in ein Gespräch vertieft, dessen Thema mir entfallen ist, als plötzlich

Doris hereingerauscht kam. Mit den sieghaften Worten: „Ist es nicht fabelhaft?" präsentierte sie uns ein Kostüm, das für ihren Auftritt als Solotänzerin im nächsten Programm von ihr selbst entworfen und nun soeben fertiggestellt worden war. Da die Schöpfung für Lagerverhältnisse tatsächlich bemerkenswert war, geizten wir nicht mit unserem Lob. Rudolf, der sonst niemals Süßholz raspelte, verstieg sich sogar zu den Worten: „In diesem Kostüm wirst du ganz groß herauskommen."

Hingerissen von solchen Vorschußlorbeeren, rief Doris: „Ich muß es euch unbedingt gleich vorführen!" Und eh wir's uns versahen, streifte die Königin vor den Augen ihrer verdutzten Untertanen das Fähnchen, das sie gerade trug, über den Kopf und bot uns die zwar nicht mehr ganz vollkommene, aber auch keineswegs reizlose Schönheit ihrer unverhüllten Glieder. Mit derselben entwaffnenden Selbstverständlichkeit schlüpfte die unbekümmerte Eva dann in das neue Kostüm.

War das Ganze etwa der (aus den oben geschilderten Gründen untaugliche) Versuch, die langsam zerbröckelnde Macht über Männerherzen noch einmal zu erproben, oder war es nur einfach die naive Verdorbenheit eines mondänen Großstadtgewächses? Ich überlasse es gewiegteren Psychologen, die Rätsel einer Frauenseele zu ergründen. In mir erweckte die Episode nur ein Gefühl, das wohl am wenigsten hervorgerufen werden sollte: ein bißchen Mitleid. Und dann passierte die Geschichte mit Monikas Röckchen. Es war inzwischen Sommer geworden. Nachdem wir mit großem Erfolg ein von dem ältesten Kameraden des Lagers verfaßtes Lustspiel uraufgeführt hatten, gaben wir wieder einmal ein buntes Programm, eine Folge von Tanz-, Gesangs- und artistischen Nummern, die bei den Kameraden immer Anklang fanden und auch unsere russischen Brötchengeber bei Laune hielten. (Von Stücken, in denen deutsch gesprochen wurde, waren sie begreiflicherweise weniger begeistert.) Als neue Attraktion und an Stelle der sonst üblichen Ansage hatten wir uns ein „Fräulein Nummer" ausgedacht. Vor jeder neuen Szene sollte Monika mit einer Tafel über die Bühne gehen, auf der die jeweils folgende Programmnummer in künstlerisch verzierter Schrift angekündigt wurde. Soweit war alles gut. Monika, eine bildschön gewachsene junge Berlinerin, unterzog sich ihrer Aufgabe mit Anmut und Geschick. Es war eine Augenweide, sie mit ihrem kniefreien Röckchen über die Bühne tänzeln und kokett knicksend in den Kulissen verschwinden zu sehen. Ich saß, unsichtbar für das Publikum, auf meinem Inspizientenstühlchen an der linken Seite der Bühne und verfolgte kritisch den bis dahin ungestörten Ablauf des Programms.

Plötzlich stand, wie aus der Erde gewachsen, der unheilvolle Herr Feuermann neben mir und überschüttete mich mit einem Wasserfall von Kraftausdrücken, die an Deutlichkeit nichts zu wünschen übrigließen und mit der Drohung verbunden waren, die Kultura hochgehen zu lassen. „Skandalös", „frivol", „schamlose deutsche Frauen" – das waren die Stichworte, die in den Bewußtseinsbereich meines verwirrten Gemütes drangen. Da unmittelbar zuvor unser Fräulein Nummer über die Bühne gegangen war, konnte sich Feuermanns sittliche Entrüstung nur an der leichtgeschürzten Erscheinung Monikas entzündet haben. Gewiß, ein bißchen kurz war das Röckchen schon, aber daraus nun gleich eine Haupt- und Staatsaktion zu machen war einfach lächerlich!

Aber was tun? Ich saß wie auf glühenden Kohlen. Irgend etwas mußte geschehen, sonst war das Programm geschmissen. Ein anderes Kostüm war in der Kürze der Zeit nicht aufzutreiben, und so, in dieser Aufmachung, konnte ich Monika ein zweites Mal nicht auftreten lassen, wollte ich nicht dem ganzen Verein ein unrühmlich-jähes Ende bereiten. Verzweifelt starrte ich auf das Röckchen, den Stein des Anstoßes. Da kam mir der rettende Gedanke! Da war ja ein etwa fünf Zentimeter breiter Saum eingenäht, den man herauslassen konnte.

„Walter!" – er stand als Vorhangzieher in meiner unmittelbaren Nähe –, „schnell, ein Königreich für ein Messer, eine Schere!" Der fixe Junge schaltete auch diesmal in Sekundenschnelle. Er verschwand und brachte nach wenigen Augenblikken ein tadelloses Trennmesser.

„Schön und gut“, bemerkte ich, noch immer etwas benommen von der Kühnheit des Gedankens, doch schon erwärmt von der inneren Glut des Freundes. „Aber wie hast du dir denn die Besetzung gedacht?“

„Das ist überhaupt kein Problem“, war die verblüffende Antwort. „Den Faust spielt der alte Eckert, den wir freilich auf jugendlich zurechtmachen müßten. Die Rolle des Mephisto übernimmt Baumbach. Das sind zunächst einmal zwei bewährte Berufsschauspieler, auf die wir uns verlassen können. Für die Martha eignet sich unsere Wera geradezu großartig. Den Schüler spielst du selber ...“ Ehe ich mich von meinem leisen Schrecken über diese Eröffnung erholen konnte, sprudelte der Hingerissene die ganze Besetzungsliste hervor, die er schon lückenlos im Kopf hatte – bis auf eine, allerdings schwerwiegende Ausnahme. Und das war die Rolle des Gretchens.

Den „Faust“ ohne ein überzeugendes Gretchen zu spielen war natürlich ein Unding. Also war es wohl zwecklos, die Sache weiter zu verfolgen, dachte ich, rasch wieder mutlos geworden. Aber jetzt lernte ich Rudolf erst in seiner ganzen künstlerischen Besessenheit kennen.

„Wenn ich nur ein junges Mädchen finde, das wenigstens äußerlich den Voraussetzungen der Rolle entspricht – das übrige kriege ich dann schon hin.“

Wir wandten uns mit unseren Sorgen an Maria, die an allem, was mit der Kultura zusammenhing, lebhaften Anteil nahm. Wir plauderten morgens stets ein wenig mit ihr, ehe sie wieder zu ihren Frauen entschwand.

„Ein Gretchen?“ sagte sie. „Das habe ich, und zwar ein geradezu ideales, aber ob sie auch spielen kann, das weiß ich nicht.“

„Bring sie morgen gleich mit“, drängte Rudolf. „Das andere laß meine Sorge sein.“

Am nächsten Morgen musterten wir erwartungsvoll die anrückende Frauengruppe. „Das ist sie“, sagte Rudolf und packte ein junges Mädchen am Arm. „Komm, mein Kind, stell dich mal auf die Bühne.“ Etwas verschüchtert stand das junge Ding auf den Brettern und ließ unsere kritischen Blicke über sich ergehen. Mit ihren strahlenden, blauen Augen, den schweren, goldblonden Zöpfen, ihrem feinen, gemmenhaft geschnittenen Profil, der schlanken, an Botticellis schwebende Frühlingsgestalten erinnernden Figur war Lisa F. geradezu das Urbild des Gretchens. Wir waren begeistert.

Aber als Rudolf unsere „Entdeckung“ aufforderte, ein paar Schritte auf der Bühne zu gehen, und als er sie dann irgendein in der Schule gelerntes Gedicht aufsagen ließ, verwandelte sich meine Begeisterung in tiefste Enttäuschung: Lisa konnte weder sprechen noch gehen; sie war steif, gehemmt, ausdruckslos, mit einem Wort: als Schauspielerin unmöglich.

Ich sah Rudolf mit einem Blick an, der besagte: „Nun siehst du's wohl ein, daß es nicht geht.“

Aber der schüttelte nur mißbilligend den Kopf und lächelte – nicht über das hölzerne Gretchen, sondern über meinen Kleinglauben.

„Du hast doch Lust“, wandte er sich an Lisa, die nicht wußte, was sie mit ihren Händen anfangen sollte, „bei unserer 'Faust'-Aufführung mitzumachen?“

„Ja, schon, aber ich weiß nicht ...“, kam es recht verzagt aus dem Mund der Lieblichen.

„Du mußt nur daran *glauben*, dann wirst du's schon können! Meinst du, die Dorsch oder die Gold wären nicht ebenso hilflos gewesen, als sie zum erstenmal auf einer Bühne standen? Kannst du bis morgen die Szene im Garten lernen? Hier“ – er deutete auf die vergilbte Seite des Reclamheftes –, „sie beginnt mit den Worten: 'Ich fühle es wohl, daß mich der Herr nur schont ...' Das schaffst du doch? Ja? Dann fangen wir morgen mit der ersten Probe an!“

Lisa zeigte bei dieser ersten, mir unvergeßlichen Probe immerhin Eigenschaften, die für eine junge Schauspielerin nicht unwesentlich sind: Sie hatte ein gutes Gedächtnis, war lernbegierig und fleißig, und vor allem: Sie war von echter Begeisterung für die Sache erfüllt.

Rudolf stürzte sich mit wahrer Leidenschaft in seine mir fast gabe, das Werk, das ihm – vielleicht ahnte er das unbewußt – zum letztenmal die Entfaltung aller noch in ihm schlummernden Fähigkeiten und Kräfte ermöglichte.

Dreimal war der „Faust“ über die Bühne gegangen, da kam unerwartet und wahrhaft niederschmetternd der Befehl, die Vorstellung sofort abzubrechen! Rudolf, der sonst durchaus diplomatisch mit dem Russen zu verhandeln verstand, ließ sich zornbebend beim NKWD-Chef melden. Sich freiwillig in die Höhle des Löwen zu begeben, dazu gehörte schon ungewöhnlicher Mut. Aber den Anordnungen der russischen Lagerleitung offen zu widersprechen grenzte an Selbstmord. Ich beschwor ihn, nicht mit dem Kopf gegen die Wand zu rennen, erhielt aber nur die grollende Antwort: „Ich will wenigstens den Grund wissen!“

Rudolf wurde zum Tor gerufen und ließ mich in qualvoller Unruhe und Sorge zurück. Als er nach einer Stunde zurückkehrte, erschrak ich über den gramverzerrten Ausdruck seines bleichen Gesichtes. Lange dauerte es, bis er sprechen konnte.

Was ich schließlich aus seinem Mund vernahm, ist für uns Deutsche so beschämend, daß meine Feder zögert, es hier niederzuschreiben. Aber wenn ich mein Versprechen einlösen will, in diesem Bericht die Wahrheit und nichts als die Wahrheit zu sagen, dann muß ich wohl oder übel den Schweinehund, der sich Deutscher nannte, hier an den Pranger stellen.

Ein trauriges Subjekt, das in unseren eigenen Reihen zu suchen, aber nicht zu finden war, hatte das Textbuch des „Faust“, jene zerlesene Reclamausgabe, mit entsprechenden Unterstreichungen und Ausrufungszeichen versehen, dem NKWD-Chef in die Hände gespielt und ihn so auf die „anstößigen“ und „gefährlichen“ Stellen des Werks aufmerksam gemacht. Rudolf schob mir das Heft mit spitzen Fingern zu, als fürchte er, sich daran zu beschmutzen. Schon ein flüchtiges Blättern enthüllte die Flugrichtung der aus dem Hinterhalt versandten, vergifteten Pfeile.

Da waren zum Beispiel die Worte des Faust-Monologs unterstrichen:

„Weh! steck ich in dem Kerker noch?
Verfluchtes dumpfes Mauerloch,
Wo selbst das liebe Himmelslicht
Trüb durch gemalte Scheiben bricht!“

Da hatte ferner der „Chor der Engel“ den erbärmlichen Wicht animiert. Für ihn waren die jubelnden Worte:

„Christ ist erstanden
Aus der Verwesung Schoß!
Reißet von Banden
Freudig euch los!“

kein erhebender Anruf, sondern nur die Anregung zu einer gemeinen Denunziation! Doch genug von der unfaßlichen Handlungsweise dieses Ephialtes!

Mehr als zehntausend Kameraden warteten vergebens auf Erbauung und Trost. Wir aber, die wir uns mit letzter Kraft, mit unserem Herzblut (das Wort mag hier einmal gestattet sein) der großen Sache verschrieben hatten, sahen uns in die grausame Wirklichkeit zurückgeschleudert. Und diese Wirklichkeit lautete: In der Zwingburg des Terrors gibt es für euch keine seelische Erbauung. Ihr habt das euch großmütig geschenkte Leben stumpfsinnig und tatenlos zu verbringen –, solange es der Laune des Siegers gefällt. Und wenn es ihm nicht mehr gefällt, dann habt ihr, mitten in eurem Vaterland, im grünen Herzen Deutschlands, zu verrecken.

„Kultura“ – das Wort war für uns zum bitteren Hohn geworden. Die Vorstellungen, die wir müde und lustlos noch gaben, waren jetzt in unseren Augen billiger Tingeltangelzauber; unser Bemühen, Stimmung und gute Laune zu verbreiten, war krampfhaft-gewollt, und manchmal empfand ich unsere heiteren Darbietungen wie einen gespenstisch-verzerrten Totentanz. Da war sie wieder, die Drohung der Finsternis, da schlich er lauernd durch unsere Reihen, der Teufel, dessen Geist wir selber beschworen hatten. Denk daran: Du bist die Maus, die jener Sadist erbarmungslos in das Becken stieß. Jetzt zapple um dein bißchen Leben und klammere dich an die kümmerliche Hoffnung, der teuflische Quäler könnte im letzten Augenblick vielleicht doch noch einmal das Holzstück werfen. Die Frau, die in diesen Tagen lautlos zusammensank, als die Kugel eines Postens vom weit entfernten Wachturm die ahnungslos am Fenster Stehende tödlich in den Rücken traf – Rudolf, der jetzt irgendwo im „Lazarett“ einsam und verlassen mit dem Tode rang, den die Steppenwölfe von deiner Seite rissen – was brauchst du Freunde, tröstlichen Zuspruch, Hilfe und Halt?! Was tatest du denn, als die Macht, der du dientest, schuldlose Menschen ins Verderben stieß?! Wenn du auch nicht das furchtbare Ausmaß ihrer Leiden kanntest – du *ahntest* es doch, daß Unrecht geschah, daß dem Moloch der „Staatsraison“ *Menschen* zum Opfer fielen, die fühlten und litten, hofften und bangten wie du! Nimm es auf dich, dein Kreuz, trag es geduldig, bis es dich niederreißt, stellvertretend für alle, auch für die, die draußen in der Freiheit leben! Und klage nicht, daß sie *leben*, während du langsam verblutest. Du bist nicht zum Ankläger berufen, weil du in all den Jahren schwiegst, in denen du die Schreie der Verzweifelten und Gemarterten hättest hören *müssen*. Du aber schwiegst – so, wie jetzt die anderen schweigen, obgleich sie wissen oder doch ahnen, daß in den russischen Lagern des Todes wieder das gleiche geschieht, was die Welt schon einmal mit Abscheu und Grauen erfüllte.

Wir wußten es alle: Die Tage der Kultura waren gezählt. Der russische Kommandant wartete nur auf die Gelegenheit, den äußeren Anlaß, um eine von oben angeordnete Einrichtung zu beseitigen, der er innerlich ablehnend gegenüberstand. Zuvor aber holte Moskau zu einem Schlag aus, der die Insassen der sowjetischen Konzentrationslager vernichtend traf. Am 3. November 1946 erfolgte eine rigorose Herabsetzung der Lebensmittelsätze. Die Brotration von 600 Gramm wurde halbiert. Doch konnte man die schwere, klebrige Masse, die überwiegend aus Kartoffeln und Kleie bestand, kaum noch als „Brot“ bezeichnen. Die bisher schon dünnen Suppen aber verwandelten sich in eine trübe Brühe, die sich nur wenig von heißem Spülwasser unterschied.

Es war klar, daß auf die Dauer bei solcher „Verpflegung", die weit unter dem Existenzminimum lag, die Fortführung der Kultura unmöglich war.

Vergebens versuchten wir die Beweggründe zu erforschen, die den Russen zu seiner unbegreiflichen Anordnung bewogen. Ein Gerücht wollte wissen, daß das Ganze ein Vergeltungsschlag war; draußen seien russische Offiziere von einer Widerstandsgruppe überfallen und teilweise getötet worden. Aber es war eben ein Gerücht wie tausend andere, und niemand konnte entscheiden, ob es den Tatsachen entsprach oder nicht.

Man sagt nicht ganz mit Unrecht, der Hunger sei eine der wesentlichen Triebkräfte für geistig-schöpferische Leistungen. Aber wenn er in solch unerbittlich-würgender Form den Menschen anfällt wie damals im Lager Buchenwald, dann schlägt er nicht nur den Körper mit tödlicher Schwäche. Wir hatten ja alle nichts mehr zuzusetzen, und so zeigten sich schon nach wenigen Tagen die verheerenden Folgen der unmenschlichen Maßnahme. Als erstes erklärten unsere Akrobaten, nicht mehr arbeiten zu können. Ich hatte die Männer schon immer im stillen bewundert, wenn sie aus ihren ausgemergelten Körpern Leistungen herausholten, die auch unter normalen Umständen erstaunlich gewesen wären. Nun aber zeigte es sich, daß auch dem zähesten Willen Grenzen gezogen sind. Unvergeßlich ist es mir, wie die Kameraden bei der letzten Probe noch einmal sich mühten, eine besonders kunstvolle „Nummer" aufzubauen. Der „Untermann", ein altgedienter Berufsartist, sank plötzlich kraftlos in sich zusammen, als zwei Kollegen versuchten, seine Schultern zu erklettern.

Es war ein Zusammenbruch in des Wortes doppelter Bedeutung: tatsächlich, als ein jähes Versagen der physischen Kräfte, symbolisch, als der sichtbare Ausdruck auch des Verlöschens unserer seelischen Widerstandskraft. Es ging nicht mehr, wir waren am Ende.

Am nächsten Morgen rückten wir nicht mehr aus. Als hätte er nichts anderes erwartet, unternahm der Russe erst gar nicht den Versuch, uns aus der Baracke zu treiben. Er führte, wie wir langsam zu ahnen begannen, ganz andere Dinge im Schilde. Eine angekündigte ärztliche Massenuntersuchung ließ uns Schlimmes befürchten.

Willy, der alte Lagerfuchs, wußte Bescheid. „Es geht in die Bleibergwerke im Ural", flüsterte er mir zu. „Halte dich aus der Sache heraus – von dort kehrt keiner lebend zurück!"

„Wie soll ich denn das machen?" wollte ich wissen.

„Ganz einfach: Von heute an läßt du dich nicht mehr rasieren; bei der Untersuchung stehst du mit hängenden Armen und eingefallenem Oberkörper da – mager genug bist du ja; dann bekommst du einen gräßlichen Hustenanfall; außerdem setzt du dein Alter um ein paar Jahre herauf!"

Ich habe die Ratschläge des „Klassenfeindes" genau befolgt, mit dem Ergebnis, daß die russische Ärztin schon abwinkte, noch ehe sie mich recht ins Auge gefaßt hatte. So verdanke ich wahrscheinlich mein Leben einem alten Kommunisten, der in Buchenwald die Lehren seiner Partei vergessen hatte. Er fragte nicht mehr: Was bist du einmal gewesen, sondern sagte nur: Wie trittst du mir jetzt als Mensch gegenüber? Mehr noch als das Dogma einer Partei oder eines Glaubens kittet schließlich doch gemeinsam erduldetes Unrecht selbst die unterschiedlichsten Menschen zusammen – diese Erfahrung machten Männer und Frauen in den Lagern vor und nach 1945. Das besagt nicht, daß sie ihre persönlichen Ansichten und Überzeugungen preisgegeben hätten. Der Russe mochte sich vielleicht anfangs der Hoffnung hingegeben haben, die Deutschen im Schmelztiegel seiner Zwangserziehung moralisch zerbrechen und sie dann zu kritiklosen Anbetern seines Systems wandeln zu können. Doch diese Hoffnung erwies sich als trügerisch. Läßt man die leider nicht seltenen Fälle außer Betracht, in denen Deutsche aus mehr als durchsichtigen Gründen mit fliegenden Fahnen in das Lager der Menschheitsbeglücker übergingen, so bleibt die Zahl der wirklich „Bekehrten" geradezu lächerlich gering. Ich könnte aus dem nach Hunderten zählenden Kreis der Leidensgefährten, mit denen ich im Verlauf langer Jahre in nähere Berührung kam, sage und schreibe nur zwei benennen, die sich innerlich überzeugt der kommunistischen Lehre zuwandten. Von diesen beiden war der eine ein typischer Renegat: Als ehemals überzeugter Nationalsozialist sang er nun mit demselben Fanatismus ein Loblied auf den großen Stalin. Gegen den anderen erhob sich der begründeter Verdacht schizophrener Erkrankung. Die neuen Freunde waren also für den Russen ein recht zweifelhafter Gewinn, der ihnen von Herzen gegönnt wurde. Umgekehrt aber gab es viele, die sich von denen abgestoßen fühlten, die sie bislang als Gesinnungsgenossen betrachtet hatten und die schließlich alles verbrannten, was sie einst angebetet hatten. Gewiß ein durchschlagender „Erfolg" der Umschulung und zugleich ein vernichtendes Argument gegen den vom Russen gelegentlich behaupteten tieferen „Sinn" der Konzentrationslager überhaupt! Die Wandlung jedoch, die sich bei allen Denkenden tatsächlich vollzog, war eine rein menschliche. Sie ergriff jeden, der geläutert durch die Abgründe des Hasses hindurchgegangen war, in der Tiefe seines Wesens, führte ihn bewußt oder unbewußt zu den unvergänglichen Werten des Lebens und ließ ihn erkennen, wie belanglos im Grunde all die äußeren Einordnungen, die gedankenlosen Normungen waren, denen er bisher verfallen war.

Da zerbröckelte unversehens das kunstvoll errichtete Gebäude der feierlichen Thesen, das leere Gedankenwerk der „Ismen", wurden schimmernde Begriffe wie Ehre, Recht, Vaterland stumpf und matt – von dem nebelhaft verblassenden geistigen Talmiglanz des „Herrentums" und der „Rasse" ganz zu schweigen. Wäre es unseren führenden, im öffentlichen Leben stehenden Männern gegeben, diese wahrhafte Wandlung zu erkennen – ich glaube, sie würden keinen Augenblick zögern, die Überlebenden der sowjetischen Lager und Zuchthäuser überall zu neuen, verantwortlichen Aufgaben zu berufen, auch wenn sie (wie zum großen Teil sie selber) einstmals dem braunen Unrechtsstaat gedient haben sollten. Sie müßten dabei freilich im Kauf nehmen, daß ihre neuen Mitarbeiter gelegentlich recht eigenwillig und unbequem sein würden – dem unbestechlichen Blick des Heimkehrers enthüllen sich eben auch die Schwächen und Mängel der westlichen Welt. Ja, würden unsere Staatsmänner erkennen, daß die aus der Hölle der Schweigelager und Zuchthäuser Zurückgekehrten nicht nur für immer immun geworden sind gegen die geistigen Zaubertricks der mit allen Wassern gewaschenen östlichen Dialektiker, sondern daß sie ebenso die hohlen Phrasen der braunen Roßtäuscher bis auf ihren erbärmlichen Grundgehalt erkannt und abgetan haben, ja, daß sie vielleicht die einzigen sind, die unsere unheilvolle Vergangenheit innerlich ganz überwunden haben, dann würden sie – aber ich weiß nur zu gut, wie taub die Ohren sind, denen ich predige!

Ich muß mich mit der traurigen Erkenntnis abfinden, daß die in bitterster Leidenszeit gewonnenen Einsichten meiner Kameraden, ihr überlegenes, von Vorurteilen befreites Denken, ihre Menschenkenntnis, ihre Großmut und Duldsamkeit, daß all diese unschätzbaren Eigenschaften nicht dem gemeinen Wohl dienstbar gemacht werden, sondern ungenützt brachliegen.

Durchschnittene Drähte

Das zweite Weihnachtsfest hinter Stacheldraht steht vor der Tür. Welche Teufelei wird der Russe diesmal ersinnen, um uns seine Verachtung aller christlichen Tradition vor Augen zu führen?

Wir werden verlegt. In der neuen Baracke mit 350 Leidensgefährten auf dreistöckigen Pritschen fürchterlich zusammengepfercht, erwarten wir frierend und hungernd den neuen Schlag.

Aber zuvor geschieht etwas völlig Unerwartetes. An einem trüb verhangenen, naßkalten Winternachmittag kommt der Leiter der Jugendgruppe, ein Thüringer Sportlehrer, erregt zu mir. Er habe festgestellt, daß drei Jungen fehlen.

Ich versuche, ihn zu beruhigen. „Die machen sicher einen Besuch bei Freunden in einer der Nachbarbaracken oder versuchen, irgend etwas zu organisieren."

„Das habe ich zunächst auch angenommen“, erwidert er. „Ich habe überall nachgefragt, aber in keiner der in Frage kommenden Baracken sind sie gesehen worden. Seit mindestens zwei Stunden sind sie spurlos verschwunden.“

„Glaubst du vielleicht, daß sie ...?“

„Ich habe ein komisches Gefühl bei der Sache, obgleich Manfred dabei ist, dem ich so etwas am wenigsten zutraue.“

Manfred war ein stiller, etwas verzärtelter Junge, der unter schrecklichem Heimweh litt. Einmal hatte ich ihn nachts, als ich Wache schob, auf den Brettern liegen sehen, mit tränenüberströmtem Gesicht zur Decke emporstarrend.

„Ich muß sofort Meldung erstatten, sonst kommen wir in Teufels Küche“, sagt der Thüringer.

„Wenn sie wirklich abgehauen sind, können wir doch nichts mehr ändern“, gebe ich zu bedenken. „Aber je später du die Meldung machst, um so größer wird ihr Vorsprung sein.“

„Ja, da hast du recht. Ich warte bis eine halbe Stunde vor dem Abendappell, dann sag' ich's dem Barackenältesten.“

Noch ist alles ungewiß, ja im Grunde ganz unwahrscheinlich. Wir stellen fest, daß die Mäntel und Rucksäcke der Verschwundenen friedlich an ihrem Platz hängen. Nichts deutet auf ein vorbereitetes Unternehmen hin. Und überhaupt: Wie könnte es möglich sein, ohne Tarnkappe die zahllosen Sperrzonen zu überwinden, die der Russe in einem raffiniert ausgeklügelten, vielfach gestaffelten System rings um das Lager gelegt hat? Schon die gleichmäßig verteilten Posten des „Lagerschutzes“ sind ein schwieriges Hindernis. Es sind zwar Kameraden, aber sie erfüllen ihre Aufgabe mit echt deutscher Sachlichkeit, das heißt, es sind Aufsichtsorgane, die ihre Pflichten kennen und entsprechend handeln! Von den drohend in der Dunkelheit aufragenden Wachtürmen flammen in unregelmäßigen Abständen Scheinwerfer auf und tasten das von jedem Grashalm peinlich gesäuberte, von einem zweifachen Stacheldraht umsäumte Niemandsland ab. Aber selbst wenn es gelingen sollte, ungesehen durch diese Zone zu schlüpfen, so erwartet den Flüchtigen noch ein letztes und schwerstes Hindernis: ein Gewirr elektrisch geladener Drähte, deren leiseste Berührung den Tod bedeutet. Nein, die Aussichten des Entkommens aus der Zwingburg des Schreckens sind gleich null. Das wissen wir alle, die wir theoretisch alle Möglichkeiten natürlich längst durchdacht und in kleinstem, vertrautem Kreise besprochen haben.

Noch gibt es indessen eine andere, harmlose Erklärung für das Verschwinden der drei: Sie wurden bei irgendeiner krummen Tour vom Lagerschutz geschnappt und gleich zum Bunker gebracht, der innerhalb des Lagers zur Verbüßung von Strafen für kleinere „Vergehen“ vorhanden ist. Von solchen Zwischenfällen wurde sonst freilich der Barackenälteste durch Melder unverzüglich benachrichtigt. Und das ist bisher nicht geschehen.

In unser Rätselraten platzt der Befehl: „Fertigmachen zum Appell!“ Jetzt können wir die Sache nicht mehr länger verheimlichen.

Der Barackenälteste ist sichtbar erschrocken. Für ihn gibt es keinen Zweifel darüber, was geschehen ist. Er ist sich auch der Folgen, die der Vorfall für ihn persönlich und für uns alle haben kann, durchaus bewußt. Doch als er sich ein wenig gefaßt hat, sagt er zu meiner unbändigen Freude – innerlich tue ich ihm Abbitte für alle militärischen Forschheiten, die er sich uns gegenüber erlaubt – leise und nachdrücklich: „Hoffentlich kommem sie durch.“

Wie ein Lauffeuer geht es durch die Reihen der zum Appell Angetretenen. Ich glaube, daß ich nicht der einzige bin, der ein Stoßgebet zum Himmel sendet, das Unglaubliche, das Einmalige möge gelingen! Vier Stunden Vorsprung – Nacht und Nebel über dem Thüringer Land – der Russe noch immer ahnungslos – drei Herzen, in denen die Sehnsucht nach Freiheit glüht, wie in uns allen – aber diese drei haben ihr Leben gewagt, um das höchste irdische Gut zu gewinnen!

Wir stehen stumm, hoffend und bangend. Da ist er, der junge Sergeant, der den Appell abnimmt! Wir ducken uns vor dem Tobsuchtsanfall, der jetzt über uns hereinbrechen wird.

Wieder einmal falsch gedacht. Die Reaktion des Russen auf die Meldung des Barackenältesten ist so unglaublich, so unwirklich, daß wir uns fragen: Ist der Mensch verrückt oder betrunken? Er schimpft nicht, er schreit nicht, er sagt überhaupt nichts, sondern er – lacht, lacht aus vollem Halse! Sonst nichts. Erledigt. Appell beendet, alles einrücken! Was bedeutet das alles? Das Verhalten des Russen, der einen durchaus klaren, nüchternen Eindruck machte, läßt keinen anderen Schluß zu als den, daß er über die Sache im Bilde ist. Aber wo stecken dann die Ausreißer? Dürfen wir noch für sie hoffen, oder erweist sich das Ganze als ein Wunschtraum, als ein Trugbild unserer Phantasie?

Eine Stunde später. Das Lager gerät in Aufruhr. Der Russe spielt plötzlich verrückt. Hat er endlich gemerkt, was sich ereignet hat?

Schüsse peitschen durch die Nacht. In das Fluchen und Schreien der Sergeanten und Offiziere, die in ganzen Rudeln das Lager durcheilen, mischt sich das Heulen der Sirenen – welche Musik in unseren Ohren! Es ist kein Zweifel: Sie sind weg, fort über alle Berge!

Der Barackenälteste und der Leiter der Jugendgruppe werden zur „Vernehmung" geholt. Sie kommen erst am nächsten Tag in jämmerlichem Zustand zurück. Wir anderen aber stehen nach dem Morgenappell volle vier Stunden in Reih und Glied vor der Baracke. Stumm, verbissen, durchschauert von der Kälte des winterlichen Morgens nehmen wir die Strafe auf uns. Aber was heißt hier schon „Strafe"? In uns allen ist ein Gefühl des Stolzes und des Triumphes, das uns hart und geduldig macht. Und wir wissen: Wenn den Jungen die Flucht nach dem Westen gelingt, wird die Welt endlich die Wahrheit über Buchenwald erfahren!

Am Nachmittag gibt der Russe bekannt, die vier Ausreißer seien gefaßt und mit je 60 Tagen Bunker bestraft worden. Niemand glaubt es. Uns interessiert nur, daß der Russe von *vier* Ausreißern spricht. Wer ist der vierte Mann?

Bald wissen wir alles. Sie haben es gut gemacht, diese prächtigen Bengel! Sie haben nicht nur Mut gezeigt, sondern auch Intelligenz. Und vor allem: Sie konnten schweigen!

Der vierte Mann war ein Elektriker, der selbst mitgeholfen hatte, den teuflischen Draht zu legen. Wohlversehen mit Gummihandschuhen und Drahtschere, gelang ihm in unmittelbarer Nähe eines Wachturms der Durchbruch zur Freiheit ... Stundenlang, so wird uns berichtet, standen die russischen „Sachverständigen“ mit langen Gesichtern vor den durchgeschnittenen Drähten.

Ein Abschied

Die Weihnachtsüberraschung, die uns der Russe bereitet, ist zwar nicht zu vergleichen mit der scheußlichen Tat, die er am Heiligen Abend in Landsberg beging, aber es gelingt ihm mühelos, auch nur den leisesten Anflug einer besinnlichen Stimmung aus unseren Herzen zu verscheuchen. Am 23. Dezember gegen Mittag wirbelt er mit der ihm eigenen, hilflosen Umständlichkeit das Lager durcheinander. Es sind die Männer der Gruppen 1 und 2, die nach dem Ergebnis der ärztlichen Untersuchung als die angeblich noch Kräftigen und Gesunden von der Masse der übrigen Gefangenen getrennt und in geräumte Baracken verlegt werden. 1500 Mann stark ist das neue „Kontingent“. Sie werden verhältnismäßig gut ausgestattet, mit Wattejacken und Pelzmützen versehen und erhalten bessere Verpflegung. Kein Zweifel: Das ist das von Willy vorhergesagte Arbeitskommando, das nach Rußland geht!

Auch Walter gehört zu den Aufgerufenen. Wir reichen uns die Hand, versuchen ein Lächeln, einen ermunternden Blick, aber wir wissen, daß wir beide einem schweren und dunklen Schicksal entgegengehen. Noch sehe ich den treuen Gefährten, wie er, sein armseliges Bündel geschultert, die Lagerstraße langsam hinuntergeht, sich vereinigt mit einem Trupp Kameraden, die gleich ihm den neuen Leidensweg gehen müssen, wie er sich dann noch einmal zurückwendet und die Hand zu einem letzten, grüßenden Winken erhebt. Ich ahne, daß es ein Abschied für immer ist.

Ich bleibe zurück in einer Welt ohne Hoffnung und Trost, in der Welt der schmutzigen, stinkenden Baracken, des nagenden Hungers, der sinnlos im Kreise sich drehenden Gedanken, der ewig bohrenden Sehnsucht, die an sich selber verblutet. Der Glaube an die eigene Kraft – angesichts des langsamen Verwelkens der Menschen rings um mich her enthüllt sich mir der Aberwitz solch törichten Hoffens! Innerhalb acht Wochen sterben in Buchenwald 2000 Kameraden unter dem Würgegriff des Hungers, 2000 von 14 000, zwei von 14, einer von sieben ...

Das einzig Versöhnende bei dieser namenlosen Tragödie ist die Erfahrung, daß das Verhungern in seiner letzten Phase ein leises und friedliches Sterben ist, daß der Tod fast unmerklich kommt, daß es kein sinnloses Aufbäumen und Ringen mehr gibt, wenn die winzige Flamme des Lebens vollends erlischt. Da sinkt dem Kameraden, der neben mir auf der Pritsche hockt, unversehens beim Schlürfen der Suppe der Löffel aus der Hand, da erwacht ein anderer nicht mehr aus dem dämmernden Halbschlaf, der ihn seit Tagen umfangen hält ...

Das „B-Kommando" – so lautet die lieblos-sachliche Abkürzung für den Bestattungstrupp – hat in diesen Wochen schwerste Arbeit zu verrichten. Jeden Morgen werden die nur noch mit einer fahlgelben Haut überzogenen menschlichen Gerippe auf einem Leiterwagen übereinandergestapelt und zum Tor hinausgefahren. Unter den antreibenden, häßlichen Rufen der Begleitposten werden die Leichen in die tiefen Gruben der Massengräber geworfen. Als letzte Totengabe erhalten sie ein paar Schaufeln Chlorkalk. Dann wölbt sich die Erde über dem Grab, in dem Menschen ruhen, deren einziges Verbrechen war, daß sie Deutsche gewesen sind.

Viele Jahre später werden diese gräßlichen Bilder vor meinem geistigen Auge wieder lebendig. In einer deutschen Illustrierten lese und betrachte ich den Bildbericht „Gedenkstätte Buchenwald". In dem Text zu den Bildern heißt es: „Sieben Jahre lang wurde an der riesigen Gedenkstätte Buchenwald bei

Weimar gebaut; sie kostete mehrere Millionen ... Eine Nachbildung des ehemaligen SS-Kommandoturms ist das 52 Meter hohe Mahnmal. Die Figurengruppe erinnert an die 238 980 Häftlinge, von denen 56 000 den Tod fanden." Erschütternde Zahlen, eindrucksvolle, mahnende Bilder. Sie sollen und dürfen nicht vergessen sein, die Opfer eines unmenschlichen Systems. Wer aber gedenkt der Toten, der namenlosen Dulder, deren letzte Ruhestätte eingeebnet ist, mit Strauchwerk bepflanzt, auf daß der Fuß des Wanderers achtlos über ihre zerfallenen Gebeine schreitet? Das böse Gewissen der Mörder hat die Spuren der Untat getilgt, aber in den Herzen derer, die dem Grauen entrannen, lebt ihr weiter, ihr stillen Schläfer, seid ihr mit eingereiht in den langen, langen Zug der bleichen Gestalten, die vor uns Lebende hintreten mit der furchtbaren Anklage: Bruder, weshalb erschlugst du mich?

Mag das vorgesehene „Liquidationssoll" erreicht sein, mag es der Russe im Hinblick auf die Enthüllungen der geflohenen Kameraden für klüger halten, das furchtbare Vernichtungsspiel zu beenden – in den ersten Tagen des neuen Jahres verbessert sich schlagartig die Verpflegung. Wir bekommen jetzt wieder 500 Gramm gutes Brot, dazu 15 Gramm Zucker, etwas Marmelade und – im ersten Augenblick kaum zu fassen – zehn Gramm frische, köstliche Butter! Mittags und abends gibt es je einen Liter heiße Suppe; ihre fast einzige Zutat ist zwar immer und ewig Grütze, aber sie füllt doch wenigstens den Magen, ohne ihn ständig zu verhöhnen.

Mitte Januar 1947 verlassen 1500 Männer das Lager. Was sie auf dem Transport nach Osten erduldeten, können wir leicht erahnen, auch wenn der Russe diesmal für ausreichende Verpflegung und Brennmaterial sorgte. Ich erfuhr später Einzelheiten über diesen, in der Mitte des 20. Jahrhunderts durchgeführten Sklaventransport, mit dem der Russe die einfachsten Begriffe des Völkerrechts kalt lächelnd beiseiteschob. Einer der Kameraden, ein guter Bekannter aus Berlin, war in Brest-Litowsk schwerkrank in ein Lazarett geschafft worden. Er kehrte ein halbes Jahr später nach – Buchenwald zurück, eines der

Beispiele für das unbegreifliche Verhalten des Russen, der sonst so peinlich auf die Verschleierung seiner Absichten bedacht war!

Der Abzug des „Pelzmützenkommandos“ bringt uns Zurückbleibenden eine gewisse Erleichterung: Das Lager ist nun nicht mehr so unerträglich überbelegt. Das dritte Stockwerk unserer Schlafstellen wird abgebaut. Jeder hat jetzt ein bescheidenes Plätzchen, auf dem er sich ein wenig ausbreiten kann. So entsteht, vielleicht mehr in der Illusion als in der Wirklichkeit, ein winziger Bannkreis des „Privaten“ und „Eigenen“, den wir nach den Wochen des ekelhaften Aneinandergepreßtseins dankbar empfinden.

Die weiße Binde

Ich lerne einen neuen Mann kennen: Georg, der aus nicht näher darzulegenden Gründen auf den fatalen Spitznamen Kakalowski hört oder, genauer gesagt, nicht hört, denn er wird immer wütend, wenn man ihn so tituliert. Man begegnet dem Guten, den es ein wenig an einer wesentlichen menschlichen Eigenschaft, dem Humor, gebricht, mit einigem Mißtrauen. Er ist nämlich als Dolmetscher beim sogenannten Zonenstab tätig, einer Unterabteilung des Hauptstabes, der zentralen deutschen Selbstverwaltung, an deren Spitze der deutsche Kommandant steht. Die Kameraden, die diesem bevorzugten Kreis angehören, gelten als „Kollaborateure“. Sie stehen im Verdacht, für kleine persönliche Vorteile Spitzeldienste zu leisten, also das Verächtlichste zu tun, wozu menschliche Gemeinheit fähig ist. Aber wie immer ist ein solches verallgemeinerndes Urteil schief; es trifft Gerechte und Ungerechte.

Abgesehen von seiner Humorlosigkeit, die beim Spiel „Mensch ärgere dich nicht“ wahre Triumphe feiert – für uns eine nie versiegende Quelle des Ergötzens –, ist Georg ein gutmütiger Mensch und unfähig zu Handlungen, die einem anderen ernsthaft schaden könnten. Seine gelegentlich aufbrausende und polternde Art, seine Schwäche, sich über Nichtigkeiten maßlos aufzuregen, sein übertriebenes Geltungsbedürfnis, das ihn dazu verleitet, gegenüber Mitgefangenen den Vorgesetzten zu spielen – diese von mir zwar nicht geschätzten, aber überwiegend als komisch empfundenen Eigenschaften vermögen für mich das Bild eines Mannes kaum zu verdunkeln, dem ich einen entscheidenden Wendepunkt meines Buchenwalddaseins verdanke.

Eines Abends fragt mich Georg, ob ich nicht Lust habe, eine Reinschrift der Barackenlisten anzufertigen, die durch die ständigen Verlegungen der letzten Zeit in völlige Unordnung geraten seien. Leider sei es nur eine vorübergehende Arbeit, da ein etatmäßiger Posten im Zonenstab nicht frei sei; aber wenn ich mich nicht allzusehr beeile, werde die alphabetische Ordnung der rund 3000 Namen und deren Niederschrift gut und gerne eine Woche in Anspruch nehmen.

Ich sagte sofort zu. Die Aussicht, dem trostlosen Barackenleben für einige Tage zu entrinnen, ist zu verlockend, als daß es hier langer Überlegung bedurft hätte.

So ziehe ich denn am nächsten Morgen mit Georg los, gehe mit ihm, während er mir allerlei weise Ratschläge erteilt, die Zonenstraße hinunter und betrete das mir wohlbekannte Häuschen, in dem der Zonenstab untergebracht ist. Es liegt unmittelbar neben der Kultura-Halle, die jetzt einsam und verlassen von den Zeiten träumt, in denen das Künstlervölkchen sich hier tummelte.

Das neue Heim ist für Lagerverhältnisse recht wohnlich eingerichtet. Es besteht aus vier Räumen, einem mit Schreibtisch, Sofa und Teppich üppig ausgestatteten „Salon“, in dem der diensttuende Zonensergeant residiert, zwei Büroräumen, die von Georg und Arthur (einem weiteren Dolmetscher) sowie von Rudi, dem jugendlichen Melder, bevölkert werden, und – aus einem gekachelten Badezimmer mit WC und Waschbecken. Leider ist das Bad schon lange außer Betrieb, aber das WC ist in meinen Augen schon märchenhaft genug, mich in eine längst vergessene Traumwelt zu versetzen.

Während der Melder das schriftlich niedergelegte Ergebnis des Morgenappells zum Hauptstab bringt, setze ich mich still und bescheiden an mein Tischchen, um mit meiner Arbeit zu beginnen. Nicht ohne Wohlgefallen betrachte ich den wüsten Haufen loser Blätter, die Georg mir zugeschoben hat. Ich bin entschlossen, das Chaos der Listen so langsam wie möglich zu bereinigen.

Da steht plötzlich der Sergeant, den ich bisher nur aus der Ferne zu sehen die Ehre hatte, neben mir. Er mustert mich kritisch aus graublauen Augen. Scharf und fremd schlägt mir eine Duftwelle entgegen, gemischt aus Leder, Schweiß und Parfüm. Da habe ich nun den Steppenwolf, den Sieger, in Lebensgröße vor mir! Das seltsame Gefühl, sein Mitarbeiter zu sein, bedrückt mich einen Augenblick lang wie eine dumpfe Schuld. „Sei wachsam, verkaufe nicht auch du deine Seele!“ mahnt die innere Stimme.

„Wenn gut arbeiten, dann gut essen!“ Das Angebot ist klar und eindeutig, für die Ohren eines Halbverhungerten nur allzu verführerisch. Werden die Kameraden, die in den Baracken langsam verfaulen, einst mit den Fingern auf mich deuten und sagen: „Das ist auch einer von denen, die in Buchenwald auf unsere Kosten sich satt aßen“?

Ungewohnte Klänge reißen mich aus dem inneren Widerstreit. Arthur hat aus einem mir noch unbekannten Versteck eine Balalaika hervorgeholt. Er entlockt dem Instrument eine jener schwermütigen russischen Weisen, aus denen die nie erfüllte Sehnsucht eines klaglos duldenden Volkes spricht. Die Worte, die er mit seiner mühelos-leichten Tenorstimme dazu singt, sind mir unverständlich, aber ich empfinde sie in ihrer wundersamen Verschmelzung mit der Melodie als schön.

Verzückt lauscht der Sergeant, der sich lässig auf meinen Tisch gesetzt hat, dem Lied. Sein Blick ist weich, verträumt und wie in weite Fernen entrückt. Irgend etwas verbindet mich auf einmal mit ihm. Es ist, als träfen sich unsere Gedanken an einem gemeinsamen Ziel. „Bolschewik“, „Rotarmist“, „Steppenwolf“ – was bedeuten solche plump geprägten Worte und Begriffe? Sind sie nicht Schranken, die wir selber errichten, um sie schließlich aus eigener Kraft nicht mehr niederreißen zu können? Sollte es nicht möglich sein – trotz allem, was geschehen ist –, wieder einen Anfang wagen zu dürfen, einen neuen Beginn von Mensch zu Mensch?

Ich werfe einen Blick hinaus auf die lange Reihe der Barakken, die Barrieren des Hasses, die Mauern der Unduldsamkeit, die wir Deutschen aufgetürmt haben und die wir nun auch mit eigener Hand wieder brechen müssen – für immer. Das ist unsere Aufgabe, und das ist, wo immer wir beim Sieger den leisesten Ansatzpunkt menschlichen Verstehens finden, Sinn und Verpflichtung der „Kollaboration“.

Eine Minute später stößt mich der „Natschalnik“ aus meinen schönen Träumen in die rauhe Wirklichkeit zurück. Während Arthur ein Lied nach dem anderen zum besten gibt, beginnt er mit genüßlichem Behagen, Sonnenblumenkerne zu kauen. Die Überreste seiner Mahlzeit, die weißlichen Schalen, spuckt er unbekümmert auf den blank gescheuerten Fußboden. Ich weiß, daß der mir auf der Zunge liegende Einwand: „Nix Kultura!“ meinen sofortigen Hinauswurf bedeuten würde, und ich schweige daher wohlweislich. Und doch – der an sich belanglose Vorfall bringt mir zum Bewußtsein, daß der junge Mann, in dem den Menschen zu sehen ich mich noch eben bemühte, aus der Steppe kam, aus einem fernen Land, das uns unbegreiflich und fremd bleiben wird.

Aber ist meine instinktive Ablehnung nicht ungerecht, zeugt sie nicht wieder von jenem geistigen Hochmut, den ich als eines der menschlichen Grundübel bereits erkannt und abgetan zu haben glaubte? Der deutsche Landser hat sich, zumal im Feindesland, weiß Gott auch nicht immer wie ein Gentleman benommen – und ich stoße mich an den rauhen Sitten dieses Kriegers, der mir bis jetzt noch nichts zuleid getan hat. Rudi, der nette Junge aus dem Spreewald, ist inzwischen zurückgekehrt. Mit seinen 16 Jahren kennt er die Probleme noch nicht, die mich innerlich beschäftigen. Die herrliche Anpassungsfähigkeit und Unbeschwertheit der Jugend läßt ihn alles leicht ertragen, solange es ihm gutgeht. Und es geht ihm gut, dem „Swasnoij", dem von seinen Altersgenossen beneideten Melder des Zonenstabes! Er darf sich satt essen; er kann sich frei im Lager bewegen; der Sergeant schiebt ihm gelegentlich sogar eine Handvoll Machorka zu. Und er ist natürlich nach der neuesten „Lagermode" gekleidet: blaues, eng anliegendes Jackett, lange, tadellos gebügelte, graue Hose, auf dem Kopf die keß ins Genick geschobene Skimütze – was will man noch mehr?

Und doch hat auch dieser Junge, wie ich bald erfahre, seine Sorgen. Ach, es sind schon keine Sorgen mehr, sondern scheußliche Nöte und Anfechtungen, von einem Deutschen in sein unverdorbenes Gemüt hineingetragen! Das Kapitel, das ich damit berühre, ist zu widerlich, als daß ich lange dabei verweilen könnte. Der deutsche Kommandant, der Mann mit dem seltsamen Namen, bekundet ein ebenso seltsames Interesse an dem flotten jungen Mann ... Die Andeutung mag genügen, um die Gefahren zu zeigen, die zusätzlich junge Menschen im Lager bedrohten. mag man auch noch so großzügig über gewisse, meistens ja unverschuldete Fehlleitungen menschlicher Triebrichtungen denken – Herr Rondomey zog sich in diesem Fall mit vollem Recht die Verachtung und den Zorn der wenigen Eingeweihten zu, und niemand, der um die traurige Geschichte wußte, verübelte es dem Kameraden, der dann schließlich zum Russen ging und den Vorfall meldete.

Der Kommandant wird abgelöst. Man sieht ihn nun nicht mehr hoch zu Roß durch das Lager traben. Der falsche Glanz, den er um sich verbreitete, verlöscht ruhmlos im Dämmer einer Baracke. Das gleiche Schicksal trifft aber auch Rudi, obgleich bei ihm von „Schuld" ja wohl kaum die Rede sein kann. Weinend packt er seine Siebensachen zusammen.

Der Zonenstab braucht einen neuen Melder. Georg bespricht die Sache mit dem Sergeanten. Wenn ich auch der Unterhaltung nicht folgen kann, so merke ich doch, daß sich das Gespräch um meine Person dreht. Ein paarmal fühle ich den Blick des

Russen, etwas zweifelnd und spöttisch, wie mir scheint, auf mich gerichtet.

„Der Sergeant will wissen", wendet sich Georg endlich an mich, „ob du Feuer anzünden, Stiefel putzen und Fußböden scheuern kannst."

Ich empfinde die Frage als so schwerwiegend, daß ich mit der Antwort zögere. Unversehens steigt das Bild Walters vor mir auf. Ja, *der* hätte eine solche Gelegenheit mit beiden Händen beim Schopfe gepackt! Aber *ich*, noch eben über nicht bewältigten Problemen grübelnd, ich, der Suchende, bang in die Zukunft Blickende – durfte ich einfach ja sagen?!

„Der Natschalnik meint", läßt sich Georg nun wieder vernehmen, „die Arbeit werde wohl zu schwer für dich sein."

Ich spüre, daß er mich zum Widerspruch reizen, daß er mir die Antwort in den Mund legen will. Aber gerade das verstimmt mich und läßt mich noch länger zögern. Dem Sieger die Stiefel putzen, jedem Wink, jeder Laune eines Herren gehorchen, den ich doch niemals als solchen anerkennen werde?

„Idiot!" Georg zischt mir dieses Wort ins Ohr, das im normalen Umgangsverkehr eine handfeste Beleidigung wäre; hier im Lager und in unserer besonderen Situation ist es nichts weiter als eine freundschaftliche Ermunterung. Und sie hat Erfolg!

„Sag dem Sergeanten, daß ich mich vor keiner Arbeit scheue."

„Karascho", erwidert der Chef, der meine Worte auch ohne Dolmetscherhilfe verstanden hat. Er spuckt eine letzte Schale haarscharf an meinem Kopf vorbei gegen die Wand, lacht gutmütig und verläßt das Zimmer.

So bin ich nun also wohlbestallter Zonenmelder geworden, der älteste im Lager. Würde ich wie so viele dem Augenblick zu leben verstehen, hätte ich allen Grund, mich glücklich zu preisen. Mit der neuen Stellung habe ich ja die halbe Freiheit gewonnen. Oft sehe ich die neidvollen Blicke der Kameraden auf mich gerichtet, wenn ich mit der weißen Binde am Arm durch das Lager trabe, um irgendwelche, für sie geheimnisvolle, vielleicht auch zweifelhafte Aufträge auszuführen. Wenn sie wüßten, wie schwierig, ja oftmals gefährlich diese Aufträge sind, würden sie mich wohl nicht so sehr beneiden!

Die erste, überraschende Erkenntnis, die ich gewinne, ist die, daß die Träger der olivgrünen Gymnasiorka im Grunde genommen dieselben armen Teufel sind wie wir selber. Ihre Verpflegung ist – im Gegensatz zu der der Offiziere – spartanisch einfach und unglaublich gleichförmig. Sie besteht im wesentlichen aus Kascha und Brot. Die Löhnung ist lächerlich gering; die Behandlung durch die Vorgesetzten unfreundlich, ja mitunter ausgesprochen demütigend. Urlaub ist ein Fremdwort. Alle zwei Wochen dürfen sie – bei guter Führung – in kleinen Gruppen unter strenger Aufsicht eines Feldwebels eines der umliegenden Dörfer besuchen. Bei der geringsten Verfehlung werden sie abgelöst und zum Dienst auf den Wachtürmen kommandiert. Dort stehen sie dann, ungeschützt jeder Witterung ausgesetzt, volle acht Stunden. Wehe, wenn einer bei einer unvermuteten Kontrolle „besondere Vorkommnisse" nicht richtig zu melden vermag oder gar dösend angetroffen wird – er fliegt unnachsichtlich für Tage oder Wochen, je nach Laune des Offiziers, in den Bunker, in dieselben Arrestzellen, in denen der NKWD-Chef verdächtige deutsche Häftlinge mürbe zu machen versucht!

Ja, es ist schon ein jämmerliches Dasein, das Bewacher und Bewachte in Buchenwald führen! Beide träumen sie von der Heimat, den Angehörigen, von einem besseren Leben, und beide tragen den schönen Traum der Freiheit in sich! Erst jetzt kommt mir der Wahnsinn des Lagers zum vollen Bewußtsein. Er ist überhaupt nur zu ertragen – und das ist die zweite, seltsame Erfahrung, die ich mache – durch eine unmerklich sich entwickelnde Solidarität zwischen uns und unseren „Natschalniki", deren Machtfülle bei näherer Betrachtung in ein Nichts zusammenschrumpft.

Der gemeinsame Feind ist der russische Offizier. Der lebt draußen vor dem Lager wie die Made im Speck. Zusätzlich zu den üppigen Zuteilungen an Lebensmitteln, Schnaps, Zigaretten und Marketenderwaren, die ihm offiziell zustehen, schöpft er skrupellos die Möglichkeiten aus, die ihm das Lager bietet. Der sogenannte Wirtschaftsoffizier ist ein Großschieber, der ständig riesige Mengen Fleisch, Zucker und Fett aus der Lagerverpflegung „abzweigt“ und auf dem schwarzen Markt verhökert. Die bedeutenden Erträge der Gärtnerei und des „Wirtschaftshofes“, einer lagereigenen Landwirtschaft, fließen restlos in die Taschen der Schmarotzer, deren Frauen aufgedonnert vor dem Lager herumspazieren, deren Kinder, wie Modepuppen zurechtgemacht, in kleinen Autos fahren, die Gefangene für sie gebaut haben. Man bezahlt sie mit den Brosamen, die vom Tische der Sieger fallen. Die krampfhafte, aber völlig verunglückte Nachahmung des westlichen Lebensstils wäre zum Lachen, würde denen, die dieses groteske Schauspiel erleben, nicht längst das Lachen vergangen sein.

Niemals hatte ich Gelegenheit, solch schreiende soziale Gegensätze zu beobachten, wie sie uns täglich von den Verkündern der östlichen Heilslehre vor Augen geführt wurden. Wie oft habe ich gewünscht, daß die weltfremden Träumer, die noch immer den kommunistischen Ideen anhängen, wenigstens für ein paar Tage den Anschauungsunterricht hätten genießen können, der uns in Buchenwald erteilt wurde!

Wie der Lagerinsasse, dem die Gunst des Schicksals ein wenig Bewegungsfreiheit gab, so war auch sein russischer Aufseher ständig bestrebt, etwas zu „organisieren“. Aber während der Gefangene seine kleinen Vorteile ganz auf eigene Rechnung und Gefahr zu ergattern hatte, machte es sich sein Vorgesetzter wesentlich leichter: Er gab entsprechende Befehle, und der Untergebene hatte für ihn das Gewünschte zu besorgen. Wie er das machte, war seine Sache.

So war auch ich, der kleine Melder, recht häufig „außerdienstlich“ unterwegs. Da hatte ich Sonnenblumenkerne oder Blumen aus der Gärtnerei zu beschaffen, Zwiebeln oder Tabak vom Wirtschaftshof zu holen; da war das (natürlich gestohlene) Fahrrad des Sergeanten zur Überholung in die Reparaturwerkstätte zu bringen. Alles an sich harmlose Aufträge – solange man nicht von einem der zu allen Tageszeiten im Lager auftauchenden Offiziere geschnappt wurde. Die Herren scheuten sich keineswegs, einem die Taschen umzudrehen und hochnotpeinliche Fragen zu stellen, peinlich sowohl für den Befragten wie auch für den Sergeanten, in dessen Diensten man stand!

Doch das schlechte Beispiel der Offiziere verdarb auch die anfangs noch einigermaßen guten Sitten der einfachen Rotarmisten. Ihre Begehrlichkeit wuchs und begnügte sich bald nicht mehr mit Dingen des täglichen Bedarfs. Da gab es im Lazarett eine Kleiderkammer, in der die nachgelassenen Habseligkeiten unserer Toten in bedrückend trauriger Fülle gestapelt waren. Auf den ersten Blick war das nichts weiter als ein muffiger Haufen modernder Lumpen; aber die Aasgeier wußten nur zu genau, daß da noch anderes zu finden war als halb verschimmelte Kleidungsstücke: sorgsam in Futter und versteckte Taschen eingenähte Geldscheine, Trauringe und Medaillons, Talismane, Uhren und Zahngold. Gold vor allem war das Zauberwort, das die Hyänen und Schacherer lockte! Und hier, in der furchtbaren Rumpel- und Abfallkammer des Todes, wurden nun die schmutzigen und dunklen Geschäfte zwischen „Deutschen“ und Russen getätigt, die ich zwar nur aus der Ferne, in wohlweislich gezogenem Abstand, erlebte, die mir aber gleichwohl so grauenhaft erschienen, daß mich noch heute der Ekel schüttelt, wenn mir in der Erinnerung die Galgenphysiognomien der Fledderer wie die spukhaften Bilder wirrer Träume erscheinen.

Der Apfel

Zum Verwaltungsbereich der IV. Zone gehörte auch das Lazarett. Es umfaßte neben zahlreichen Baracken für die Kranken die Wohnräume der deutschen Ärzte, eine Berufsgruppe, die unter den Gefangenen unverhältnismäßig stark vertreten war; ferner eine eigene Küche, eine Desinfektion, die erwähnte Kleiderkammer und ein Häuschen, in dem der „Intendant“, gleichfalls ein Deutscher, seines schwierigen Amtes waltete. Getrennt von den übrigen Krankenunterkünften und außerhalb des eigentlichen Lazaretts war die sogenannte Chefbaracke. Früher, so wußte der drahtlose Lagerdienst zu berichten, sei dieses Gebäude von leichten Damen bewohnt gewesen, denen die Aufgabe gestellt war, die SS-Bewachungsmannschaften und Kapos nach ihrem schweren Dienst zu ergötzen. Jetzt befanden sich in ihm das Dienstzimmer des russischen Chefarztes sowie eine Anzahl von Einzelräumen für erkrankte Frauen und für schwere Fälle, will sagen für Kameraden, die nach schweren Operationen oder heftiger akuter Erkrankung keine Aussicht mehr hatten, ins „Leben", d.h. in die Reihen der übrigen Todeskandidaten, zurückzukehren.

Bald hatte ich erfahren, daß in dieser von der Außenwelt völlig abgeschlossenen und darum wie von einem düsteren Geheimnis umschwebten Baracke mein Rudolf lag, den ich in Gedanken so oft vergebens gesucht hatte. Ich wußte: Wenn ich den Freund noch einmal sehen wollte, dann mußte ich handeln. Die weiße Armbinde verschaffte mir zwar ungehinderten Eintritt in das Lazarett, aber in die streng bewachte Chefbaracke einzudringen war bisher auch einem Melder noch nicht gelungen.

Ein Sanitäter, mit dem ich mein Anliegen besprach, riet mir dringend von irgendwelchen Versuchen ab. Der Russe, meinte er, sei wegen der in der Chefbaracke untergebrachten Frauen besonders mißtrauisch; der Lagerschutz sei angewiesen, schon den geringsten Annäherungsversuch zu melden; ich würde unweigerlich im Bunker landen und überdies meine Stellung verlieren.

Das waren gewiß überzeugende Gründe, die Sache aufzugeben. Aber der Gedanke, den Freund so nahe zu wissen und ihn dennoch ohne Gruß und Zuspruch zu lassen, peinigte mich unablässig.

Es *durfte* da einfach kein feiges Kapitulieren geben! Wieder und wieder umkreiste ich das schweigende, von mehrfachem Stacheldraht umgebene Gebäude, umfaßte mein Blick die frei an der Eingangspforte hängende Glocke, die höhnisch Benützung zu fordern schien – da ergab sich unvermutet eines späten Nachmittags die blitzschnell erfaßte Gelegenheit: Vor der Baracke stand als Posten des Lagerschutzes ein Mann, der, wie ich wußte, Rudolf tief verehrte, war er doch als Bühnenarbeiter der Kultura gemeinsam mit mir Zeuge seines unvergleichlichen Wirkens gewesen.

Ich trat an ihn heran und sagte: „Du mußt mich für eine Viertelstunde hier hineinlassen."

„Das ist unmöglich, das weißt du doch so gut wie ich."

„Es ist möglich, wenn man Abschied nehmen will von einem Sterbenden und wenn dieser Sterbende Rudolf heißt – unser Rudolf – verstehst du?"

Der Kamerad sah mich mit einem langen, prüfenden Blick an; dann sagte er: „Der Chefarzt ist vor einer halben Stunde weggegangen. Zieh die Glocke und tu, was du tun mußt."

Zwei Minuten später stand ich vor Rudolfs ärmlichen Lager. Erschreckend das bleiche, eingefallene Gesicht des vom Tode Gezeichneten. Nur in den freudig aufleuchtenden Augen glomm noch ein Rest des alten Feuers. Aber in dem Blick, der mich fiebernd suchte, war etwas Fremdes, unruhig Flackerndes. Es waren die Augen eines gehetzten, waidwund getroffenen Tieres, das den Jäger auf seiner Fährte weiß. Wir beide wußten es wohl, wer der Jäger war!

Wie arm sind menschliche Worte, wenn wir vor der Unerbittlichkeit des Todes stehen! Wenn wir fühlen, daß vor seinem starren Sphinxblick all unser Tun keinen Bestand hat, mochten wir auch um die höchsten Dinge des Lebens gerungen haben. Gerade der Künstler in seinem Nievollendetsein empfindet es an der Schwelle von hier nach dort besonders tief, daß alles, was er schaffen durfte, nur Stückwerk war, ein Stammeln, ein tastendes Mühen der Hände, nicht mehr als das Spiel eines Kindes ... Und daß alles in ein Nichts versinkt, wenn der große Zerstörer uns das Spielzeug aus den Händen nimmt ...

Was können wir tun, wenn es uns unmöglich ist, einem Mitmenschen die erhebende Hoffnung auf jene andere, schönere Welt zu geben, die wir wohl manchmal ahnen und die sich doch ewig unserer Vorstellungskraft entzieht? Wir versuchen es mit dem kleinen Trost, den uns die kleinen irdischen Dinge gewähren.

Und so sage ich – und bin mir meiner Armut wohl bewußt – : „Hast du noch einen Wunsch, den ich dir erfüllen könnte?“

Und der Freund, der noch vor wenigen Wochen die „Stimme des Herrn“ voll unnahbarer Hoheit und weltentrückter Weisheit sprechen konnte, flüstert mir zu: „Ich möchte so gern einen Apfel haben.“

'Mein Gott', denke ich erschrocken, 'woher soll ich einen Apfel nehmen? Jetzt im Winter und hier im Lager?' Aber dann fällt mein Blick auf die weiße Binde an meinem Arm – sie öffnet mir ja den Zugang zur Gärtnerei!

„Du wirst deinen Apfel bekommen, mein Lieber.“ Alle beruhigende Sicherheit, die mir in meiner Erschütterung möglich ist, lege ich in meine Worte hinein. Das ist alles, was ich tun kann, unendlich wenig, verglichen mit dem, was ich geben möchte. Das Lächeln, das auf den gelösten Zügen des Entschlummernden liegt, gibt mir die Zuversicht, mein Versprechen einlösen zu können.

Ungesehen schlüpfe ich aus der Baracke, wechsele einen raschen Händedruck mit dem wackeren Mann des Lagerschutzes, der mit mir die Gefahr geteilt hat, und eile zum Zonenstab zurück.

„Wo steckst du denn so lange?“ Georgs vorwurfsvolle Frage reizt den großzügigen Arthur zum Widerspruch.

„Mußt du denn alles wissen? Schließlich hat ja auch ein Melder noch ein Privatleben, genau wie ein gewisser Herr von Kakalowski!“

Eines der zahllosen Wortgefechte der beiden Kampfhähne entbrennt; doch es verstummt sogleich, als ich erkläre, worum es geht.

„Sofort in die Gärtnerei“, entscheidet Arthur. „Wenn der Sergeant kommt, dann sage ich ihm, daß du Listen in den Hauptstab gebracht hast.“

Ich trabe los, auf der menschenleeren Straße an der Frauenbaracke vorbei. Dort winken mir manchmal einige der Kultura-Frauen zu, die sich im Freien ergehen. Aber heute steht mein Sinn nicht nach einem heimlichen Gruß. Das blasse Gesicht Rudolfs beflügelt meine Schritte, und das Versprechen, das ich ihm gab, brennt mir im Herzen.

Ich habe immer für andere besser bitten können als für mich selbst; und so glaube ich, ein guter Anwalt zu sein, als ich nun mit dem Kameraden verhandle, dem der Russe die Leitung der Gärtnerei anvertraut hat. Ich weiß, er ist ein Kollaborateur im schlechten Sinne des Wortes. Er ist mitbeteiligt an den Schiebergeschäften des Wirtschaftsoffiziers. Er wird kaum etwas tun, was seine einträgliche Stellung gefährdet. Und doch ist auch dieser hartgesottene Sünder betroffen, als ich ihm erzähle, daß er mit einem armseligen Apfel den Wunsch eines Sterbenden erfüllen könne.

Er hört sich alles geduldig an, was ich vorbringe. Dann schüttelt er den Kopf und sagt traurig (und es klingt sogar glaubhaft): „Ich würde es tun, aber der Russe hat schon vor langem den letzten Apfel geholt. Bitte“, setzt er hinzu, als er mein maßlos enttäuschtes Gesicht sieht, „du kannst dich selbst überzeugen.“

Ich fühle, es hat keinen Zweck, hier nach Äpfeln zu suchen. Rudolf wird ohne die kleine Freude sterben müssen. Er wird – aber ehe ich die schwarzen Gedanken weitersinne, kommt mir ein Einfall: Wenn hier noch jemand helfen kann, dann ist es Maria, die Frau, die den Russen um den Finger wickelt. Sie beaufsichtigt jetzt, wie ich weiß, tagsüber im „Magazin“ eine Gruppe von Frauen, die Kleidungsstücke ausbessern.

Ohne Besinnen eile ich zu dem großen Steingebäude, erzähle dem am Eingang postierten Lagerschutzmann etwas von einem wichtigen Auftrag meines Sergeanten und finde mit traumwandlerischer Sicherheit den Arbeitsraum der Frauen.

Fröhlich-erschrockener Aufruhr! Ein Mann – und kein Russe!

„Was gibt es Neues? Wie bist du hier hereingekommen?

Was können wir für dich tun? Gratuliere zum neuen Posten! Wie geht es Rudolf?" So schwirren die Fragen und Rufe durcheinander.

Die letzte Frage stellte Anita, das blonde Mädchen aus Lobenstein.

„Seinetwegen bin ich hier. Ich muß unbedingt Maria sprechen."

„Die verhandelt gerade im Nebenraum mit Artamanow", lautet die Antwort.

Eisiger Schrecken durchzuckt mich. Artamanow ist der russische Chefarzt. Er steht zwar im Ruf einer gewissen Menschenfreundlichkeit (und in dem eines Schürzenjägers), aber er ist russischer Offizier. Wenn der mich hier bei den Frauen entdeckt, bin ich erledigt!

Noch kann ich die Flucht ergreifen. Nichts wird mir geschehen, wenn ich augenblicklich verschwinde. Aber es wird auch nichts mehr mit Rudolf geschehen. In seine einsame Düsterkeit wird kein Strahl der Liebe mehr fallen. Er wird mit dem trostlosen Gefühl, verlassen zu sein, sterben. Vorbei und zu spät! Verweht die Worte von Freundschaft und Treue, vertan die letzte Gelegenheit einer kleinen Bewährung.

Wie unter einem Zwang gehe ich zu der Tür des Nebenraums und klopfe an. Ich sehe noch die Gesichter der sprachlosen Frauen, da stehe ich auch schon vor den beiden, die mich anstarren wie einen Geist.

„Gefangener Nr. 12 500 bittet, Herrn Chefarzt sprechen zu dürfen." Meine Meldung klingt zackig – gelernt ist gelernt –, aber das Herz schlägt mir bis zum Halse.

Maria, die sich schnell gefaßt hat, spricht ein paar Sätze auf russisch, gewandt und suggestiv. Die Miene des wohlgenährten, stattlichen Offiziers hellt sich ein wenig auf. Neugierig forschend betrachtet er mich von oben bis unten.

Da ich mir nichts zurechtgelegt habe, bleibe ich einfach bei der Wahrheit. Unbewußt treffe ich damit wahrscheinlich das einzige, was auf den Russen Eindruck macht. Ich erzähle alles so, wie es sich zugetragen hat. Ich verschweige mein Eindringen in die Chefbaracke nicht, schildere den hoffnungslosen Zustand Rudolfs, versuche, klarzumachen, was er uns allen bedeutete, und trage schließlich seinen letzten Wunsch vor.

Eine lebhafte, fast leidenschaftliche Unterhaltung zwischen den beiden ungleichen Partnern setzt ein. Außer ein paar Stichworten wie „Kultura“, „Regisseur“, „Faust“ und „Swasnoij“ bleibt mir das Gespräch unverständlich. Aber leicht erfassen kann ich, daß Maria eine glänzende Fürsprecherin ist. Sie redet wie mit Engelszungen. Bezwingend, beschwörend, läßt sie den anderen kaum mehr zu Wort kommen.

Artamanow erhebt sich von dem Kleiderbündel, auf dem er Platz genommen hat. In Gedanken versunken geht er in dem engen Raum hin und her. Bei jeder Wendung, die er macht, läßt er die Reitgerte pfeifend durch die Luft sausen.

Schließlich bleibt er am Fenster stehen und blickt lange schweigend hinaus.

Was mag in ihm vorgehen? Hat Maria in ihm die menschliche Seite zum Schwingen gebracht? Empfindet er die Tragödie dieses Lagers in ihrem furchtbaren Ausmaß? Oder wird der alte Haß des Asiaten die Oberhand gewinnen?

Als er sich endlich umdreht, lese ich von seinem Gesicht den Sieg. Den Sieg über sich selbst. Wir haben gewonnen! Wir dürfen für einen Augenblick vergessen, was uns trennt. Eine einzige Geste, ein einziges Wort reißt die Schranken nieder, die wir verblendet errichten. Es ist kein großartiger Bund, der hier geschlossen, keine rührselige Verbrüderung, die hier gefeiert wird – es ist mehr: ein Verstehen von Mensch zu Mensch. Ich werde diese Stunde nie vergessen. Was auch an Bösem und Niedrigem noch geschah und immer aufs neue geschehen wird – stets wird mir die Stimme des russischen Offiziers versöhnend im Ohr klingen; sie wird sich vereinigen mit vielen anderen Stimmen, die da sprechen: „Wir heißen euch hoffen.“

Rudolf bekam seinen Apfel. Vierundzwanzig Stunden später schloß er die Augen für immer.

Ein Gruß aus dem Westen

Auf der vom Russen künstlich errichteten Insel im Herzen Deutschlands erreicht uns kein Gruß aus der Heimat. Die „Welt“ ist in nebelhafte Fernen entrückt, das Schicksal unseres Volkes noch immer dunkel verschleiert.

Oft blicke ich hinaus auf das sommerlich grünende Land, über den sich die blaue Kuppel des Himmels wölbt. Mit den lautlos wandernden Wolken durchmesse ich die lichterfüllte Weite des unendlichen Raums, aber nirgends findet mein sehnsüchtiges Schweifen Halt und Ziel.

Die Dörfer zu Füßen des Ettersberges liegen still im Sonnenglanz. Ist dort wirklich der Friede eingekehrt? Menschen sind kaum zu sehen. Selten einmal ein pflügender Bauer auf dem Feld, noch seltener ein Gespann auf der Straße. Niemand traut sich in die Nähe der Wachtürme, der drohend aufragenden Wahrzeichen des Terrors. Eine unsichtbare Mauer furchtbaren Schweigens steht rings um das Lager. Wohl wird sie zu jeder Stunde tausendfach von den Gedanken der Liebe durchbrochen, aber die Gedanken stoßen ins Leere, ins Nichts, werden matt wie Fieberträume.

Eine Welt der Illusionen, der Hirngespinste ersteht in den Köpfen der Inselbewohner. Phantastische Pläne werden geschmiedet, menschheitsbeglückende Programme entworfen. Unter Mitwirkung gewiegter Juristen werden Unternehmen gegründet, Anstellungsverträge geschlossen, ja sogar „Vorschüsse“ gegeben für künftige Leistungen! Eine geistige Wechselreiterei wuchert üppig wie tropisches Schlinggewächs und treibt die seltsamsten Blüten. Da weiß einer ein angeblich vergessenes, nur ihm bekanntes Lager an Weinen und Spirituosen in Frankreich. Großzügig stellt er „Gutscheine“ an Kameraden aus und nimmt dafür Brotrationen entgegen. Andere wieder berauschen sich an „Verkaufsschlagern“, hecken Projekte aus, die Millionengewinne versprechen.

Fast alle aber fiebern dem „Tag X“, der Stunde der Entlassung, entgegen. Die ständig anbrandende Flut der Parolen reißt alle Dämme der Vernunft, der kühlen Überlegung nieder. Geschickt gibt der Russe den Wunschträumen neue Nahrung. Es ist ja so leicht, diese kindlich vertrauenden Menschen bei Laune zu halten. Da betritt ein Offizier eine Baracke und beginnt leutselig ein Gespräch mit einem alten Mann. Es ist ein Thüringer, wie er rasch herausbekommt, der in der Nähe von Weimar einen kleinen Hof besitzt. Natürlich kennt der Russe die Angehörigen; er hat sie erst kürzlich besucht. Es geht ihnen gut. Die Frau läßt grüßen; sie hat schon alles für die bevorstehende Heimkehr des Mannes vorbereitet. Mit Tränen in den Augen dankt der Kamerad dem Überbringer der Freudenbotschaft!

In immer neuen Abwandlungen treibt der Russe sein berechnendes Spiel. Und immer aufs neue findet er bei den tausendfach Betrogenen Glauben! Dabei würde eine einfache Überlegung den Trick der Betrüger sogleich enthüllen. Die Überlegung nämlich, daß nicht der kleine Kommandant des Lagers Buchenwald über unser Schicksal entscheidet, sondern der ferne Halbgott im Kreml, der allein von den eiskalten Beweggründen politischer Zweckmäßigkeit geleitet wird.

Auch die lächerlich geheimnisvolle Arbeit an unseren „Akten" gehört zu dem ausgeklügelten System der Täuschung und Vernebelung. In mehrtägiger, fieberhafter Aktion werden die persönlich wiederholten Namenszüge sämtlicher Häftlinge mit den Unterschriften der Protokolle verglichen. Ein anderes Mal werden die Karteikarten vorgenommen. Auf ihnen ist u.a. die „Art des Verbrechens" vermerkt, das der einzelne begangen haben soll. Die scheinbar schwerwiegende Eintragung wird „revidiert", und zwar aufgrund einer Unterhaltung zwischen Vernehmungsoffizier und Gefangenem, die höchstens eine halbe Minute in Anspruch nimmt. „Das *muß* doch etwas zu bedeuten haben" – das ist der Schluß, den auch kritische Menschen aus solchen Vorgängen ziehen. Und gerade das will der Russe ja erreichen. Die Stimmung hoffnungsvoller Erwartung ist das beste und billigste Mittel gegen Verzweiflung und Meuterei. Denn diese Masse körperlich und moralisch entnervter Menschen erscheint dem Sieger noch immer gefährlich. Der Angst- und Minderwertigkeitskomplex gegenüber dem Deutschen ist ihm tief eingewurzelt – bis zum heutigen Tag. Mein Sergeant, geschmückt mit zahlreichen hohen und höchsten Orden, unterstrich diese Feststellung eines Tages auf geradezu komische Weise. Er hatte selbst bekannt gegeben, daß zu einer bestimmten Stunde die Fenster der Baracken zu öffnen seien, weil in den Ruinen der ehemaligen „Gustloffwerke" Sprengungen durchgeführt würden. In dem Augenblick, in dem uns die Schallwelle der ersten, keineswegs heftigen Detonation erreichte, lustwandelte der Tapfere gerade vor dem Häuschen des Zonenstabes. Hatte er seine eigene Anordnung schon wieder vergessen, oder verdrängte der ständig lauernde Gedanke: „Sei vor den Deutschen auf der Hut!" jede Regung kühler Besonnenheit? Wie bei einem feindlichen Feuerüberfall warf er sich blitzschnell zu Boden. Da lag nun der „Held der Sowjetunion" flach im Staub der Straße und verharrte minutenlang mit eingezogenem Kopf in dieser wenig heldischen Haltung. Aus verständlichen Gründen unterdrückten wir, die wir Augenzeugen des Vorfalls waren, ein Hohngelächter und begnügten uns mit einem verstohlenen Grinsen.

Doch, um gerecht zu sein: Es geschahen mitunter erstaunliche Dinge im Lager, die geeignet waren, das ewige Mißtrauen des Russen wachzuhalten, und die, hätte er sie alle erfahren, wahrscheinlich seine Nervosität noch erheblich gesteigert hätten. Bei meinen Gängen, die mich mehrfach am Tage an den zwölf Baracken der IV. Zone vorbeiführten, entdeckte ich einen alten Kumpel aus Landsberg, mit dem ich manches anregende Gespräch geführt hatte. Ernst F., seines Zeichens Ingenieur bei einem großen, westdeutschen Automobilwerk, saß meistens für sich alleine vor der Baracke und ließ sich von der Sonne bescheinen, die damals, im Sommer 1947, wochenlang vom Himmel brannte.

Niemand hätte geahnt, daß dem still Sinnenden etwas gelungen war, das jedem, der die Verhältnisse eines Schweigelagers kennt, wie ein Wunder erscheinen muß: Er hatte eine Nachricht aus dem Westen erhalten! *Wie* er das Kunststück vollbrachte, ist mir auch heute noch nicht völlig klar. Später, als sich der erregende Vorgang wiederholte und leider auch dem Russen bekannt wurde, munkelte man etwas von einem Arbeitskommando, das die Verbindung zur Außenwelt hergestellt habe. Wie dem auch sein mochte – ich habe jedenfalls den Brief, der von einem Kollegen aus Rüsselsheim geschrieben war, selbst gelesen, selbst in der Hand gehalten! Ich habe jede Zeile, jedes Wort in mich gesaugt, gierig wie der Verschmachtende, dem unerwartet ein Trunk frischen Wassers gereicht wird. Und ich will ein paar Sätze der mich im tiefsten aufwühlenden Botschaft wörtlich zitieren: „Wir wissen wohl, was Du für uns alle erduldest, und Du darfst sicher sein, daß wir das niemals vergessen werden. Wenn Du zurückkehrst, wirst Du Deinen alten Arbeitsplatz vorfinden. Es warten auf Dich viele neue und schöne Aufgaben ...“

„Wenn Du zurückkehrst ...“ Der Empfänger der Botschaft kehrte wie so viele nicht ins Leben zurück. Er starb zu Beginn des Herbstes in den besten Mannesjahren an der heimtückischen Seuche, deren bester Verbündeter der Hunger ist – an offener Tbc.

Der Gezeichnete

Während sich diese Begebenheit, die so viel Hoffnung und Tragik zugleich umschloß, ganz im geheimen abspielte, ereignete sich etwa zur selben Zeit ein Vorfall, der uns alle leidenschaftlich erregte. In Abständen von zwei Wochen rückte ein Arbeitskommando aus, das die Aufgabe hatte, das „Niemandsland“ zu säubern, jenen breiten, zwischen Stacheldraht und elektrisch geladenem Zaun rings um das Lager gezogenen Streifen nackter Erde, auf dem sich jede Spur eines mutigen Fußes verräterisch abzeichnen mußte. Da während der Arbeit des Kommandos der

Strom ausgeschaltet wurde, verhängte der Russe aus Sicherheitsgründen „Barackensperre" über das ganze Lager. Das bedeutete, daß alle Arbeitsgruppen, die Angehörigen der Zonenstäbe eingeschlossen, sich auf schnellstem Wege in ihre Unterkünfte zu begeben hatten, die dann vom Sergeanten persönlich abgeschlossen wurden.

In der beengenden Moderluft des Massenquartiers untätig herumzusitzen war mir schon recht ungewohnt. Unbarmherzig prallte die Sonnenglut auf das Dach der Baracke, sammelte sich in den dünnen Holzwänden, strahlte wider von dem Metall der Gitterstäbe vor den Fenstern und verwandelte unsere elende Behausung in einen Brutofen. Ein paar Unentwegte spielten Schach, das einzige Spiel, das offiziell gestattet war. Die meisten aber versanken in die halbe Bewußtlosigkeit tödlichen Stumpfsinns. In solchen Stunden kam mir erst richtig zum Bewußtsein, wie sehr ich vom Schicksal begünstigt war. Meine tägliche Arbeit, so gering und niedrig sie auch sein mochte, war wie *jede* Arbeit doch irgendwie sinnvoll. Tausendmal besser als das entsetzliche Vegetieren der lebendig Begrabenen war es, die schmutzstarrenden Fußlappen des Sergeanten zu waschen, seine ewig verdreckten, schweißstinkenden Stiefel zu putzen, die Fußböden von den Überresten seiner Mahlzeiten und von üblerem Unrat zu befreien. Die vom Standpunkt des Ästheten peinliche, ja mitunter ekelhafte Tätigkeit empfand ich mehr und mehr als Befreiung und Segen. Und so oft ich mich auch kritisch prüfte, ob ich nicht im Begriffe stünde, die menschliche Würde und damit mich selbst zu verlieren – ebensooft war die Antwort auf solches Fragen unzweideutig klar: Zu der großen Bewährungsprobe, die mir auferlegt war, gehörte auch dieses. Doch ich will nicht in hochtrabende Worte verfallen, die mir damals ferner lagen als je. Ganz einfach ausgedrückt, habe ich zu jener Zeit als Melder und Putzer eines russischen Sergeanten gelernt, den Kampf ums Dasein auch unter den widrigsten und häßlichsten Umständen zu bestehen. In der bedingungslosen Umstellung auf neue Verhältnisse, in der Entschlossenheit, vor den härtesten Gegebenheiten nicht zurückzuweichen, liegt vorwiegend auch das Geheimnis des Überlebens der wenigen, die, aller menschlichen Erwartung zuwider, die lange Leidenszeit überstanden.

Diejenigen aber, die mit schmutzigen Mitteln, durch Verrat und Spitzeldienste, durch Diebstahl und Gewalttat, begangen an den eigenen Leidensgefährten, ihr Leben zu erhalten versuchten, sah ich *alle* über kurz oder lang das Schicksal erleiden, dem sie mit List und Tücke zu entrinnen trachteten.

Und damit komme ich auf die erschütternde Begebenheit jenes glühenden Augusttages zurück, die ich zu erzählen begann. Die lähmende Stille der Stunde wurde plötzlich zerrissen durch das peitschende Knattern scharfer Schüsse. Das geübte Ohr registrierte den Feuerstoß einer Maschinenpistole. Erschrocken fuhren wir hoch. Was hatte das zu bedeuten?

Die russischen Aufseher im Lager führten keine Waffen. Also konnten die Schüsse nur von einem der Wachtürme gefallen sein. Es kam wohl gelegentlich vor, daß einer der Posten das Feuer auf ein fürwitziges Häschen eröffnete, doch diesmal, so wollte uns scheinen, hatten die Schüsse einen anderen, einen bösartigen Klang!

Unsere düstere Ahnung bestätigte sich noch am Abend ... Schon viele Stunden hatten die Kameraden im Niemandsland gearbeitet. Sorgsam und fleißig, wie Deutsche nun einmal sind, jäteten sie das Unkraut, harkten und glätteten sie die Erde und verwandelten sie in die Unberührtheit eines frisch angelegten Blumenbeetes. Weiter und weiter entfernten sie sich von ihren beiden Begleitposten, die irgendwo der Ruhe pflegten. 'Was konnte auch schon viel geschehen?' dachten die Sorglosen wohl. Wozu war denn der Posten auf dem Turm da, der die Gefangenen leicht überblickte und mit seiner Maschinenpistole im Schach hielt?

Aber der Mann auf dem Turm war des ewigen Lauerns und Spähens längst müde geworden. Er sah ja, wie die Deutschen sich mühten, gute Arbeit zu leisten. Vielleicht auch verließ er sich umgekehrt auf die Wachsamkeit der Genossen Unteroffiziere – die hatten ja schließlich die Verantwortung für das

Kommando. Und dann die verdammte Hitze, die flimmernd über dem Lager stand!

Wie ausgestorben lagen die Baracken unter ihm in der Sonnenglut. Da konnte man sich wohl ohne größeres Risiko ein Nickerchen gestatten ...

Einer der Kameraden aber war mit seinen Gedanken nicht bei der Arbeit. Er sah nur die einfachen, dünnen Drähte, die – entladen – kein ernsthaftes Hindernis mehr waren. Und jenseits der harmlosen Drähte ein Streifen freies Gelände, kaum 80 Meter breit, und dann, steil aufsteigend, die lockende Wildnis des Waldes. Dort, hinter der schützenden, grünen Mauer war die Freiheit!

Noch einmal blickte er um sich – von den Posten weit und breit nichts zu sehen –, noch einmal hinauf zum Turm – auch von dort keine Gefahr –, da warf er sein Herz voraus in das Dämmern des Waldes! Den Kameraden stockte der Atem, als sie sahen, wie der eine sich plötzlich aus ihren Reihen löste, wie er gewandt unter den Drähten hindurchschlüpfte, sich dann aufrichtete zu voller Größe und in raschen Sprüngen dem Wald entgegeneilte. Schon hatte er die Hälfte der Strecke durchmessen – da ertönte aus den eigenen Reihen der Ruf: „Hallo, Posten!"

Wer möchte nicht annehmen, daß der Teufel mit dem Verräter im Bunde war, wenn ich berichte, daß die Kugeln den Unglücklichen in den Rücken trafen, als er gerade den letzten, entscheidenden Sprung in das bergende Dunkel machte?!

Da lag er nun, der Thüringer Zahnarzt, mit erloschenen Augen, die noch eben erfüllt waren vom leuchtenden Glanz der Hoffnung, stumm, ausgelöscht, zerfetzt von den Geschossen, die ein Deutscher in sein Herz gelenkt hatte ...

Die traurige, uns so tief beschämende Begebenheit ist noch nicht zu Ende erzählt. Die Kameraden des Arbeitskommandos wurden bei den anschließenden Vernehmungen grausam mißhandelt – mit Ausnahme des Verräters, der für seine Tat ein Brot und ein Päckchen Machorka erhielt. Er wurde fortan gemieden wie ein Aussätziger, und – es klingt wie die schlecht erfundene Geschichte eines Traktätchens – *das war er nun wirklich auch geworden!* Wenige Tage später bildete sich nämlich an seinem Halse ein rasch sich vergrößernder Ausschlag, eine ekelerregende, nässende Schwäre, die er vergebens mit Lappen und Binden zu verbergen versuchte. Manch ein Spötter und Lästerer verstummte unter dem Eindruck des unheimlichen Mals. Es war, als sei der Verworfene von jener unerforschlichen Macht gezeichnet worden, die manchmal auch uns Blinden sichtbar macht, daß es Gesetze gibt, die wir ungestraft nicht übertreten.

Sicherem Vernehmen nach ist der Verräter, dem der Russe im Mai 1948 die Freiheit schenkte, zu Hause an der unaufhaltsamen Zersetzung und Vergiftung seines Blutes jämmerlich zugrunde gegangen …

Die Entscheidung

Nur wenigen der heute noch lebenden Insassen des Lagers Buchenwald dürfte die erregende Geschichte bekannt sein, die ich nun berichten will. Sie verdient es, denke ich, den gedankenlos in den Tag hinein lebenden Menschen unserer Zeit überliefert zu werden, ist sie doch ein leuchtendes Beispiel sittlicher Kraft und wohl geeignet, auch den Lauesten aus seiner Trägheit zu reißen, ja vielleicht manchem Hoffnungslosen neuen Mut zu geben. Für ihre Wahrheit kann ich mich in allen Einzelheiten verbürgen, obgleich auch mir anfangs nur die äußeren Umrisse eines zunächst unverständlichen Handlungsablaufs sichtbar wurden; erst später erhellten sich mir die entscheidenden inneren Vorgänge, und zwar durch die schlichte, über jeden Verdacht der Aufschneiderei erhabene Aussage jener Frau, deren Mut und menschliche Größe ich schon mehrfach rühmend erwähnte.

Es begann mit einem „Großappell“. Das Wort hatte für uns einen sehr bitteren Beigeschmack. Der in der ersten Zeit täglich stattfindende Großappell vereinigte die gesamte Belegschaft des Lagers auf dem weiten Platz, der sich, vom Eingangstor zu den langen Reihen der Baracken sanft abfallend, auf der höchsten Erhebung des Ettersbergs dehnte. Stets dauerte es stundenlang, bis die grausame, bei jeder Witterung durchgeführte Prozedur beendet war. Fiebernde wurden von Kameraden untergefaßt, Schwerkranke auf Bahren mitgeschleppt. Es war eine unbeschreibliche Parade des Elends, die von vielen mit dem Leben bezahlt wurde.

Zu unserem Glück wurde der Russe bald des unmenschlichen Spiels müde, das ihn zwang, seine Wachmannschaften ständig einzusetzen. Er begnügte sich damit, die Belegschaften morgens und abends vor den einzelnen Baracken antreten und zählen zu lassen. Ganz verzichtete er indessen nicht auf die Großappelle, doch waren sie nun seltene, drei- oder viermal im Jahr stattfindende Ereignisse geworden. Auch waren die Begleitumstände nicht mehr so häßlich wie zu Anfang. Man lagerte sich bei freundlicher Witterung auf der Mutter Erde, benützte die Gelegenheit, einen Bekannten zu besuchen, ja man wagte sogar eine kleine Unterhaltung mit den Frauen, die in geschlossenem Block aufmarschiert waren. Von Zeit zu Zeit fuhr wohl ein Sergeant mit dem Knüppel zwischen die disziplinlos Umherschlendernden und jagte sie auf den vorgeschriebenen Platz zu ihrem Haufen zurück. Zu schlimmeren Zwischenfällen kam es dabei selten, denn der Gefangene hat ein untrügliches Gefühl dafür, wie weit er gerade noch gehen kann. – An dem fraglichen Tag setzten sich also wieder einmal die endlosen Reihen der Häftlinge in Bewegung. Auffallend war, daß der Appell zu verhältnismäßig später Stunde angesetzt war. Die Strahlen einer schon kühlen Herbstsonne fielen lang und schräg auf die dumpf brausende Masse, die sich langsam dichter zusammenballte. Bis die Zählung beendet sein würde, müßte es, nach den bisherigen Erfahrungen, längst Nacht geworden sein.

Die Phantasie derer, die das Gras wachsen hörten, wurde durch solch ungewöhnliche Umstände lebhaft angeregt. Der Appell, so schlossen sie messerscharf, war natürlich „von oben“ angeordnet; er mußte also seine besondere Bedeutung haben. Es waren die alten, ständig wiederkehrenden Gedankenverbindungen, die stets mit dem Zauberwort „Entlassung“ endeten.

Keiner konnte ahnen, daß das Ganze ein teuflisches Spiel war, das der Chef der NKWD inszeniert hatte, und daß die unfreiwillige Hauptrolle in diesem Spiel ein einziger, schwacher Mensch zu übernehmen hatte, eine Frau mit Namen Maria.

Sie war eine Stunde zuvor unerwartet und ahnungslos, worum es ginge, zur Vernehmung geholt worden. Kapitän Ratko war ihr, entgegen seiner sonstigen, hinterhältig lauernden, undurchsichtigen Art, unvermittelt mit der Frage ins Gesicht gesprungen: „Wollen Sie für uns arbeiten?“

Maria, innerlich tief erschrocken, äußerlich aber gefaßt, hatte geantwortet, sie fühle sich einer solchen Aufgabe nicht gewachsen. Sie führe grundsätzlich keine politischen Gespräche; auch kenne sie die persönlichen Verhältnisse der Frauen viel zuwenig, um der NKWD zweckdienliche Hinweise geben zu können. Herr Ratko – ich hatte später Gelegenheit, ihn persönlich kennenzulernen – ließ sich mit derartigen Ausflüchten nicht abspeisen. Er bohrte und drängte wohl eine Stunde lang. Nach bewährter Methode erging er sich bald in wüsten Drohungen, bald machte er die verlockendsten Angebote. Als auch die in Aussicht gestellte baldige Entlassung auf Maria keinen Eindruck machte, sah er wohl ein, daß er in diesem Fall mit den üblichen Mitteln nicht zum Ziel kommen würde.

Ich bin mir bewußt, daß die folgende Schilderung jedem normal Empfindenden als die Ausgeburt einer krankhaft entarteten Phantasie erscheinen muß. Andererseits wird gerade die perverse Bösartigkeit der in einem GPU-Gehirn ausgebrüteten Gedanken dem Leser den Schluß aufzwingen, daß mein Bericht auf Wahrheit beruht, weil es einfach unmöglich ist, eine schlechthin unfaßliche Gemeinheit dieser Art zu erfinden.

Kapitän Ratko beendete seine Unterhaltung mit den Worten: „Nun gut … Wenn Sie nicht wollen … Ich lasse jetzt das ganze Lager antreten. In einer Stunde werden Ihre Kameraden, werden Ihre Frauen hier auf dem Appellplatz versammelt sein.

Ich werde dann mit Ihnen zusammen vor diese Menschen hintreten und werde ihnen sagen: 'Das ist Maria – ihr kennt sie ja alle. Seht sie euch gut an. Das ist die Frau, die euch seit Jahren, vom ersten Tag an, bespitzelt und verraten hat. Das ist die Frau, die unzählige von euch zur Strecke gebracht hat!' Und ich werde weiter sagen: 'Da habt ihr sie, eure Maria – macht nun mit ihr, was ihr wollt!' Und dann werde ich Sie hineinstoßen in die Reihen Ihrer Kameradinnen und werde beobachten, was deutsche Frauen mit einer gemeinen Verräterin machen!"

Nach einer kurzen Pause setzte der Unmensch lächelnd hinzu: „Sie gehen jetzt in den Bunker. Noch haben Sie Zeit, sich alles gut zu überlegen."

Man versetze sich in die Lage eines Menschen, der zu wählen hat zwischen Preisgabe seines besseren Ich, der eigenen Würde und Selbstachtung, aller Werte, die sich in ihm durch Erziehung und Vorbild im Lauf eines bewegten, früh von Leid und Not überschatteten Lebens als selbstverständliche Leitsätze sittlichen Verhaltens geprägt haben, oder – grausamer Mißhandlung, ja wahrscheinlich erbarmungsloser Vernichtung durch eine, in ihren niedrigsten Instinkten angesprochene, aufgepeitschte Menschenmenge! Und man versuche, sich klarzumachen, was es bedeutet, vor eine solche Entscheidung in der trostlosen Einsamkeit einer Bunkerzelle gestellt zu sein, umgeben vom feindseligen Schweigen kahler, schmutziger Wände, fern von allen Menschen, denen man sein Herz öffnen könnte; was es bedeutet, wenn die verzweifelte Hoffnung sich als trügerisch erweist, die furchtbare Drohung sei nur ein raffinierter, aber nicht ernst gemeinter Einschüchterungsversuch! Denn nun dringt von draußen in die Totenstille der Zelle ein gräßliches Geräusch: das Stampfen und Schlurfen der zum Appell aufmarschierenden Masse!

Ich möchte nicht fragen: Hättest du wohl, der du diese Zeilen liest, die Bewährungsprobe bestanden? Denn ich scheue mich, die schwere Gewissensfrage an mich selbst zu richten. Aber eine andere Frage, lieber Leser, will ich dir stellen, und ich bin gewiß, daß es nur *eine* Antwort darauf gibt: Ist es nicht beglückend, daß ein Mensch, eine deutsche Frau, die Kraft und den Mut hatte, sich selbst zu überwinden und dem Handlanger der Hölle, der nun, als der Aufmarsch beendet war, noch einmal, seines Erfolges gewiß, vor sie hintrat – ein bebendes „Nein!“ entgegenzuschleudern? Und ist es nicht ebenso beglükkend, zu erfahren, daß die unerschütterliche, todesverachtende Haltung der stolzen Frau den abgebrühten Menschenverächter überwältigte und moralisch in die Knie zwang?

Kapitän Ratko stand noch einen Augenblick in starrem Staunen vor Maria, die ihm die größte Niederlage seines Lebens bereitet hatte; dann verließ er wortlos die Zelle, ohne die Tür hinter sich abzuschließen.

Die Wälder lichten sich

Alles, was der Russe für das Lager benötigte, entnahm er hemmungslos dem geschlagenen Land. Mochte die Verpflegung noch so kärglich sein – die Beschaffung von Lebensmitteln für eine Menschenmasse, die der Einwohnerzahl einer mittleren Stadt entsprach, bedeutete für das arme Thüringer Volk einen schmerzlich fühlbaren Aderlaß. Die winzige Butterration von täglich 10 Gramm ergab zum Beispiel einen Tagesbedarf des Lagers von rund 25 Zentnern! Den sachlich kühlen Erzählungen der Sergeanten konnten wir leicht entnehmen, wie rücksichtslos die russischen Furiere den Auftrag durchführten, neue Vorräte für das Lager zu beschaffen. So mußten wir uns, wenn auch schuldlos, wie Schmarotzer fühlen, die zusätzlich an der Lebenskraft des ausgepowerten Landes zehrten. Ein Grund mehr, jedes Stück Brot wie einen heiligen Gegenstand zu betrachten.

Wohl jeder Häftling hat sich damals von der in der Welt der Satten weit verbreiteten Unsitte, gedankenlos zu essen, innerlich abgewandt. Es war ein ungeschriebenes Gesetz, daß während der Mahlzeiten nicht gesprochen wurde, eine Sitte, die ich noch heute als vorbildlich empfinde.

Manches, was uns in der Freiheit selbstverständlich erschien, hatte eine neue, tiefe Bedeutung erlangt. Nur wer eine solche Umwertung aller Werte selbst erlebt hat, kann ganz begreifen, was damit gemeint ist. Vor allem stieg in uns wieder das längst verschüttete Gefühl der Dankbarkeit auf, die einfachste und doch entscheidende Grundvoraussetzung jedes religiösen Erlebens. Das Wenige und Geringe, das wir empfingen, war wieder zu einer Gabe geworden, die wir bewußt nicht aus der Hand unserer Peiniger, sondern aus dem unerschöpflichen Vorrat göttlicher Gnade entgegennahmen. Ich kann es heute, als Mitgenießender eines Lebensstandards, den ich oft als maßlos empfinde, manchmal selber kaum mehr fassen – und doch ist es die reine Wahrheit: daß ich täglich aufs neue die fade, dünne Graupensuppe mit wirklicher Lust verzehrte und daß mir aus solcher Lust mehr Kräfte zuströmten als, nach Kalorienwerten berechnet, eigentlich zu erwarten war. So erfuhr ich, daß es nicht so sehr auf die Fülle und den Reichtum der äußeren Dinge ankommt als vielmehr auf die verwandelnde Kraft unserer inneren Einstellung.

Die Lösung des Problems, das Lager mit Brennmaterial zu versorgen, machte sich der Russe noch einfacher. Es standen ja rings um den Ettersberg die weit sich dehnenden Wälder, die das Lager wie mit einem schützenden Mantel umgaben. Schonungslos wütete die Axt vom ersten Tag an in den alten, sorgsam gepflegten Beständen, fraß sich tiefer und tiefer hinein und verwandelte allmählich die dunkel atmenden Hügel in häßliche, nackte Höcker. Wie mußte jedem das Herz bluten, der einst die feierliche Schönheit des Waldes bewußt erlebt hatte!

Doch auch der kühle Verstandesmensch, der hier nur die schamlose Vernichtung, das rücksichtslose Vergeuden materieller Werte sah, mußte am eigenen Leibe erfahren, wie schnell sich der Raubbau an den Schätzen der Natur rächt. Zuerst unmerklich, dann erschreckend deutlich, verschlechterte sich von Jahr zu Jahr das Klima. Über die kahl gewordenen Hänge strich ständig ein scharfer Wind. Er dörrte im Sommer die schutzlose Erde aus, führte an Regentagen die tief wandernden Wolken heran und bedeckte das Lager mit einem widerlich feuchten Wattebelag. Im Winter steigerte er sich oft zu Schneestürmen von beißender Heftigkeit. Es war, als hätte der Russe mit seinem sinnlosen Wüten die Unwirtlichkeit sibirischen Klimas in das grüne Herz Deutschlands hineingetragen, ein Vorgang von wahrhaft symbolischer Bedeutung, der überdies die traurige Nebenfolge hatte, daß der Tuberkelbazillus sich mit geradezu unheimlicher Schnelligkeit ausbreitete. Um die Wende der Jahre 1947/48 war ungefähr ein Viertel der Häftlinge von der Seuche befallen. Die Baracken der IV. Zone waren schließlich fast ganz von Tbc-Kranken belegt, die in allen Stadien, vom trügerisch hoffnungsvollen Aufflackern der Lebenskraft bis zu ihrem langsamen Verlöschen, dem Ende entgegensahen ... Ich, der ich täglich den Barackenältesten Anordnungen der Lagerleitung zu übermitteln hatte, mußte in jenen Monaten Bilder menschlichen Elends in mich aufnehmen, die mit Worten nicht zu beschreiben sind. Ist es verwunderlich, daß mich stets aufs neue der Zorn packt, wenn mir noch heute die Meinung ahnungsloser Menschen begegnet, das Leben im Lager sei „wohl doch nicht so schlimm gewesen“.

Ich fühle mich als Prediger in der Wüste, wenn ich versuche, den Menschen klarzumachen, daß es überhaupt nichts Schlimmeres geben kann, als den Schergen eines Systems in die Hände zu fallen, dem ein Menschenleben nichts bedeutet. Und ich zitiere dann manchmal den Ausspruch, den Georg Büchner auf dem Totenbett getan hat: „In jener französischen Revolution, die wegen ihrer Grausamkeit so verrufen ist, war man milder als jetzt. Man schlug seinen Gegnern die Köpfe ab. Gut! Aber man ließ sie nicht jahrelang hinschmachten und hinsterben.“[1]

---

1 Berichtet von seinem Freund Wilhelm Schulz am 27. Februar 1837 in der „Neuen Zürcher Zeitung“.

Freunde

Der herzzerreißende Anblick in den Stätten des schleichenden Todes brachte mir stets aufs neue zum Bewußtsein, daß unsere Lage bei nüchterner Betrachtung hoffnungslos war; aber für mich gab es doch auch Stunden, in denen ich im Umgang mit liebenswerten Menschen Vergessen fand. Zu ihnen flüchtete ich, wenn mir die Bilder des Jammers unerträglich erschienen.

Einer der eigenartigsten Menschen, denen ich in Buchenwald begegnete, war Wolodja. Man mußte den menschenscheuen, schmächtigen, kleinen Mann schwer bestimmbaren Alters auf den ersten Blick für einen Russen halten, bestenfalls für einen „Beutedeutschen", wie es im häßlich kaltschnäuzigen Jargon der hinter uns liegenden Zeit hieß. Schon sein Vorname deutete darauf hin, noch mehr seine harte, stockende, von östlichen Kehllauten durchzogene Sprechweise, die seiner Rede etwas Kindlich-Hilfloses gab. Der in Rußland als Sohn deutscher Eltern Geborene, im Herzen immer deutsch Fühlende hatte Jahrzehnte seines Lebens in Moskau verbracht; er übte dort den Beruf eines Instrumentenbauers aus. Die große Welle der Emigration, ausgelöst vom Chaos der russischen Oktoberrevolution, hatte ihn wieder in das Land seiner Väter zurückgespült. In Berlin fand der Bedürfnislose für sich und seine kinderlose Frau im alten Beruf eine neue, bescheidene Existenz.

1945 brach auch über ihn, wie über so viele seinesgleichen, das Verhängnis herein. Für die NKWD war ein Mensch, der in Deutschland lebte und die russische Sprache beherrschte, verdächtig genug, um ihn „vorsorglich" hinter Schloß und Riegel zu bringen. Was kümmerte es die Inquisitoren, daß der Mann völlig unpolitisch und das Gegenteil eines „Kapitalisten" war. Daß er niemals im deutschen Heer gedient und keiner der zahllosen Organisationen des Hitlerstaates angehört hatte?

Einem Einsiedler gleich hauste Wolodja seit langem in dem Verschlag einer halb zerfallenen Baracke in der Nähe des Zonenstabes. So oft es mir möglich war, huschte ich in die seltsame Behausung des Sonderlings. In der winzigen Bude, die zugleich Arbeits- und Schlafraum war, herrschte eine geradezu beängstigende Unordnung. Ein Haufen Hobelspäne bildete das spartanische Ruhelager. Ungezählte Tiegel und Töpfe, Werkzeuge und Material jeder Art, scheinbar sinnlos durcheinandergeworfen, halb- und dreiviertelfertige Mandolinen, Lauten und Gitarren, an der Decke zum Trocknen aufgehängt – das Ganze war ein unbeschreibliches Wirrwarr. Und doch lag, gewissermaßen verklärend, darüber der Hauch einer genialen Improvisation. Denn Wolodja war zweifellos ein Meister seines Fachs. Erstaunlich waren Wohlklang und äußere Schönheit der von ihm mit den unzulänglichsten Mitteln geschaffenen Instrumente.

War ihm ein besonders schönes Stück gelungen, so konnte der sonst Wortkarge aus sich herausgehen. Seine rührenden, kleinen Geschichten drehten sich stets um Menschen und Begebenheiten im alten Rußland. Der Staat der Sowjets war für ihn nicht vorhanden.

Manchmal, wenn er leise auf einem neuen Instrument klimperte und eine schwermütige Weise dazu summte, machte er den Eindruck eines mit offenen Augen Träumenden. Eine unerwartet gestellte Frage verriet, daß er in Wahrheit über einem der Probleme gegrübelt hatte, die ihn innerlich beschäftigten. Wolodja war nicht nur ein Künstler, sondern auch ein echter Philosoph, der mich oft durch tiefe Gedanken überraschte.

Einmal unterhielten wir uns über unser Verhältnis zu den Wachmannschaften des Lagers. Ich meinte, es seien arme Teufel, die wir mehr bedauern als hassen sollten. Wolodja nickte zustimmend. „Es hat überhaupt keinen Sinn, Menschen zu hassen, die uns Böses zufügen. Das wäre ungefähr dasselbe, wie wenn du den Hammer hassen würdest, mit dem du dich auf den Finger schlugst."

„Du meinst also, die Menschen seien Werkzeuge in der Hand eines Höheren?" fragte ich.

„Ja, sicher", sagte er, und seine Antwort klang so verwundert, als hätte ich ihn gefragt, ob er glaube, daß sich die Erde um die Sonne bewege.

Ein anderes Mal sprachen wir über die Macht der Illusion, ein in unserer Lage naheliegendes Thema. Wolodja besaß die liebenswürdige Eigenschaft, aufmerksam zuhören zu können. Er unterbrach mich kein einziges Mal, als ich ihm etwa folgendes auseinandersetzte: Die meisten Menschen haben weder den Mut noch die Kraft, ständig den Realitäten des Lebens ins Auge zu blicken. Ohne Illusionen, ohne Wunsch- und Wachträume würden sie binnen kurzem zerbrechen. Die Illusion ist vielleicht die wirkungsvollste Form der Selbstbetäubung, sicher die schönste. Denn im Gegensatz zu der Betäubung durch Alkohol, durch Gifte oder Exzesse folgt der Illusion fast nie das jähe Erwachen, die Ernüchterung, der Ekel vor sich selbst. Ich behaupte, daß auch der sogenannte Realist ohne die bewußte oder unbewußte Abschaltung der Wirklichkeit, zumindest in gewissen Situationen, nicht existieren könnte. Würde er sich zum Beispiel in dem Augenblick, in dem er eine geliebte Frau umarmt, vorstellen, daß der Mund, der sich seinen Lippen sehnsuchtsvoll öffnet, unzählige, gefährliche Bakterien enthält – er müßte dieses Wesen mit Abscheu von sich stoßen! Ich verzichte auf weitere, krassere Beispiele in diesem Zusammenhang. Auch bei anderen, geistigen Betätigungen flüchten wir uns in einen im Grunde durch nichts gerechtfertigten Optimismus. Fast nie bedenken wir die Kürze des Lebens, die uns höchstens auf eng begrenztem Spezialgebiet ein tieferes Erkennen gestattet. Würde ich mich beim Lesen eines Buches von dem – richtigen – Gedanken ablenken lassen, daß ich mir doch nur einen winzigen Bruchteil der geistigen Schätze, die die Menschheit angehäuft hat, werde aneignen können – müßte ich dann nicht das Buch resigniert sinken lassen? Und hier im Lager – was wären die Menschen ohne ihre Illusionen?

„Du hast schon recht“, sagte der andere versonnen, mit einem unmerklichen Lächeln. „Die Illusion ist stärker als die Wirklichkeit; aber etwas anderes ist stärker als alle Illusionen. Und wenn du meinst, die Welt sei unvollkommen, dann ist es eben unsere Aufgabe, sie vollkommener zu machen.“

Das „eben“ war kennzeichnend für den scheuen und doch seiner selbst so sicheren Menschen, der nach Bildung und Wissen nicht an mich heranreichte und der mir doch in solchen Augenblicken weit überlegen war.

Es wird den Leser mit Genugtuung erfüllen, wenn er erfährt, daß der gute Wolodja nach dreijähriger Gefangenschaft zu seiner Frau zurückkehren durfte.

So viel Glück wurde Arthur, dem schon erwähnten Dolmetscher des Zonenstabes, nicht zuteil. Ich verweile in der Erinnerung gerne bei dem außergewöhnlichen Menschen, der mir nicht wenige echte Freundesdienste erwies und der die in einem Konzentrationslager unschätzbare Gabe besaß, Frohsinn und gute Laune um sich zu verbreiten.

Auch er war als Sohn deutscher Eltern in Rußland geboren. Doch sonst unterschied sich sein Lebensweg fast in allen Stükken von dem des eben geschilderten Wolodja. Er hatte in Petersburg ein deutsches Gymnasium besucht, sprach deutsch ebenso fließend und akzentfrei wie russisch und hatte sich eine bemerkenswert hohe Allgemeinbildung erworben. Wenn er sich mit Sergeanten unterhielt, wurde mir der Unterschied zwischen dem wohltönenden „klassischen" Russisch und der verdorbenen, von widerlichen Zoten und Gossenausdrücken durchsetzten Redeweise der verwilderten Rotarmisten deutlich. Es war etwa der Unterschied, der zwischen der Sprache Shakespeares und dem Englisch eines afrikanischen Eingeborenenstammes besteht.

Auch Arthur war mit seinen Eltern 1918 nach Deutschland geflohen. Er studierte an technischen Hochschulen und bekleidete später als leitender Ingenieur eine bedeutende Stellung in der Industrie. Obgleich er Hitler zunächst skeptisch, später ablehnend gegenüberstand, war es für Arthur selbstverständlich, sich bei Kriegsbeginn als Freiwilliger zu melden. Der Überfall auf Rußland war für ihn die lange ersehnte Tat, die nicht nur die Welt vom Alpdruck des Bolschewismus befreien, sondern auch das geliebte russische Volk von der Gewaltherrschaft seiner Peiniger erlösen würde. „Mitunter erwischt auch die NKWD mal den Richtigen", sagte er einmal mit entwaffnender Sachlichkeit, auf sich selber deutend.

Die Rückzugsbewegungen der deutschen Wehrmacht führten den schneidigen Oberleutnant bis nach Berlin zurück. Als die Lage an seinem „Gefechtsabschnitt" aussichtslos geworden war, versuchte er, der sich nie vor einer schwierigen Aufgabe drückte, mit dem Russen zu verhandeln. Der kassierte kurzerhand den Parlamentär und schickte ihn nach endlosen, peinlichen Vernehmungen nach Buchenwald.

Arthur war ein Kerl, der in allen Sätteln reiten konnte, ein Tausendsassa, dessen Gaben und Fähigkeiten vollzählig aufzuführen den Leser ermüden würde. Woher der beruflich Vielbeschäftigte die Zeit zu all seinen Liebhabereien nahm, blieb mir immer ein Rätsel. Er zeichnete und malte, sang und dichtete, spielte Klavier, Laute, Gitarre und Balalaika. Er war ein erfolgreicher Kurzstreckenläufer und ein leidenschaftlicher Amateurfotograf. Seinem merkwürdigsten Hobby frönte er zu Hause in einer fachmännisch mit allen Schikanen eingerichteten – Schuhmacherwerkstatt. Dort entstanden für seine Frau Schuhe, nicht etwa aus Bast, Stroh oder Stoffstreifen geflochtene einfache Hausschuhe, sondern modische Lederschuhe nach Maß, deren Eleganz den Neid aller übrigen Frauen erregte!

Auch in Buchenwald ließ der Vielseitige seine Künste spielen. Sergeanten und Offiziere konnten mit den ausgefallensten Wünschen zu ihm kommen – Arthur erfüllte sie. Eine Zeitlang waren Poesiebücher große Mode bei der russischen Lagerprominenz. Arthur zauberte aus dürftigstem Material mit den primitivsten Behelfsmitteln erstklassig gebundene Bücher, versah sie mit Illustrationen, die, sorgsam abgestuft nach dem sicher eingeschätzten Geschmack des jeweiligen Auftraggebers, mehr oder weniger kitschig waren, und schrieb in kunstvoll verschnörkelter Schrift selbstverfaßte, von Sentimentalität triefende Verse hinein.

Einmal erschien ein Offizier im Zonenstab und warf ein Bündel Tabakblätter, goldgelb leuchtend und gut fermentiert, auf den Tisch. Ob Arthur Zigaretten daraus machen könne? Natürlich nicht in der komischen deutschen Machart, sondern mit langen Hohlmundstücken, eben echte Papirossy?

„Klar“, sagte Arthur und zählte das Material auf, das er zur Erfüllung des Auftrags benötigte. Schon am nächsten Tag brachte der Russe das Gewünschte: einige Bogen Seidenpapier, etwas dünne Pappe, eine Tüte Kartoffelstärke und – zwei alte Rasierklingen.

Drei, vier Tage lang verwandelten sich die Stuben des Zonenstabs in die Arbeitsräume einer Tabakwarenmanufaktur. Während Georg und ich die Blätter hauchdünn schnitten, produzierte Arthur am laufenden Band Papirossy, so gleichmäßig und vollkommen, als seien sie von der modernsten Zigarettenmaschine erzeugt. Daß wir während der Arbeit wie die Schlote qualmten, versteht sich am Rande.

„Ich finde, du kannst mit dieser Hose nicht mehr länger herumlaufen“, sagte Arthur eines Tages zu mir, als Georg gerade abwesend war.

„Das finde ich auch. Aber wie soll ich zu einer neuen kommen? Die Hose, die ich allenfalls im Magazin kriege, wird kaum besser, sicher aber dünner sein. Da behalte ich jetzt, wo der Winter vor der Tür steht, lieber die alte.“ Wehmütig sah ich an meiner einstmals feinen Luftwaffenhose hinunter, die ich seit fast drei Jahren ununterbrochen trug.

„Ich weiß, wie das Problem zu lösen ist“, sagte Arthur mit einem hintergründigen Lächeln. „So ein fester, warmer Wehrmachtsfahrermantel – daraus müßte sich doch eine treffliche Hose für den Winter machen lassen?“

„Sicher – wenn man den Mantel hat und den Schneider dazu, der so etwas fertigbringt.“

„Alles vorhanden! Morgen wird deine Hose gebaut, und zwar im vollen Licht des Tages!“

„Und was wird der Natschalnik dazu sagen?“ wandte ich ein.

„Dem werde ich schon klarmachen, daß sein Melder nicht wie eine Vogelscheuche herumlaufen kann.“

Von einem Lagerschutzmann zum Zonenstab geleitet, erschien am nächsten Morgen der Schneider. Er war zu besseren Zeiten der Inhaber des bekanntesten (und teuersten) Ateliers für Herrenmaßanzüge in Berlin gewesen. Arthur hatte den Mantel mitgebracht, ein prachtvolles, fast neues Stück. Wo er es aufgetrieben hatte, blieb vorerst sein Geheimnis.

Georg brummte etwas von übertriebenen Ansprüchen, ein Vorwurf, der aus seinem Mund merkwürdig klang, war doch seine eigene Garderobe für Lagerverhältnisse recht elegant. Im übrigen kümmerte er sich kaum um die Sache, hatte er doch, wie immer, viel zu tun. Das brachte er auch mit einem mißbilligenden Seitenblick auf Arthurs Nebenbeschäftigung zum Ausdruck. Der war gerade dabei, für den Natschalnik ein Feuerzeug in Form einer Pistole zu konstruieren, ein Spielzeug, das sich später in russischen Kreisen solcher Beliebtheit erfreute, daß es in der feinmechanischen Werkstätte des Lagers serienmäßig hergestellt wurde.

Die Hose war in drei Tagen fertig. Sah man von einigen Nähten ab, die sich aus dem Zertrennen des Mantels ergeben hatten, war es wirklich ein feines Stück geworden. Mir kam es zwar weniger auf tadellosen Sitz als auf Wärme und Dauerhaftigkeit an, aber in meinem Besitzerstolz schwang doch auch ein Quentchen Eitelkeit mit.

Als ich mich Arthur und Georg in dem neuen Kleidungsstück vorstellte, raffte sich der letztere zu einem wohlwollenden Kopfnicken auf. „Wo habt ihr eigentlich diesen fabelhaften Stoff organisiert?“ fragte er so nebenbei und schon wieder mit seinen Listen beschäftigt.

„Ach“, sagte Arthur – seine Unschuldsmiene war sehenswert –, „da hing doch seit unvordenklichen Zeiten so ein oller Wehrmachtsmantel im Spind des Barackenältesten …“

„Oller Wehrmachtsmantel?“ unterbrach ihn Georg mit schneidender Stimme. „Ja, Menschenskind – weißt du denn nicht, daß das *mein* Mantel …“

„… gewesen ist“, fiel Arthur dem Empörten ungerührt ins Wort. „Du wirst doch nicht annehmen, daß wir aus der Hose jetzt wieder einen Mantel machen? Im übrigen hast du doch einen wundervollen Stutzer – mit dem kommst du ganz gut durch den Winter. Und dann solltest du“, setzte er salbungsvoll hinzu, „an das Wort der Bibel denken: 'Ihr sollt euch nicht

Schätze sammeln auf Erden, da sie die Motten und der Rost fressen.'"

Grollend ergab sich Georg in sein Schicksal ...

Eines Morgens – ich fertigte gerade neue Formulare für die täglichen Appellmeldungen an – stand plötzlich ein Sergeant vor mir, den ich noch nie gesehen hatte. Der neue Mann legte die geballte Faust auf meinen Arbeitstisch und sagte in tadellosem Deutsch: „Rauchen Sie, Kamerad?" Er öffnete die Hand, und ein Häufchen Machorka lag vor mir.

Sicher habe ich ein ziemlich entgeistertes Gesicht gemacht. Der Sergeant lachte, holte eine alte „Prawda" aus der Tasche, riß ein Stück davon ab und schob es zu dem Tabak. Jetzt ließ ich mich nicht länger nötigen. Kunstgerecht drehte ich mir eine dicke Zigarette.

Das war der Anfang einer Begegnung, die wie ein freundlich aufblinkender Stern die Dunkelheit jener Jahre überstrahlt. Ich scheue mich nicht, sie in dem Kapitel zu erzählen, das die Überschrift „Freunde" trägt.

Der neue Zonenchef hieß Albert. Der für einen Russen ungewöhnliche deutsche Vorname paßte gut zu seiner äußeren Erscheinung: Der stämmige, kraftstrotzende, blonde Hüne hätte ein Bauernbursche aus Ostpreußen sein können. Doch Albert war ein „richtiger" Sowjetbürger, im Zivilberuf Filmvorführer in einem Moskauer Kino. Der langjährige Frontsoldat war, zu seinem oft geäußerten Mißvergnügen, nach Kriegsende nicht entlassen, sondern der Besatzungstruppe zugeteilt worden. Und nun hatte es den armen Kerl ausgerechnet in das Lager Buchenwald verschlagen, ein Schicksal, das in seinen Augen einer Verbannung nach Sibirien gleichkam.

Albert – wir redeten ihn auf seinen Wunsch stets mit seinem Vornamen an – hatte in knapp zwei Jahren fließend deutsch sprechen gelernt, eine gewiß erstaunliche Leistung für einen Mann mit Volksschulbildung. Ob seine ungewöhnliche Sprachbegabung damit zusammenhing, daß seine Mutter, wie ein Gerücht erzählte, deutscher Abkunft war, vermag ich nicht zu entscheiden, denn dies war der einzige Punkt, über den der sonst so Offenherzige die Auskunft verweigerte. Ich jedenfalls, der ich bei meinen nur lässig betriebenen russischen Sprachstudien über ein paar ständig wiederkehrende Redewendungen nicht hinaus gekommen war, hatte nun endlich Gelegenheit, mit einem Menschen der östlichen Welt Gespräche zu führen, die nicht nur Dinge des Alltags berührten.

Albert äußerte seine Meinung mit einem Freimut, der mich anfangs verblüffte. Bedachte man, daß auch er jede Woche an der „Instruktionsstunde" der NKWD teilnehmen mußte, in der neben den Erkenntnissen des dialektischen Materialismus die Verbrechen der Deutschen als ständig wiederkehrendes Thema behandelt wurden, dann zeugten seine Ansichten von einer ungewöhnlichen Selbständigkeit und Unabhängigkeit des Urteils.

So sagte er einmal in seiner ruhigen, leidenschaftslosen Art, er halte das Einsperren politischer Gegner für Blödsinn, da sie sich doch nicht ändern. In jedem Volk, so philosophierte er weiter, gebe es Schweinehunde und anständige Kerle. Würden sich die letzteren zusammenschließen und dafür sorgen, daß die Schweinehunde nichts mehr zu sagen hätten, dann würde es auch keine Kriege mehr geben.

Ich fragte ihn, zu welcher Sorte von Menschen er denn den großen Josef Wissarionowitsch Dschugaschwili, genannt Stalin, rechne. (Die Frage, die ich in dieser Form keinem anderen Russen hätte stellen dürfen, beweist wohl überzeugend die Vertrautheit unseres Umgangs.)

Albert wiegte nachdenklich den Kopf und antwortete dann salomonisch: „Hätte er den Krieg verloren, wäre er nicht mehr der große Stalin."

Ich wäre damals nicht auf den Gedanken gekommen, solche Äußerungen zu belächeln. So primitiv sie auch sein mochten – gesund und natürlich waren sie auf jeden Fall, so gesund und natürlich wie der Mann, der sie vertrat.

Ich habe das Wunder nicht ergründen können, wie es möglich war, daß ein einzelner, einfacher Mensch sich so völlig den Einflüssen einer ständig auf ihn einwirkenden Propaganda zu entziehen vermochte. Für diesen Ausnahmemenschen gab es anscheinend überhaupt keine genormten Meinungen – nicht einmal über die Deutschen. Nie hörte ich aus seinem Munde die üblichen Kollektivbeschuldigungen; nicht ein einziges Mal gebrauchte er auch nur das verächtliche Wort „Faschist". Manchmal dachte ich, ich würde vielleicht in Alberts Vergangenheit auf ein Erlebnis stoßen, das ihn aus einem Gefühl der Dankbarkeit gerechter und menschlicher über die Deutschen denken ließ, doch aus seinen Erzählungen ergaben sich keinerlei Anhaltspunkte dieser Art. Seine Haltung war auch nicht etwa religiös begründet. Wohl hörte ich ihn niemals wie die anderen Rotarmisten lästern und fluchen, aber das war nicht das Ergebnis einer religiösen Erziehung, sondern hing einfach mit dem ihm angeborenen Gefühl für Sauberkeit zusammen. „Gott" war für Albert kein Begriff, mit dem sich ein denkender Mensch innerlich auseinanderzusetzen hat – insofern war auch er ein Kind seiner Zeit, einer Zeit, die den Menschen zum Herrn der Erde erklärt – und zwar aus eigener Machtvollkommenheit – und die alle Zeugnisse und Offenbarungen des Göttlichen als Ammenmärchen belächelt.

Ich glaube, Albert kannte das Gefühl des Hasses überhaupt nicht. Dabei war er das Gegenteil eines Leisetreters oder Schwächlings. Wenn ihm etwas nicht paßte, konnte er recht unverblümt seinem Mißfallen Ausdruck geben.

Ich kenne eine fast untrügliche Probe, Haltung und Wesensart eines Menschen wenigstens in groben Umrissen rasch zu durchschauen: sein Verhalten beim Schachspiel. Albert war, wie viele seiner Kameraden, ein leidenschaftlicher Freund des königlichen Spiels. Im Gegensatz zu ihnen, die ein grobschlächtiges „Schlagschach" bevorzugten und, in die Enge getrieben, häufig die Figuren in jungenhaftem Zorn durcheinanderwarfen, machte er mit unerschütterlicher Ruhe seine wohldurchdachten Züge. Klug und vornehm – so möchte ich seine Art zu spielen kennzeichnen.

In den Stunden, in denen ich mit ihm in friedlichem Streit die Klingen kreuzte, fiel das letzte Gefühl der Fremdheit, das in einem Winkel meines Herzens noch schlummern mochte, von mir ab. Mich störte dann nicht mehr die Gymnasiorka, die der andere trug, und der rote Stern, der an seiner Bluse leuchtete, wußte ich doch, daß unter diesen fremden Zeichen das Herz eines Menschen schlug.

Im Bunker

Im gleichförmigen Ablauf der Tage liegt für den Gefangenen die einzige, bescheidene Sicherheit seines Lebens. Jede Veränderung ist ihm aus tiefster Seele zuwider. Je erträglicher die äußeren Bedingungen sind, unter denen er sein Dasein fristet, um so mehr fürchtet er verständlicherweise den Wechsel. Er weiß, wie leicht der nächste Pendelschlag der Schicksalsuhr ihn wieder auf die unterste Stufe zurückwerfen kann, die er eben, mit Zähigkeit und Glück mühsam nach oben sich kämpfend, überschritten hat.

Solange mir das Tor zur Freiheit verschlossen blieb, hatte ich allen Grund, die Fortdauer meiner augenblicklichen Lebensverhältnisse zu wünschen. Die Drohung des Hungers war, wenigstens in ihrer schlimmsten Form, von mir genommen. Ich hatte Umgang mit Menschen, denen ich ganz vertrauen konnte. Sie schenkten mir etwas, was mir so wesentlich erschien wie die Sicherung der äußeren Existenz: das Glück des freien, offenen Worts.

Wenn ich abends die Baracke betrat, in der ich meine Schlafstelle hatte, umfing mich mit dem Brodem menschlicher Ausdünstungen zugleich die bedrückende Atmosphäre furchtsamen Schweigens. In allen Ecken lauerte der Verrat. Jede noch so belanglose Äußerung konnte von den Spitzeln der NKWD weitergetragen und zum Gegenstand hochnotpeinlicher Vernehmungen gemacht werden. Die leiseste Kritik an den Zuständen im Lager, ein abfälliges Wort über Stalin galt als „antisowjetische Hetze“, ein Tatbestand, der mit Bunkerhaft von zwei bis drei Wochen Dauer bestraft wurde, ja in nicht seltenen Fällen zu einer Verhandlung vor dem Militärtribunal (in Weimar) führte, einem „Gericht", das von der Schuld des Angeklagten von vornherein überzeugt war.

Die Möglichkeit, unerwartet „zum Tor" gerufen zu werden, hing wie ein Damoklesschwert ständig über dem Haupt eines jeden. Doch auch derjenige, der sich selbst zu beherrschen und zu schweigen gelernt hatte, durfte sich nicht in Sicherheit wiegen. Es genügte, um ein Beispiel zu nennen, wenn sich zwei oder drei Kameraden zusammentaten, um ihre englischen Sprachkenntnisse aufzufrischen. Das war, nach Auffassung der NKWD, der Versuch, eine „Untergrundbewegung" zu bilden, das heißt, den Geist der Aufwiegelung und Meuterei in die Reihen der anderen zu tragen, ein „Verbrechen", das besonders schwer bestraft wurde.

Die Tage mit Albert waren zu schön, als daß sie von langer Dauer hätten sein können. Der von mir im stillen befürchtete Wechsel trat schon nach wenigen Wochen ein. Albert wurde „Spieß" der Bewachungsmannschaften, die vor dem Tor in Massenunterkünften lagen. Ich sah ihn nur noch ein einziges Mal bei einer Gelegenheit, von der noch zu berichten sein wird.

Sein Nachfolger war Sergeant Jurin, ein ungepflegter, ewig spuckender, mißgelaunter Mensch, dessen Vornamen wir nie erfuhren. (Er war uns im übrigen auch gleichgültig.) In seinem Benehmen ein ausgewachsener Lümmel, besaß er selbstverständlich auch keinerlei Herzensbildung. Wes Geistes Kind der Mann war, geht wohl am besten aus den Bemerkungen hervor, die er von sich zu geben pflegte, wenn er die Listen der täglichen Sterbefälle studierte. „Viel zuwenig", lautete der Kommentar des Haßerfüllten, oder: „Das dauert ja noch Jahre, bis der letzte der 'Fritzen' weg ist!"

Ich verzichte darauf, hier in allen Einzelheiten die abstoßenden Züge dieses „Menschen" zu zeichnen, würde mir doch, nach dem Loblied auf Albert, wohl kaum der Vorwurf der Schwarzweißmalerei erspart bleiben. Es mag auch sein, daß sich sein Charakterbild im Vergleich mit seinem einmaligen Vorgänger noch dunkler malt, als es vielleicht in Wirklichkeit war. Doch sosehr ich mich auch scheue, über einen Mitmenschen den Stab zu brechen – ein einziges, aus der Erinnerung aufsteigendes Erlebnis läßt mich stets aufs neue mit Zorn und Verachtung des erbärmlichen Kerls gedenken.

Es war Herbst geworden. Das große Kornfeld, das sich zwischen Tor und Lazarett an der westlichen Grenze des Lagers dehnte, war abgeerntet. Der neue Chef hatte sich, nach seiner leidigen Gewohnheit, stundenlang in seinem „Salon" herumgelümmelt. Mit Sporen, die er lächerlicherweise an den Stiefeln trug, hatte er zum Zeitvertreib kunstvolle Muster in den Fußboden getrieben. Endlich war er aufgebrochen und in Richtung Wirtschaftshof verschwunden. Wir atmeten auf.

Wenig später sahen wir ihn zu unserer Verblüffung hoch zu Roß über das Stoppelfeld jagen. Nahezu pausenlos trieb er, wohl eine Stunde lang, das Tier in vollem Galopp über die weite Fläche. Schon aus der Entfernung war das klar als gemeine Quälerei zu erkennen.

Nachdem der Schinder sich ausgetobt hatte, kam er zum Zonenstab geritten. Er stieg in der Pose des Herrenreiters ab, warf mir lässig die Zügel zu und erteilte die Weisung, das Tier zum Wirtschaftshof zurückzubringen.

Wie aber sah das arme Geschöpf aus! Schweißbedeckt, mit blasigem Schaum vor den Nüstern, die Flanken vom rücksichtslosen Gebrauch der Sporen aufgerissen, die Fesseln blutend, bot es einen wahrhaft erbarmungswürdigen Anblick. Aus seinen abgrundtief traurigen Augen sprach ein Vorwurf gegen uns Menschen, vor dem ich nur beschämt den Blick senken konnte. Arthur war zu mir herausgetreten. Ich sah, wie seine Hand sich zur Faust ballte, spürte, daß er von demselben Gedanken beherrscht war wie ich: Weshalb darf man den Kerl nicht verprügeln – so windelweich, wie er es bei Gott verdient hatte!? Nie habe ich das Los, gefangen zu sein, so schwer empfunden wie in diesem Augenblick, in dem ich aus einem kläglichen Selbsterhaltungstrieb mich bezwang und stumm die Zügel des Pferdes ergriff.

Es bedurfte vieler guter Worte, um das am ganzen Körper zitternde Tier zu bewegen, mit mir zu gehen. Im Stall des Wirtschaftshofs fand sich dann wenigstens ein Mensch, der sich der armen Kreatur annahm. Ich half ihm, die Wunden zu waschen und zu verbinden, ohne dadurch das Gefühl der Schuld zu verlieren.

Es war nicht weiter verwunderlich, daß der Schinder sich bald auch als ein skrupelloser Schieber erwies. Kaum hatte er seinen neuen Posten als Chef der IV. Zone übernommen, als er auch schon in „Geschäftsverbindung" mit dem Verwalter der Lazarettkleiderkammer stand.

Dank der mir nachgesagten Fähigkeit, mich im entscheidenden Augenblick unsichtbar machen oder notfalls den Ahnungslosen spielen zu können, gelang es mir zwar, mich aus seinen dunklen Geschäften herauszuhalten, aber ich konnte es natürlich nicht ganz vermeiden, gelegentlich einen Botenauftrag übernehmen zu müssen. Jede direkte Befehlsverweigerung hätte ja unausdenkbare Folgen für mich gehabt.

So hatte ich öfters gewichtige Pakete zur sogenannten Offiziersschneiderei zu bringen. Dort fertigten deutsche Häftlinge, überwiegend gelernte Schneider, Uniformen und Zivilsachen an, und zwar ausschließlich für die russischen Offiziere. Es war leicht zu erraten, daß der Inhalt der Pakete in der Kleiderkammer organisiert worden war und daß der Gewährsmann, dem ich die Pakete zu überbringen hatte, schwarz für Herrn Jurin arbeitete. Mich interessierte das im Grunde genommen nur wenig. Wichtig für mich war allein, ungesehen in die Schneiderwerkstätte hinein- und ebenso wieder herauszukommen und unterwegs mit meinen ungewöhnlichen Traglasten nicht aufzufallen. Es war schon ausgesprochener Dusel, daß ich bei diesen Schleichpatrouillen niemals geschnappt wurde.

Die scheinbar glatte Abwicklung der Geschäfte machte Herrn Jurin sorglos und frech. Er hielt es schließlich gar nicht mehr für nötig, seine Schiebungen zu tarnen. Ungeniert probierte er eines Tages eine Breeches an, die er sich aus einem schwarzen Tuchmantel hatte anfertigen lassen. Pflichtschuldig bewunderten wir das tadellos gearbeitete Stück, ohne zu ahnen, daß es eine Kettenreaktion unangenehmster Ereignisse auslösen würde!

Zwei Tage später sitze ich Kapitän Ratko gegenüber. Eine mir vor Eröffnung der Feindseligkeiten angebotene Zigarre ist Grund genug für mich, ihm aufs äußerste zu mißtrauen: Wenn der NKWD-Chef sich freundlich gibt, dann führt er mit Sicherheit Böses im Schilde!

„Wie lange treiben Sie das schon?" Schon diese erste, rätselhafte Frage versetzt mich in größte Unruhe. Ich weiß mit dem besten Willen nicht, worauf der diabolische Schnüffler abzielt.

„Ich kann Ihre Frage leider nicht beantworten, Herr Kapitän, denn ich verstehe sie nicht."

„Wie lange treiben Sie das schon?" wiederholt der andere stur. Der mir wohlbekannte, eiskalt lauernde GPU-Blick fährt mir mitten ins Herz. Lähmend überfällt mich der Gedanke: Jetzt bist du in den Klauen des Teufels! Jetzt geht es ums Ganze! Sei nur schlau, schlau und – mutig wie nie in deinem Leben, sonst bist du verloren!"

„Sie wissen", sage ich ruhig, „daß ich seit einem halben Jahr Melder im Stab der IV. Zone bin."

„Und was machen Sie dort?" Wieder das lauernde Bohren im Blick der schräg gestellten Augen.

„Ich führe die Befehle meines Sergeanten aus."

„Gleichgültig, welcher Art diese Befehle sind?"

„Es steht mir nicht zu, mir Gedanken über die Anordnungen meines Natschalniks zu machen."

„Wenn er Ihnen, sagen wir, den Befehl geben würde, Ihre Baracke anzuzünden – dann würden Sie es tun?"

„Selbstverständlich nicht!"

„Und warum nicht?"

„Weil das den Interessen der russischen Lagerleitung widersprechen und mich schwerer Bestrafung aussetzen würde."

„Also machen Sie sich doch Gedanken über die Anordnungen Ihres Natschalniks. Sie sind ein schlauer Fuchs, aber nicht schlau genug."

Erste Runde für Herrn Ratko! Lange Pause. Ich sitze wie auf glühenden Kohlen. Verzweifelt ziehe ich ein paarmal an der Zigarre. Sie schmeckt scheußlich und ist überdies ausgegangen. Noch habe ich keine Ahnung, was der Kerl überhaupt von mir will!

Endlich läßt er die Katze aus dem Sack. „Sie waren doch in letzter Zeit öfters in der Offiziersschneiderei. Was haben Sie dort gemacht?" Aus *der* Ecke weht also der Wind, stelle ich ein wenig erleichtert fest.

„Ich habe im Auftrag von Sergeant Jurin Pakete abgegeben."

„Und was war in den Paketen drin?"

„Das weiß ich nicht."

„Das wissen Sie nicht?" Ein böser, haßerfüllter Blick trifft mich. „Wissen Sie auch nicht, daß nach dem sowjetischen Strafgesetz mit Gefängnis bis zu zwei Jahren bestraft werden kann, wer vor Gericht falsche Angaben macht?"

Vor Gericht ...? Falsche Angaben ...? Sitze ich denn hier als Angeklagter vor dem Richter?! Fieberhaft arbeitet mein Gehirn. Habe ich irgendeinen Grund, ausgerechnet den Schinder zu decken? Nein, *der* soll ruhig die Suppe allein auslöffeln, die er sich eingebrockt hat! Wenn ich die Wahrheit sage, ist er erledigt. Doch was kümmert mich der elende Wicht, dem meine Kameraden nicht rasch genug sterben? Es geht hier um *mich*, der ich vor einem Scheusal sitze, dem es ein leichtes ist, mich zu vernichten – so oder so. Ob ich nun die Wahrheit sage oder das Blaue vom Himmel herunterlüge – irgendwo ist mir eine Falle gestellt, die unweigerlich zuschlagen wird, wenn ich den raffiniert getarnten Abzugshebel berühre.

„Ich will Ihnen die Antwort erleichtern", unterbricht Ratko meine Überlegungen. Er spricht ruhig, fast liebenswürdig, wie ein väterlicher Freund. Die jähe Veränderung des Tons ist bestürzend für mich. Kommt nun der entscheidende Schachzug?

Er greift unter die Platte seines Schreibtisches und zieht – die schwarze Breeches hervor! – Da liegt es, das mir wohlbekannte Corpus delicti, im vollen, schonungslosen Licht des Tages. Jedes weitere Leugnen ist sinnlos.

Wieder jagen sich die Gedanken in meinem Kopf. Was geht *mich* eigentlich die ganze Sache an? Das ist doch wohl ausschließlich eine Angelegenheit, die der saubere Herr Jurin zu vertreten hat! Soll ich hier nur als Zeuge gehört werden, oder habe ich mich als Mitwisser und Helfer strafbar gemacht?

„Nun", schaltet sich Ratko wieder ein, „kennen Sie diese Hose?"

„Gewiß", antworte ich, „ich habe sie kürzlich in der Offiziersschneiderei abgeholt."

„Sind Sie bereit, Ihre Aussage in Gegenwart von Sergeant Jurin zu wiederholen?"

Das ist ein Ansinnen, vergleichbar mit der Zumutung, gefesselt einem wütenden Schwergewichtsboxer als Sparringspartner zu dienen.

Ratko deutet mein Zögern richtig; er fügt, noch immer freundlich, hinzu: „Der Sergeant wird nicht mehr in den Zonenstab zurückkehren."

„Dann bin ich zu der Aussage bereit."

Scheinbar befriedigt, lehnt sich der andere zurück. Während ich mich in der Hoffnung wiege, daß damit die Vernehmung beendet ist, hat Ratko schon einen neuen Pfeil aus seinem wohlgefüllten Köcher geholt und unversehens auf mich geschnellt: „Was wissen Sie über Geschäfte mit Gold?" Undurchdringlich, maskenhaft, die Augen halb geschlossen – so steht das Gesicht des Menschenverächters vor mir. Die unnatürliche Ruhe der Stimme verrät, daß jetzt erst das Hauptthema verhandelt wird, daß alles Vorangegangene ein Vorgefecht war, vielleicht nur ein Test, meine innere Widerstandsfähigkeit zu prüfen.

Gold – ! Die Gier nach dem gelben Metall verwandelt euch alle in reißende Wölfe, die ihr bettelarm aus einem reichen Land gekommen seid, jenem Land, in dem noch immer eine schmarotzende Oberschicht die Masse der Habenichtse aussaugt – genau wie vor 30 Jahren, als ihr wähntet, die „glorreichste Revolution der Weltgeschichte" gemacht zu haben! Für Gold verratet ihr alles, was euch angeblich heilig ist, für Gold laßt ihr den Freund, den Bruder verderben, für Gold verkauft ihr die eigene Seele, sofern ihr noch eine habt!

Ich weiß, daß meine Antwort folgenschwer ist, daß vielleicht mein Leben von ihr abhängt. Gebe ich dem Habgierigen, der sein höchstpersönliches Interesse nur mühsam verbirgt, auch nur den geringsten Anhaltspunkt, den leisesten Verdacht der Mitwisserschaft, dann wird er mich erbarmungslos auspressen, wird er immer aufs neue Namen, Verstecke, Verbindungen wissen wollen, die ihm seine begehrliche Phantasie als möglich oder wahrscheinlich vorgaukelt. Nein, hier gibt es nur eines: Fest bleiben, dem lauernden Blick standhalten, kaltschnäuzig leugnen!

„Wenn Sie die Wahrheit sagen, wird Ihnen nichts geschehen."

Er spielt zur Abwechslung wieder den Leutseligen, reicht mir zuvorkommend Feuer für meine erkaltete Zigarre.

Ich blase ihm eine dicke Wolke ins Gesicht und denke: 'Auf solch billige Mätzchen fallen wir nun doch nicht mehr herein!' Dann sage ich nachdrücklich: „Die Wahrheit ist, daß ich von Goldgeschäften keine Ahnung habe."

Aber ich ernte nur ein mitleidiges Lächeln und blanken Hohn: „Oh, Sie haben ein schlechtes Gedächtnis? Ich werde Ihnen Zeit geben, viel Zeit, sich zu erinnern. Dann sprechen wir wieder." Ratko erhebt sich. Die Vernehmung ist beendet.

Fünf Minuten später schiebt mich ein Rotarmist, nachdem er mir vorsorglich Hosenträger und Schnürsenkel abgenommen hat, in eine der Bunkerzellen, die schon so viel menschliches Elend sahen. Vielleicht ist es dieselbe Zelle, in der Maria um die schwerste Entscheidung ihres Lebens rang ...

Mit einem leisen Schaudern sah ich oft aus der Ferne die lange Reihe der winzigen, vergitterten Fenster, die stumm und tot wie erloschene Augen auf den Appellplatz starrten. Hier wurde langsam, aber mit tödlicher Sicherheit jeder Widerstandswille gebrochen, der letzte Glaube an die Würde des Menschen zertreten. Hier erduldeten Menschen in der gräßlichsten Einsamkeit Qualen, von denen keine Chronik berichtet, kein

Mund erzählt. Sie gingen dahin, stumm, klaglos, wie jener sozialdemokratische Redakteur, der lange Monate für das „Verbrechen“ büßte, eine Lagerzeitung verfaßt zu haben, bis er schließlich, ein hilfloses menschliches Wrack, auf der Bahre zum Lazarett getragen wurde …

Und nun umfängt mich selber das furchtbare Schweigen, vor dem es kein Entrinnen gibt; nun bin ich selbst in die letzte Prüfung geworfen, in der ich mich zu bewähren – oder alles zu verlieren habe.

Ich strecke mich auf der flachen Holzpritsche aus. Abgesehen von einem offenen, stinkenden Kübel, ist das die ganze Einrichtung meines Gefängnisses. Der Kopf liegt unerträglich tief; das Blut beginnt in den Schläfen zu hämmern, in den Ohren zu brausen. Ich erhebe mich wieder, ziehe den Mantel aus, um ihn zusammengerollt unter den Nacken zu schieben.

Aber nun macht sich die empfindliche Kälte der sonnenlosen, nach Norden gelegenen Zelle bemerkbar. Es ist unmöglich, bewegungslos die Nacht zu verbringen.

Wieder raffe ich mich auf. Ruhelos mache ich die wenigen Schritte, hin und zurück, die der enge Raum mir gestattet, Stunde um Stunde, hin und zurück …

Es ist eine Nacht der Verzweiflung, des ohnmächtigen Aufbegehrens, eine Nacht der Anklage und des Hasses. Sosehr ich auch fühle, wie wenig es mir hilft – ich rüttle immer wieder in Gedanken sinnlos an den Gitterstäben, die sich kalt und erbarmungslos an dem winzigen Ausschnitt des bleichen Nachthimmels abzeichnen.

Kein Gedanke der Liebe fällt in mein Herz. Und ich sehne mich auch gar nicht nach Zuspruch und Trost. Ich will die Trauer, den Zorn, die Verachtung, die mich wie ein fressendes Feuer durchglüht, auskosten bis zur letzten Verneinung!

Gegen Morgen sinke ich erschöpft auf mein Lager. Aus betäubtem Schlaf – waren es Minuten oder Stunden? – weckt mich eine Hand, die meine Schulter berührt. Es ist – Albert! Er steht vor mir wie ein guter Geist. Eine Welle frischer Luft weckt meine Lebensgeister.

Er ist wie immer freundlich und ruhig. „Diese Zelle ist nicht gut", sagt er. „Wir suchen eine bessere." Wir gehen über die Steinfliesen des langen Korridors, machen halt vor einer Zelle an der Südseite. Albert schließt die Tür auf.

„Hier ist es heller und wärmer", meint er und betritt mit mir den Raum. Er kramt in seinen Taschen. Ein Päckchen Machorka kommt zum Vorschein, Streichhölzer, ein Stück Zeitungspapier, ein paar Scheiben Röstbrot. „Mehr konnte ich nicht bringen."

Ich bin überwältigt, finde kein Wort des Dankes. Ich weiß, welches Risiko er mit solchem Liebesdienst eingeht. Gefangenenbegünstigung – das ist in den Augen seines Vorgesetzten eines der schwersten Verbrechen, dessen er sich schuldig machen kann. – Längst hat sich die Tür wieder geschlossen – ich aber starre noch immer wie im Traum auf die Gaben, die mir der wunderbare Mensch gebracht hat! Die armseligen Dinge, die da vor mir liegen, sind für mich Schätze, nicht nur im materiellen Sinne ...

Die Welle des Hasses, die mein Herz zu überfluten drohte, verebbt, das Zeichen der Liebe, das der „Feind" mir gab, steht leuchtend vor mir. Eine große, heilende Ruhe überkommt mich: Du wirst nicht verloren sein, solange du an das Gute im Menschen glaubst! Du wirst das finstere Tal durchwandern, und an seinem Ende wirst du aufschauen zu den strahlenden Gipfeln der Hoffnung, die nicht zuschanden wird!

Der Tag vergeht ohne weitere Ereignisse. Einmal schiebt ein fremder Sergeant eine Schüssel Essen herein, eine eiskalte Rübensuppe, die ich unberührt in den Kübel schütte.

Ich sitze auf meiner Pritsche, rauche dicke Machorka-Zigaretten und knabbere zwischendurch eine Scheibe Röstbrot. Dann beginne ich, die russischen Lieder zu summen, die ich von Arthur gelernt habe. Sie passen recht gut zu der Gemütsverfassung, in die ich mich still und ergeben geflüchtet habe. Ich empfinde sie plötzlich als das, was sie in Wirklichkeit sind: als die sehnsüchtigen Lieder aus der großen Gefangenschaft eines Volkes, dessen Seele nach Erlösung schmachtet ...

Der lange Tag geht zur Neige. Meine Gedanken wandern zu den Kameraden, die jetzt zum Abendappell antreten. Sie stehen zum tausendstenmal in schnurgeraden Reihen, eine schweigende, gespenstische Versammlung verwahrloster Gestalten, alle gleichermaßen vom Elend gezeichnet, vom Schicksal uniformiert. Wer könnte noch erkennen, daß das einstmals *Menschen* waren, Persönlichkeiten der verschiedensten Prägung, Bauern, Arbeiter, Senatspräsidenten, Künstler, Gelehrte?!

Wenn der Sergeant kommt, wird der Barackenälteste vortreten und melden: „Baracke 38 angetreten zum Appell mit 224 Mann. 16 Mann im Lazarett, ein Mann im Bunker." Auf den erstaunt fragenden Blick des Russen wird er sachlich hinzufügen: „Der Mann im Bunker – das ist der Swasnoij des Zonenstabes."

Nun wissen es alle, die Mißgünstigen und die Freunde, wo ich geblieben bin. Sie werden es befriedigt oder mitfühlend zur Kenntnis nehmen. Eine kleine Sensation am Abend des eintönigen Tages, ein Gesprächsstoff für die nächste Viertelstunde. Dann werden sie, den Vorfall rasch wieder vergessend, ihr Lager zurechtmachen, werden sich müde und hungrig auf den muffigen Strohsäcken ausstrecken. Viele werden noch lange mit offenen Augen träumen, sich einspinnen in ihre Hoffnungen und Wünsche, die in dieser Stunde zwischen Tag und Traum lokkend aufsteigen aus dem Schoß der Nacht, die ihren mitleidig verhüllenden Mantel über das Lager breitet.

Die Nächte von Buchenwald! Unauslöschlich sind sie in meine Erinnerung eingeprägt. Das ungeheure, schwer atmende Dunkel liegt über den verlorenen Menschen, die sich noch immer an dieses erbärmliche Leben klammern, die glückverlangend ihre leeren Hände ausstrecken, umgaukelt von den herrlichen, aus den Urgründen einer nie versiegenden Sehnsucht quellenden Bildern, die sie in ein fernes Wunderland tragen. Dort, in dem Reich der Träume, finden sie Vergessen, Erfüllung. Sie schmausen an vollen Tischen; sie gehen durch frühlingsbunte Wiesen, lauschen dem Murmeln eines Baches, hören die Stimme eines Kindes. Eine Frau mit engelsgleichen Zügen neigt sich ihnen zu. Lächelnd öffnet sie die Arme, und ihr Mund spricht leise die verheißungsvollen Worte: „Die Liebe heilt alle Wunden, die das Schicksal schlug." – Aber der Morgen, das grelle Licht des Tages, stößt sie erbarmungslos in das „Leben" zurück. Und dieses Leben heißt: warten. Warten auf die Stunde der Freiheit, auf das Wunder, das einmal geschehen wird, geschehen muß, wenn anders nicht alles sinnlos gewesen sein soll, das Opfer der Kameraden, die in den Massengräbern ruhen, die übermenschliche, schweigende Geduld, die Mißhandlungen und die Demütigungen, der Hohn und die Flüche, das Hinundhergeschobenwerden wie ein Stück Vieh, die Angst vor dem Verhungern, vor Heimtücke und Verrat.

Auch ich warte. Worauf? Auf Einsicht und Menschlichkeit, auf die gute Laune des Menschenverächters? Ebensogut könnte ich wohl darauf warten, daß der Mond auf die Erde stürzt, daß eine Naturkatastrophe die Wände meiner Zelle hinwegfegt! Heute, morgen, in zwei Wochen werde ich wieder vor Ratko sitzen, das böse Katzundmausspiel wird von neuem beginnen. Mit List und Verschlagenheit werde ich nichts erreichen. Nie wird ein Deutscher, und wäre er der gewiegteste Diplomat, der gerissenste Advokat, den hinterhältigen Winkelzügen eines NKWD-Mannes gewachsen sein!

Das einzige, was mich noch retten kann, ist – Mut. Ich denke an Maria, an das große Beispiel, das sie mir gab. Ich denke an die Kameraden, die alles auf eine Karte setzten. Sie beendeten die unerträgliche Qual der Vernehmungen, indem sie ihre Peiniger in einem gespielten Tobsuchtsanfall hemmungslos anschrien. Ich weiß es aus anderen, selbst erlebten Fällen, daß die Sieger vor der Härte eines sie unerwartet anspringenden Willens kapitulierten.

Aber werde ich die Nerven zu solchem Vabanquespiel haben? Werden die Reserven meiner seelischen Kraft ausreichen, um dieses letzte, verzweifelte Mittel zu wagen?

In der Gefahr wachsen bekanntlich die Kräfte, in der tödlichen Bedrohung des Lebens steigern sie sich ins unermeßliche. Und so gelingt mir, als ich 48 Stunden später zum zweitenmal dem NKWD-Chef gegenübersitze, das, was ich selbst nur als vage Möglichkeit erwog: die Überrumplung des Gegners!

Der Kapitän beginnt die Unterhaltung ohne Umschweife mit dem erwarteten Thema. Als spiegele sich das verfluchte Wort in seiner verkümmerten Seele, malt sich ein böse glimmender, gieriger Glanz in den Augen des Teufels. Ich aber handle in diesem Augenblick, der über alles entscheidet, nur noch instinktmäßig, wie unter einem zwingenden Befehl.

Ich schnelle von meinem Sitz hoch, beuge mich über die Kante des Schreibtisches, der mich von meinem Gegner trennt, und schleudere dem anderen, der ein wenig zurückweicht, die Worte ins Gesicht: „Herr Kapitän! Ich weiß nichts von Gold! Sie können mich noch monate- oder jahrelang einsperren – ich werde Ihnen nie, nie etwas anderes sagen können!“

Ratko sitzt vor mir, lauernd, geduckt wie ein zum Sprunge ansetzendes Raubtier. Die Reitgerte, die er in der Rechten hält, zuckt ein paarmal nervös in seiner Hand.

Nach einer Pause, die Ewigkeiten zu währen scheint, sagt er – es klingt seltsam müde und resigniert –: „Sie können in Ihre Baracke gehen.“

Steine klopfen ...

Ohne meine weiße Armbinde, doch innerlich befreit und erlöst, kehre ich zu den Kameraden zurück. Zum erstenmal empfinde ich unsere schmutzige Behausung wie ein wohnliches Heim, umfängt mich der stickige Brodem wie ein vertrauter, schützender Mantel. Mir ist wie dem Seemann zumute, der nach langer, stürmischer Fahrt in den rettenden Hafen eingelaufen ist.

Die Freunde empfangen mich mit Hallo, fragen mich aber zu meiner Verwunderung kaum nach meinen Erlebnissen. Sie sind erfüllt von dem großen Ereignis, das sich während meiner Abwesenheit zugetragen hat. Wenige Stunden zuvor war ein

Offizier in der Baracke erschienen und hatte ein Bündel Zeitungen gebracht – deutsche Tageszeitungen neuesten Datums!

Es ist unmöglich, dem Leser die fieberhafte Erregung zu schildern, die sich unserer beim Anblick der ersten Zeitungen nach nahezu drei Jahren bemächtigte. Wer wie ein Robinson auf einer einsamen Insel nur in den uferlos schweifenden Widergängen seiner Phantasie lebte, für den ist schon jedes Stück bedruckten Papiers faszinierend genug. Aber wenn ihm nun dieses Papier Kunde von jener Welt zu bringen verspricht, um die sein bangendes Hoffen, sein grübelndes Sehnen jahrelang vergebens kreiste, dann ist die Anziehungskraft der magischen Lettern geradezu überwältigend!

Natürlich waren die Zeitungen russisch, will sagen, sie bedienten sich der deutschen Sprache, um die Wirklichkeit mit den Augen des Sowjetmenschen zu betrachten und sie nach den Leitbildern seiner Geisteshaltung umzuformen. Doch wir lernten es rasch, zwischen den Zeilen zu lesen, aus dem Wust der Schlagwörter, dem Nebel der oft allzu deutlich gefärbten Tendenzmeldungen die Tatsachen herauszuschälen, die uns bedeutsam erschienen.

Schon das äußere Bild, das sich uns in groben Umrissen enthüllte, war düster genug: Unser Vaterland war noch immer zerstückelt; das deutsche Volk hatte jeden weltanschaulichen Halt verloren; materiell verelendet und von fremden Ideologien bedrängt, irrte es ziellos und müde umher. Wie weit war sein Weg noch bis zu dem Augenblick, in dem es sein Schicksal wieder handelnd in die eigenen Hände würde nehmen können!

Für uns aber ergab sich aus diesem ersten Überblick die erschütternde Erkenntnis, daß dieses so furchtbar geschlagene Volk uns nicht helfen konnte, ja daß es in dem verzweifelten Ringen um sein nacktes Dasein nicht einmal einen Gedanken mit leidender Liebe an uns Verlorene verschwenden würde.

Alle unsere Hoffnungen hatten sich als haltlose Wunschträume erwiesen. Wir waren allein, ausgestoßen aus einer Welt, die uns nun womöglich noch fremder, ja feindseliger entgegentrat. Die großzügige Hilfe Amerikas wurde von der östlichen

Presse ebenso großzügig unterschlagen. Das Rote Kreuz und alle übrigen internationalen Organisationen der Nächstenliebe waren für den Russen nicht vorhanden.

Und die christlichen Kirchen? Ich weiß heute um die vielfachen Bemühungen maßgeblicher Kirchenmänner beider Konfessionen, das Schicksal der Gefangenen zu erleichtern oder doch wenigstens den Bannkreis des Schweigens zu durchbrechen, der die russischen Lager umgab. Und doch kann ich nur mit einem Gefühl bitterer Enttäuschung an die Stunde zurückdenken, in der sich zum ersten und einzigen Male das große Tor des Lagers Buchenwald öffnete und einem Vertreter der evangelischen Kirche Einlaß gewährte.

Ich möchte den Namen des Kirchenmannes hier nicht nennen. Ich will ihm auch keineswegs den guten Willen absprechen, eine Situation zu meistern, die für ihn ungewöhnlich schwierig sein mußte. Tatsache ist indessen, daß er ahnungslos den Potemkinschen Dörfern gegenüberstand, die der Russe während seines Besuches errichtete. Zu dem Gottesdienst, der in der Kultura-Halle stattfand, meldete sich praktisch das ganze Lager. Es mußte also eine entsprechende Auswahl vorgenommen werden. Die Barackenältesten hatten die strenge Weisung, nur solche Männer zuzulassen, die noch verhältnismäßig gut gekleidet waren, insbesondere Lederschuhe und – Socken besaßen, und die keinen allzu verelendeten Eindruck machten!

Eine kleine, nicht nach der inneren Bereitschaft, das Wort Gottes zu hören, sondern nach rein äußerlichen Gesichtspunkten zusammengestellte „Elite“ fand sich also zu jenem Gottesdienst ein, den ich selbst nicht besuchen durfte und über den ich mir daher auch kein Urteil anmaße. Die Äußerungen der Kameraden über die empfangenen Eindrücke waren sehr unterschiedlich. Von kalter, hohnvoller Ablehnung des „lächerlichen Theaters“ bis zu tiefer Ergriffenheit waren ihre Empfindungen abgestuft.

Natürlich war dem Gottesmann jeder Einblick in die Baracken verwehrt, von den Elendsstuben des Lazaretts oder gar den Löchern des Bunkers ganz zu schweigen. Und doch hätte ihn gerade das unheimliche Schweigen der während seines Besuches hermetisch verschlossenen Baracken, das Verbot jeder persönlichen Unterhaltung mit den Gefangenen stutzig machen müssen. Statt dessen fand der Unselige, wie wir bestürzt einige Tage später der Presse entnehmen mußten, in einem Interview Worte, die unser schweres Schicksal verniedlichten und die um so empörender waren, als sie sich auf angebliche Wahrnehmungen bezogen, die er gar nicht gemacht haben konnte. Da war die Rede von dem „menschlich guten Verhältnis“ zwischen den Wachmannschaften und den Gefangenen, da verstieg sich der törichte Schwätzer zu der Äußerung, es sei beruhigend, in einem russischen Lager auch die Dinge der äußeren Kultur nicht ganz verkümmert zu sehen! – Das Vernebelungs- und Täuschungsmanöver des Russen hatte also vollen Erfolg.

Gewiß war der Einwand nicht von der Hand zu weisen, die Äußerungen seien entstellt wiedergegeben worden, möglicherweise sei das ganze Interview überhaupt eine Fälschung. Aus unserer Sicht war das Unternehmen jedenfalls eine schwere Niederlage der Kirche. Wie oft hörte ich damals bei den leidenschaftlichen Diskussionen die bittere Bemerkung, so, wie hier in Buchenwald die Kirche kläglich versagt habe, so habe sie stets in den entscheidenden Fragen unseres Daseins dem Gegner das Feld überlassen und ihre große Stunde verpaßt – ein Urteil, das freilich völlig außer acht ließ, daß die Kirche ihre Siege nicht in offener Fehde mit den Mächten dieser Welt, sondern im stillen Dulden und Überwinden erringt.

Ich war nun wieder der Häftling Nr. 12 500, zurückgesunken in die gestaltlose Masse der Leidenden und Hungernden. Und es war gut so. Ich erkannte die Wahrheit des russischen Sprichworts: „Der Satte versteht den Hungrigen nicht.“ Ich fühlte, wie sehr ich mich, wenn auch unbewußt und ungewollt, innerlich gelöst hatte von dem Schicksal meiner Kameraden, wie fremd mir ihre Sorgen und Nöte geworden waren.

So schwer es mir auch in den ersten Tagen fiel, nicht mehr frei durch das Lager gehen zu können, bei einem guten Freund zu einem Plauderviertelstündchen verweilen zu dürfen – im

Grunde genommen fühlte ich mich wohler, seitdem ich die bevorzugte Stellung verloren hatte, die mich in so enge Berührung mit Menschen gebracht hatte, die meinen Kameraden haßerfüllt gegenüberstanden.

Wenn mich auch die Erinnerung an Albert vor einer verallgemeinernden Verneinung alles Russischen bewahrte, so war es mir doch klar, daß meine Tätigkeit als Melder nicht mehr als eine Episode sein durfte; daß ich mich nicht ausschließen konnte von einem Schicksal, das mir auferlegt war, so gut, d.h. so unmißverständlich deutlich und hart, wie den anderen, die dazu auserwählt waren, die Schuld zu büßen, in die wir uns alle verstrickt hatten.

Die Deutschen werden nicht müde, ihre eigene, unheilvolle Vergangenheit zu beschwören, den Finger in die Wunden zu legen, die sie sich selber schlugen. Sie versuchen, mit „Wiedergutmachungen", mit Mahnmalen und feierlichen Gelöbnissen Beweise ihres guten Willens, ihrer inneren Wandlung zu geben. Sie mögen es tun. Wir aber, die wir durch das Fegefeuer unendlichen Leidens gegangen sind, wissen, daß nicht die äußeren Taten oder gar die tönenden Reden die Übel der Welt heilen.

Verlegungen sind das beliebteste Gesellschaftsspiel der russischen Lagerleitung. Wir haben den begründeten Verdacht, daß der deutsche Kommandant dieses uns so verhaßte Spiel durch eigene Maßnahmen noch abwechslungsreicher gestaltet. Das trägt nicht gerade zur Beliebtheit des ehemaligen Wirtschaftsprüfers bei, der mit „Herr Kommandant" angesprochen zu werden wünscht. Zwielichtig, wie fast alle, die einen maßgeblichen Posten in der Selbstverwaltung bekleiden, thront er unnahbar in der Stabsbaracke, umgeben vom dienstbeflissenen Schwarm der Dolmetscher, Schreiber und Melder, die sein Lied singen, weil sie sein Brot essen. Für die große Masse der Häftlinge ist er nichts weiter als ein schäbiger Handlanger seines Chefs, des russischen Lagerleiters. Der läßt sich nur selten im Lager blicken, weiß er doch, daß die Deutschen die ihnen gegebene Macht schon richtig, d.h. in seinem Sinne, zu gebrauchen verstehen.

Es mag sein, daß mancher Befehl nicht zu umgehen ist, den der Kommandant in schroffem Kommißton ins Lager schleudert; aber jedem ist klar, daß er auf beiden Schultern Wasser trägt. Das Mißtrauen, das ihm entgegenschlägt, ist daher wohlberechtigt. Es steigert sich zum offenen Haß, als bekannt wird, daß der Selbstherrliche im eigenen Namen Bunkerstrafen über Kameraden verhängt, die sich seinen Anordnungen widersetzen.

In dem Trubel der allgemeinen Umschichtung des Lagers gerate ich in die I. Zone. Hier liegen die Männer der Arbeitskommandos. Küche und Bäckerei, Gärtnerei und Wirtschaftshof, Desinfektion und Schneiderei, Magazin und feinmechanische Werkstätte bieten rund 1000 Lagerinsassen Arbeitsmöglichkeiten. Daneben gibt es kleinere Kommandos, die Straßen ausbessern und fegen, Autos reparieren, Knochenabfälle auskochen, Zäune flicken und anderes mehr. Die „nahrhaften" Posten sind natürlich in festen Händen und dem gewöhnlichen Sterblichen unerreichbar. Da ich mich nie um das Wohlwollen der Lagerprominenz bemüht habe, sind mir die bevorzugten Arbeitsplätze verschlossen.

Schon nach wenigen Tagen wird mir das untätige Herumsitzen in der neuen Baracke unerträglich. Ich bin entschlossen, jede Gelegenheit wahrzunehmen, die mich aus dem Stumpfsinn der zäh dahinschleichenden Tage befreit.

„Mußten Sie denn im Lager arbeiten?" Die Frage, die mir nicht selten gestellt wird, beweist die Ahnungslosigkeit dessen, der nie am eigenen Leibe verspürt hat, was es heißt, nicht arbeiten zu *dürfen*. Zu den erprobten russischen Vernichtungsmethoden gehörte ja gerade der sinn- und zwecklose Dämmerzustand, in den der Gefangene gestoßen wurde.

Wohl gaben die Zeitungen neuen Gesprächsstoff, lenkte uns der Blick in die Welt jenseits des Stacheldrahts vom eigenen Elend ab. Aber diese Welt, erfüllt von Friedlosigkeit und Unordnung, konnte uns keinen inneren Halt geben; sie brachte uns im Gegenteil die Trostlosigkeit der eigenen Lage immer aufs neue zum Bewußtsein. Viele ließen sich auch allzu leicht von den Zweckmeldungen der kommunistischen Presse beeindrucken, die einen gewissen Wahrheitsgehalt zu enthalten schienen und die doch nur erdacht waren, um die Menschen seelisch zu zermürben.

Da brachten die Blätter spaltenlange Berichte vom unmittelbar bevorstehenden Abzug der Amerikaner aus Westberlin. Jeder kleinste Vorgang, der diese Vorhersage zu bestätigen schien, wurde dramatisch aufgebauscht und geradezu liebevoll ausgemalt. Die Verlagerung eines Industriebetriebs nach Westdeutschland, der Verkauf eines privaten Grundstücks, ja schon der Transport belangloser Waren auf dem Luftwege galten als unumstößliche „Beweise" der mit dem Brustton der Überzeugung vorgetragenen These. Die berechnenden Trugbilder der Strategen des Nervenkriegs, vermischt mit den Wunschträumen gewisser SED-Funktionäre, ergaben ein groteskes Zerrbild der Wirklichkeit. Wie sollten wir uns in dem Durcheinander der Hoffnungen und Befürchtungen, der Meinungen und Gegenmeinungen noch zurechtfinden?

Die allgemeine Ratlosigkeit steigerte sich zu vollkommener Verwirrung, als in diese Meldungen die Lagerparolen vom – Abzug des Russen aus Deutschland platzten! Die fieberhaft aufgenommenen und weitergetragenen Gerüchte gründeten sich auf Tatsachen, an denen nicht zu rütteln war. Das russische Magazin in Buchenwald, in dem deutsche Häftlinge als Hilfskräfte beschäftigt waren, belieferte regelmäßig eine Reihe von Stützpunkten außerhalb des Lagers mit Lebensmitteln. Die Verpflegungssätze der Mannschaften waren natürlich bekannt. So konnten aus dem jeweiligen Umfang der Lieferungen genaue Rückschlüsse auf die zahlenmäßige Stärke der einzelnen Stützpunkte gezogen werden.

Nun berichteten die Magazinarbeiter, daß sich die Lieferungen fast täglich verringerten, ja daß verschiedene Stützpunkte bereits auf der Liste gestrichen waren! Das konnte doch nur eine Auflösung der über das ganze Land verstreuten, kleineren Garnisonen bedeuten! Das konnte doch nur der Anfang vom Ende der russischen Besatzung sein!

Noch wehrten sich die Skeptiker gegen die messerscharfe

„Logik“ der Optimisten, noch versuchten sie, in dem Freudentaumel, der das Lager erfaßt hatte, ihren klaren Kopf zu behalten – da wurden auch sie von einem Ereignis überwältigt und mitgerissen, das die letzten Zweifel zu beseitigen schien.

Schweigend liegt die mondhelle Nacht über dem Thüringer Land. Ein nie gehörtes, dumpf rollendes Geräusch reißt uns aus wirren Träumen. Wir lauschen gebannt hinaus. Russische Kommandorufe werden laut. Das Schüttern und Dröhnen verstärkt sich.

Der Kamerad, der die Nachtwache hält, tritt ans Fenster. „Kommt, kommt alle!“ ruft er erregt. „Sie ziehen ab!“ Der erlösende Aufschrei reißt uns von den Pritschen hoch. Dürfen wir den eigenen Augen trauen? Ist das phantastische Bild, das sich uns bietet, Wahrheit, oder sind wir von spukhaften Fieberträumen umfangen?

Nein, es ist kein Gaukelspiel verwirrter Sinne, sondern greifbare Wirklichkeit: Dort unten auf den mondbeglänzten Straßen bewegt sich wie eine dunkle Schlange die endlose Kolonne marschierender Soldaten – nach Osten! Die Sieger ziehen ab, mit Sack und Pack, mit Roß und Wagen; die Schmarotzer verlassen das Land, das sie so lange ausgesogen!

Das unerhörte Schauspiel dieser Nacht wird für uns zur festlichen Feierstunde. Keiner denkt an Schlaf. Wir hängen an den Fenstern, verfolgen fassungslos jede Bewegung des riesigen Heerbanns, der sich in der Ferne verliert. Stumm, aufgewühlt, pressen wir uns an die Gitterstäbe, bis das letzte Geräusch verhallt.

Wir starren auf das nächtliche Land, auf die schweigenden Dörfer, die regungslos im bleichen Licht des Mondes liegen. Wo bleiben die Menschen, unsere gequälten Brüder und Schwestern? Ahnen sie noch nichts von dem Wunder, das geschah? Jetzt müßten sie doch aus den Häusern herausquellen, sich in jubelndem Glück umarmen, mit Liedern und Freudentänzen den heiß ersehnten Augenblick feiern, da der furchtbare Alpdruck von ihnen wich!

Nichts geschieht. Nicht das leiseste Zeichen bestätigt unsere kühnen Hoffnungen, den Überschwang unserer Gefühle. Der Nachtwind, der über die tote Landschaft geht, umweht ernüchternd unsere heißen Stirnen. Stumm suchen wir die Lagerstätten auf, in der Brust den bohrenden Stachel des Zweifels.

Einige Tage später wissen wir, daß das Erlebnis dieser Nacht zu den großen Illusionen gehörte, die uns tausendfach Enttäuschte und dennoch kindlich Gläubige immer wieder narrten. Die Zeitungen bringen kühl und sachlich die Meldung, die Sowjetunion habe aufgrund einer Absprache mit den Verbündeten beschlossen, ihre Besatzungstruppen „in gewissem Umfang" zu verringern.

Das ist alles. Das ist die Wirklichkeit, mit der wir uns abzufinden haben. Wie leicht schreiben sich die Worte nieder – und wie schwer wiegen sie für Menschen, die aus den Wolken ihrer Wunschträume auf den harten Boden dieser Wirklichkeit gefallen sind!

Ich fühle, wie die grauenhafte Leere, das furchtbare Nichts auf mich zukriecht, mich umklammert, wie ich langsam in jene seelische Apathie verfalle, die ich so oft als den Anfang auch des physischen Endes zu beobachten Gelegenheit hatte. Noch aber ist in mir ein letztes Warnsignal, das Wissen lebendig: Wenn ich mich jetzt nicht befreie aus den Fangarmen des Stumpfsinns, werde ich bald ihre quallige Umschlingung nicht mehr als tödlich empfinden! Dann werde ich einer der vielen sein, deren Dasein in diesem verfluchten Lager sinn- und zwecklos verlöscht. Alles, was ich geduldig auf mich nahm, wird umsonst gewesen sein. Der letzte Liebesdienst an Rudolf wird nichts mehr bedeuten, mein Sieg über Ratko wird sich verwandeln in das höhnische Lachen des wirklichen Siegers.

Die Absichten des Feindes sind klar. Wer sie erkannt hat, *darf* sich nicht fallenlassen, *muß* bis zum letzten Atemzug gegen die Mächte kämpfen, die hier im Lager ihr teuflisches Regiment errichten, um eines Tages über ganz Deutschland zu triumphieren. Dem zerstörerischen Willen der Gewalt muß der stärkere Wille der Geduld, der inneren Überlegenheit, des nie verzagenden Mutes begegnen. Alles andere ist schmähliche Kapitulation. Sie *sollen* sich nicht dereinst damit brüsten dürfen, daß sie die Deutschen mit Wassersuppen in die Knie gezwungen, daß ihr erbärmlicher Nihilismus stärker war als die geistigen Werte, die wir unverlierbar in uns tragen.

Das ist der Anruf, der befehlend in mir klingt, unüberhörbar und mahnend wie damals, als ich auf dem Weg nach Werneuchen einem ungewissen Schicksal entgegenfuhr. Es ist mehr als ein trotziges Sichaufbäumen – es ist das durch Not und Erfahrung geläuterte, durch Vorbild und Mannestat erhärtete Wissen, daß nur der verloren ist, der sich selber verloren gibt.

„Arbeiten willst du?“ sagt der Barackenälteste mit einer Stimme, aus der ein mitleidiger Hohn spricht. „Im Kommando der Steineklopfer wäre ein Platz frei.“ Er verachtet mich, den „Intellektuellen“, und hält es für selbstverständlich, daß ich das Angebot ablehne.

„Das ist gerade die Arbeit, die ich suche“, antworte ich lächelnd.

Der Klassenkämpfer steht vor einem Rätsel: Da kommt so ein feiner Pinkel, der noch vor kurzem eine Stellung bekleidete, die ihm nicht zustand, und behauptet allen Ernstes, er möchte gern Steine klopfen! Soll ich ihm auseinandersetzen, daß jede Arbeit ihren eigenen Wert hat, daß sie ihre Würde in sich selber trägt? Er wird mich nicht verstehen. Für ihn sind Posten im Lager nur erstrebenswert, wenn sie mit der Möglichkeit verbunden sind, die eigene Lage materiell zu verbessern. Auch dem gerissensten Lagerfuchs wird sich beim Steineklopfen kaum eine Gelegenheit bieten, etwas zu organisieren. Also überläßt man großzügig solch unnützes Bemühen schwachsinnigen Idealisten!

Mit einem Gefühl hoffnungsvoller Erwartung verlasse ich am nächsten Morgen die Moderluft der Baracke. So bunt zusammengewürfelt der Trupp meiner neuen Kollegen auch ist – ein Gemeinsames verbindet sie: der unbändige Wille, sich nicht unterkriegen zu lassen. Das Lied von den blauen Dragonern, das einer anstimmt, wird von den anderen fröhlich aufgenommen. So ziehen wir in gleichem Schritt und Tritt durch das Lager, eine Demonstration der guten Laune, die von den Posten auf den Wachtürmen mit einiger Verwunderung entgegengenommen wird. Sie staunen mit Recht: Woher nehmen diese Deutschen den Mut, das bedrückende Schweigen zu brechen, das seit Jahren über der Stätte des schleichenden Grauens liegt? Woher nehmen sie die Frechheit, ausgerechnet eines der verpönten Lieder anzustimmen, das den deutschen Landser auf seinen Raubzügen durch fremde Länder begleitete?

Einer der Rotarmisten findet das so herausfordernd, daß er drohend mit seiner Maschinenpistole herumfuchtelt. Aber der an der Spitze der munteren Schar marschierende „Boß“, ein Bauarbeiter aus Berlin, lacht ihm unverschämt ins Gesicht. „Reg dich nicht auf, Genosse!“ ruft er zu ihm hinauf. „Wir gehen Steine klopfen für Stalin!“ Ob der „Genosse“ die Flachserei verstanden hat, ist ungewiß; schimpfend zieht er sich von der Brüstung zurück und läßt die verdammten Fritzen weiterziehen und -singen.

Der kleine komische Zwischenfall gab mir Auftrieb; er bestärkte mich in meinem Entschluß, mit der Arbeit zu beginnen, die man gemeinhin einem denkenden Menschen nicht zumutet. Wenn auch die paar Kniffe und Pfiffe, auf die es ankommt, rasch zu erlernen sind, so erfordert die Arbeit trotz ihrer Gleichförmigkeit doch eine gewisse Konzentration. Das aber bedeutete eine heilsame Ablenkung und damit Befreiung von dem ewig bohrenden Grübeln über die fragwürdige Gegenwart und die noch dunklere Zukunft.

So erscheinen mir heute in der verklärenden Erinnerung die Tage und Wochen, in denen ich in Buchenwald Steine klopfte, fast wie eine Reihe glücklicher Ferientage! Abseits von dem Barackenelend saßen wir den lieben langen Tag unter Gottes freiem Himmel, umflutet von den wärmenden Strahlen einer blanken Frühlingssonne. Niemand kümmerte sich um uns. Östliche Antreibermethoden wie Normenerfüllung und Brigadenwettbewerb waren damals noch unbekannt. Der „Boß“ vertrat den erfreulichen Grundsatz „Leben und leben lassen“. Die Arbeitsleistung des einzelnen war ihm gleichgültig – er durfte nur den Kopf nicht hängenlassen und kein Spielverderber sein. Als echter Berliner trieb er gerne allerlei Schabernack, um uns die Zeit zu verkürzen und keine trübe Stimmung aufkommen zu lassen.

Da setzte sich einer, der sich ein wenig die Beine vertreten hatte, ahnungslos auf seinen aus Ziegelsteinen erbauten Sitzplatz, um unter dem Gelächter der anderen auf der Mutter Erde zu landen: Der „Boß“ hatte heimlich einen der Steine entfernt und so das kunstvoll errichtete Gebäude zum Einsturz gebracht.

Und doch sollte einmal in unseren stillen Lagerwinkel ein Schatten der großen Ereignisse fallen, die sich draußen in der Welt abspielten. Es war an einem wolkenlosen Juninachmittag. Eine dünne, glasklare Luft hatte die Ferne unheimlich nahe gerückt. Weit schweifte der Blick über das Vorfeld des Lagers, über die Wälder des Thüringer Landes bis zum verschwimmenden Strich des blauen Horizontes.

„Sag mal“, wandte sich der neben mir sitzende Kamerad plötzlich an mich, „gibt es eigentlich auch Luftschlangen?“

Die für den Außenstehenden sinnlose Frage war auch mir zunächst unverständlich. Ich begriff nur, daß sie eine ironische Anspielung auf eines meiner Lieblingsthemen war, das ich bei abendlichen Diskussionen angeschnitten hatte und das, gerade weil es so ausgefallen war, die Gemüter lebhaft beschäftigt hatte. Es handelte sich um die weltbewegende Frage, ob an den Meldungen über das Auftauchen der „Seeschlange“ etwas Wahres sei oder nicht.

Ehe ich eine Gegenfrage stellen konnte, deutete der Kollege mit dem Stiel seines Hammers in die Ferne nach Westen.

Eine Anzahl dunkler Punkte war dort zu sehen, schnurgerade in gleichmäßigen Abständen aneinandergereiht. Mit einiger Phantasie konnte man sie mit den „Buckeln“ vergleichen, die in den Zeitungsberichten häufig als markanteste Kennzeichen jener sagenhaften Ungeheuer erwähnt werden.

War das eine Luftspiegelung, eine ungewöhnliche Wolkenbildung?

Ich wußte die seltsame Erscheinung nicht zu deuten.

„Aber das sind doch Flugzeuge!" rief nun ein anderer, auf unser gebanntes Schauen aufmerksam geworden.

Mit einem Schlag verstummte das Klopfen der Hämmer. Jetzt sahen es alle deutlich: Die dunklen Punkte bewegten sich, zogen langsam und unbeirrt ihre Bahn, einem unbekannten Ziel entgegen. Während der Kopf der „Schlange" allmählich vom blauen Dunst der Ferne verschluckt wurde, bildeten sich am Ende der Kette unaufhörlich neue Glieder.

Die lautlos schwebende, ewig sich erneuernde Himmelsprozession war ein großartiges Schauspiel, dessen Bedeutung wir freilich erst nach Tagen erfuhren: Es war die Luftbrücke nach Berlin, jene einmalige Machtprobe des Westens, vor der Stalin dann schließlich kapitulierte.